믿음의 사람들이 말하는 변화의 경험

성결 체험기

The Moment

그순간

사랑마루
SARANGMARU

믿음의 사람들이 말하는 변화의 경험

성결 체험기

The Moment

그 순간

그 순간 The Moment

초판 1쇄 발행 2012년 8월 31일
초판 2쇄 발행 2012년 11월 30일

지은이 · 이명직 외 19인
글모음 · 활천사
펴낸이 · 우순태
편집인 · 유윤종
책임편집 · 강신덕
기획편집 · 전영욱
표지·본문디자인 · 최동호 권미경 오인표
일러스트 · 채유리
온라인마케팅 · 박지훈 강영아
오프라인마케팅 · 강형규 안지선 박은경
경영지원 · 조미정

펴낸곳 · 사랑마루
주소 · 서울시 강남구 대치동 890-56
전화 · 02-3459-1051-2 팩스 02-3459-1070
이메일 · edu@eholynet.org
출판등록 · 1962년 9월 21일(제16-21호)

* 책값은 뒷 표지에 표시되어 있습니다. 잘못된 책은 구입하신 곳에서 바꾸어 드립니다.

ISBN 978-89-7591-287-0 03230

The Moment

그 순간

성결체험기

이명직 외 19인

이 책이 나오기까지

활천에 연재되어 독자 여러분의 많은 사랑을 받아왔던 글들이 하나의 책으로 묶여지니, 기쁘기 그지없습니다. 특별히 활천창간 90주년을 맞는 이즈음에 이런 결실을 보게 되어 더욱 의미가 깊다 하겠습니다.

우리에게 성결은 무엇인가요? 그것이 무엇이기에 우리 교단의 이름이 되었으며, 이를 체험하기 위한 특별한 집회(성별회)를 매주 개최하고, 성경을 발행하면서도 성결과 관련된 본문에 아이콘(부표)을 찍으며, 이의 체험 여부를 집사안수 때도 묻고, 권사취임 때도 묻고, 장로장립 때도 묻고, 심지어 성직자로서 일생 헌신을 다짐하는 목사안수식 때도 거듭 묻는 것일까요? 그렇게 기회 있을 때마다 집요하게 묻고 또 물어야 할 만큼 중요한 것이었다면, 그것은 예나 지금이나 마찬가지여야 하지 않겠습니까?

"중생하고 성결한 체험을 하셨습니까?" 물을 때, 묻는 사람은 무엇을 기대하며 묻고, 대답하는 사람은 무엇을 생각하며 예라고 답할까요? '하셨습니까?'는 분명 과거형입니다. 앞으로 하겠느냐가 아닙니다. 이미 했어야 한다고 강조하는 것입니다. 그렇다면 과연 무엇을 하고, 무엇을 통과했어야 한다는 말인가요?

그 대답의 하나로서 "그 순간 – 성결체험기"라는 코너가 2008년 1월 시작되었습니다. 특별히 성결을 쉽게 풀어내야겠다는 전제 아래, 어떤 신학적인 설명이나 이성적 논리보다는 '이야기'로 접근했습니다. 간증 말입니다. 그래서 필자들에게 물어댔습니다. "하나님이 당신의 삶을 붙잡으셨을 때, 성령의 기름부으심이 당신 삶에 쓰나미처럼 몰려왔을 때, 어떻게 바뀌셨습니까? 당신의 삶에 어떤 변화가 일어났습니까?"

이 책에 등장하는 성결 체험자들의 간증을 듣는 것은 많은 도움이 될 것입니다. 자기를 발견할 수 있기 때문이요, 자신의 영적 단계를 체크할 수 있기 때문입니다.

활천사 사장 가종현 목사

추천의 글

　성결 체험은 신학이론적 각성과 깨달음 안에 갇혀 있는 것이 아닙니다. 성결 체험은 시대와 세상을 향한 윤리적 결단만으로 제한되지 않습니다. 성결을 체험하는 일은 한 개인의 전인적인 변화이며, 그 변화로 인하여 촉발되는 교회의 부흥이며, 세상살이의 변혁입니다. 성결은 하나님의 영이 변화와 회복과 부흥을 소망하는 영혼들에게 능력으로 임하여 일으키는 하늘의 혁명이며, 영적인 개혁입니다. 결국 성결은 기독교 신앙의 핵심이며, 견인차입니다. 한국 성결교회의 역사는 이 위대한 체험의 역사이며, 이 체험으로 인하여 빚어진 교회의 부흥과 세상의 변혁에 관한 기록입니다. 성결을 통한 변화와 부흥과 변혁은 지금도 그리고 앞으로도 계속되어야 합니다. 성결교회의 부흥과 성장을 위한 변화와 갱신이 더욱 요구되는 시대에 출판부로부터 반가운 소식을 들었습니다. 성결교회 역사 속 인물들의 성결체험을 한 책으로 묶어 발간한다는 것입니다. 106년차 기독교대한성결교회의 총회장으로서 이 책에 대해 깊은 애정과 관심을 갖습니다. 이 책은 지금 성결교회가 나아가야할 바에 대한 출발점입니다. 이 책은 지금 그리고 앞으로 우리 성결교회가 어떤 내용과 방법으로 그리고 어떤 비전을 품고 나아가야 할 지에 대한 시금석입니다. 모쪼록 이 책을 통하여 성결교회, 나아가 한국 교회 곳곳에서 인생의 획기적인 변화들이 일어나기를 바랍니다. 이 책을 통하여 한국교회가 부흥의 새로운 출발점을 형성하기를 바랍니다. 이 책을 통하여 썩어가는 세상이 희망의 빛을 볼 수 있기를 바랍니다. 성결교회 성도들과 지도자들의 은혜로운 경험들이 책으로 출판되도록 수고하신 활천과 출판부에 진심으로 감사드립니다.

박현모 목사(대신교회)

나는 유불선을 섬기는 농촌종가의 종손으로 태어났습니다. 중학교 2학년 때 친구 따라 처음 교회에 나갔습니다. 부모님의 극심한 핍박으로 3개월 만에 교회를 떠났습니다. 대학 1학년을 마친 후에 질병(폐결핵)과 인생의 문제로 공부를 계속 할 수 없어서 휴학을 하고는 자살까지도 생각할 정도로 많이 번민·고뇌·갈등·방황하다가 교회를 다시 생각하게 되었고, '하나님이 안 계셔도 믿어야 본전이다'하는 생각으로 스스로 교회를 찾아 갔습니다. 그리고는 마침 부흥회 중이던 그 교회에서 많은 은혜를 받았고, 하나님을 만났습니다. 저는 하나님을 만난 후에 며칠 동안 참 많이 울었습니다. 나는 그동안 교회도 하나님도 다 잊어버리고 살았는데 하나님께서는 나를 잊지 않으시고 돌아오기를 기다리고 계셨던 하나님의 사랑을 깨달았습니다. 하나님의 밝은 빛 앞에서 죄를 깨닫고 한없이 울었으며, 나를 구원해 주신 은혜를 깨닫고 또 울었습니다. 이렇게 며칠 동안 울고 난 후에 육체의 질병은 그대로 있고 환경은 하나도 바뀐 것이 없었지만 방황·갈등·번민·고뇌하면서 자살을 생각했던 내가 기쁨·감사·긍지·소망의 사람으로 완전히 탈바꿈되어 버리고 말았습니다. 그때가 1967년 5월 말경이었습니다. 보통의 경우엔 입교, 세례, 중생, 성결의 과정을 많이 밟겠지만 저의 경우엔 중생과 성결이 거의 동시적 사건이었으며, 세례는 그 다음 해에 받았습니다. 나는 독자들 모두가 '그 순간, 성결은혜기'를 통하여 오순절 당시 뿐만 아니라 오늘날에도 우리를 만나주시고, 성령충만의 체험을 주시는 하나님을 경험하기를 원합니다. 하나님을 만난 그 생생한 경험을 함께 나눔으로서 우리의 신앙이 이성이나 지성의 차원을 넘어서 신령한 영적 세계까지 지경이 넓혀지기를 소망합니다. 이 책의 저자들처럼 하나님을 만나는 영적체험, 성결의 체험 등을 통하여 내가 만난 하나님을 보다 더 큰 확신과 생생한 감동으로 전할 수 있게 되기를 기대합니다.

조일래 목사(수정교회)

그리스도인이란 예수님을 닮은 작은 예수의 삶을 추구하는 사람입니다. 그리고 그리스도인이 예수님을 온전히 닮아 작은 예수가 되어 가는 과정을 '성화'라고 말합니다. 성화는 그리스도인 개인의 변화된 삶에만 국한되지 않습니다. 참된 성화는 예수님처럼 이웃을 위해 삶으로써 세상을 변화시키는 것입니다. 그런데 진정으로 성화되고 작은 예수로 살기 원하는 그리스도인은 반드시 성령 충만을 받아서 성령님의 은혜로 살아야 합니다. 그런 의미에서 기독교대한성결교회의 목사님들의 성령 체험, 성결 체험기를 모아 한 권의 책으로 출간한 것은 매우 귀한 일입니다. 이 책은 성령님을 사모하는 이들에게 큰 도전과 감동을 선사할 것입니다. 『그 순간』이라는 제목처럼 독자들의 삶에도 성령님께서 임하시는 '그 순간'의 체험이 있게 되기를 간절히 바랍니다.

이영훈 목사(여의도순복음교회)

한국교회에서 온전한 신앙생활을 위한 시금석에는 두 가지 질문이 있습니다. "구원의 확신이 있는가?" 그리고 "성령 받았는가?"라는 것입니다. 특별히 두 번째 질문은 교파와 교단을 초월하여 한국교회 성도들로 하여금 한 단계 높은 신앙의 길로 들어서게 하는 게이트의 역할을 해왔습니다. 자랑할 것이 못되지만, 한국교회와 성결교회에서 오랜 시간 사역해온 목회자의 입장에서 이 질문은 이제껏 뿐 아니라 앞으로도 여전히 유효하며 의미있는 질문이 될 것이라 여겨집니다. 참 성도로서 "성령을 체험하였는가?" 혹은 "거룩을 체험하였는가?"라는 질문 즉, "성결을 체험하였는가?"라는 질문은 더 넓고, 의미 있으며, 가치 있는 영적 세계로 입문하는 지름길이 되는 것입니다. 그렇습니다. 오늘 우리 한국 기독교인들에게 필요한 것은 교리나 신학적 탁월함이 아닐 것입니다. 우리는 우리의 그리스도인으로서 삶에 구체적인 행위를 안정적으로 촉발시키고 바르게 인도하는 기준이 될 만한 이야기들을 필요로 합니다. 그런 의미에서 성결체험에 관한 이야기들은 마치 어두운 터널과 같은 삶의 길을 걸어가는 신앙인들에게 등불을 제공하는 것이며, 터널 끝이 어딘가를 알려주는 일이 될 것입니다. 한국교회의 지도자로서, 성결교회의 목회자로서 '성결은혜 체험기, 그 순간'이 발간되는 것을 감사하며 축하합니다. 이 책은 분명, 인생을 설계하는 청소년과 청년 성도들에게, 길을 잠시 잃고 인생의 후반전을 계획해야 하는 중년 성도들에게, 그리고 인생의 경험을 정리해야 할 노년의 성도들에게 깊이 있는 기준이 될 것입니다.

이정익 목사(신촌교회)

예수 그리스도의 복음을 전하면서 많은 한국교회 성도들이 변화되는 것을 눈으로 직접 체험하였습니다. 전국방방곡곡을 다니면서 집회와 세미나를 통하여 외치는 저의 외마디는 의외로 한 가지에 집중하여 있습니다. 그것은 바로 '성결'입니다. 구원의 감격이 후에 우리는 종종 거룩하지 못한 삶을 살고 있지는 않은가? 되돌아 볼 수밖에 없습니다. 성결한 삶은 구별된 삶입니다. 성결의 트랜드가 한국교회를 더욱 성숙하게 만들 것이라고 믿습니다. 도덕적으로 윤리적으로 힘겨운 시대를 살고 있는 크리스천들에게 새로운 푯대를 향하여 나아갈 수 있도록 '그 순간, 성결체험기'가 출판되어서 참으로 기쁩니다. 읽기도 쉽고 이해하기도 쉬운 간증형식으로 성결을 자세하게 풀이하고 있습니다. 한국교회의 많은 성도들이 이 책을 읽고 성결의 그 깊은 은혜로 나아갈 수 있기를 소망합니다.

장경동 목사(대전중문침례교회)

"이 은혜를 원수로 갚는 녀석!" 저의 어머니께서 어릴 적, 저에게 가끔 농담 삼아 하신 말씀이었습니다. 저를 낳아주시고 키워주신 어머니의 은혜를 잊고 어머니의 마음을 속상하게 해드렸을 때 저에게 그렇게 말씀하셨습니다. '그 순간, 성결은혜기'를 읽으며 저는 어릴 적, 어머니께서 저에게 하시던 농이 생각났습니다. 내가 하나님의 은혜를 잊고 원수로 삼아 살지 않았나? 돌아보며 후회의 눈물을 흘렸습니다. 지금 한국교회는 철부지적 저의 모습처럼 하나님께서 우리에게 베푸신 은혜의 순간을 잊고 살아가는 것이 아닌가 생각해 봅니다. 우리를 구원하시고 성결하게 하신 그 은혜의 순간을 잊고 살지는 않습니까? 그 순간을 잊지 말아야 합니다. 『그 순간, 성결체험기』를 통해 다시 한 번 그 순간의 은혜를 기억하며 은혜를 원수로 삼는 것이 아니라 은혜를 누리며 사시는 여러분 되시기를 바라며 이 책을 적극적으로 추천합니다.

최성규 목사(인천순복음교회)

기독교의 신앙에도 지, 정, 의의 요소가 있다. 지성은 성서와 교리를 탐구하며 신학을 발전시키고 이단과 사이비로부터 교회와 신앙을 수호한다. 신앙에서 지성을 무시하면 맹목적 신앙이 되고, 너무 강조하면 이성주의에 빠지게 된다. 신앙에서 감정은 찬송과 기도 등에 자연스레 나타나며 신앙체험을 통하여 더욱 풍성해지며, 종교 예술로 발전한다. 감정을 무시하면 냉소주의에 빠지게 되고, 너무 강조하면 감상주의에 빠지게 되고 나아가 열광주의나 신비주의에 빠지게 된다. 의지는 결단하고 행동하는 생활로 나타나며, 기독교 윤리로 발전한다. 의지를 너무 강조하면 도덕주의에 빠지게 되고, 무시하면 도덕무용론에 빠지게 된다. 이 세 가지가 조화를 이룰 때 성숙한 신앙을 이룰 수가 있다.

그러므로 성결의 신앙은 지적으로 이해하고, 정적으로 체험해야 하고, 그리고 삶 가운데 실천해야 한다. 성결에 대한 이해(지성)와 체험(감성)과 삶(의지)에 대한 생생한 간증이 한 권의 책으로 출간하게 된 것은 참으로 시의적절하다고 생각한다. 이 책이 성결의 지침서가 되어, 성결운동이 다시금 활발하게 일어나기를 기원한다.

한영태 교수(서울신학대학교 전총장)

"그 순간 – 성결체험기"를 읽을 때마다 참 진한 감동을 경험하게 됩니다. 성결교회의 정체성은 두말할 나위 없이 성결이라 할 수 있습니다. 이 성결의 은혜는 지극히 개인적으로 경험하지 않으면 설명할 수 없고, 아주 다양한 형태로 경험되어지는 특징이 있습니다. 바람이 있다면 단순히 경험만을 강조하는 성결의 신앙이 아니라 건전한 신학의 바탕위에 구체적인 성결의 은혜가 강조되기를 소망합니다. 본인은 개인적으로 10대 후반을 지나면서 새벽기도 중에 성결의 은혜를 체험했습니다. 그 이후 지금까지 성결교회 목회자로서 성결의 은혜를 간직한 목사로 살아가기 위해, 지금껏 몸부림치며 달려왔음을 고백하지 않을 수 없습니다. 지금 이 시대는 갈수록 성결의 은혜를 잊고, 성결의 은혜가 희석되어 성결인으로서의 정체성마저 상실되어가는 시대가 아닌가 하여 두렵고 떨림으로 주님 오심을 기다리며 목회하고 있습니다. 목회 40여년을 뒤돌아보면 나의 삶 역시 목회의 현장에서 성결의 은혜를 수없이 많이 강조해 왔습니다. 바라기는 성결의 은혜를 경험한 우리 모두에게 성결한 삶의 열매가 가득하여 잘했다 칭찬 듣는 성도가 되기를 간절히 소망하며 '그 순간(the Moment) 성결체험기'의 출판을 진심으로 축하합니다. 이 한 권의 책이 성결을 사모하는 모두에게 깊은 도전과 은혜를 주리라 믿어 의심치 않습니다.

원팔연 목사(바울교회)

금번에 "그 순간(The Moment)성결체험기"를 출판하게 되어 목회자들은 물론 모든 평신도들, 그리고 한국교회와 우리의 장래를 짊어지고 갈 청소년들까지도 다 함께 기뻐하는 바입니다. 오늘의 사회는 신앙생활을 잘 하도록 가만히 놔두지 아니하고 모든 학문 분야와 문화시설에 걸쳐 사단 마귀가 장악하고 있다고 해도 과언이 아닐 겁니다. 이러한 때에 일찍이 성결의 경험을 하신 한국교회의 훌륭한 대부들의 풍부한 성결체험을 단 한 권의 책으로 출판한다는 것은 마치 빈들의 마른풀에 단비가 촉촉이 내리는 은혜와 같습니다. 성결교단은 성결의 근원적인 뜻을 가진 거룩한 교회, 구별된 교회, 순결한 교회라는 뜻을 가지고 있습니다. 교단법에 성결이란 교인이 받을 성령세례라고 명명합니다. 따라서 중생이 제1차적인 은혜라고 한다면, 성결은 제2차적인 은혜라고 볼 수 있습니다. 그러므로 성도는 성경말씀을 읽고, 듣고, 간절히 기도하여 성결의 은혜(성령세례)를 체험해야 될 것입니다. 물론 중생의 체험과 동시에 성결의 은혜를 체험하는 수도 있습니다. 아무쪼록 이 한권의 책이 한국교회의 모든 성도들에게 초대교회 성도들이 체험했던 성령의 불길을 다시 솟아나게 해줄 것이라 확신하며 이 책을 적극적으로 추천하는 바입니다.

주남석 목사(세한교회)

성결교회는 새로운 신자들에게 세례를 줄 때 성결의 은혜를 추구하겠는가라고 질문합니다. 또한 성결교회는 목사와 장로를 안수할 때 성결의 은혜를 받았느냐고 질문합니다. 한국성결교회는 바로 이 성결의 은혜를 전하기 위해서 존재하는 것입니다. 이 책은 바로 이런 성결교인들의 성결체험을 모은 것입니다. 성결의 은혜는 성경과 위대한 기독교인의 이야기에만 나오는 것이 아니라 바로 우리의 신앙의 선배들에게도 들을 수 있는 이야기입니다. 이 책을 읽는 동안 한국성결교회의 많은 성도들도 같은 은혜를 체험할 수 있게 되기를 바랍니다.

박명수 교수(서울신학대학교 교회사)

말씀이 삶이 되는 것이 성결일 것입니다. 하나님의 말씀이 사람 몸을 입고 세상에 오신 성육신이 기독교 신앙의 심장입니다. 이 체험 속으로 들어가는 것에 신앙의 생명이 걸려 있습니다. 기독교 역사에서 이 가르침이 잊힐 때마다 그리스도인의 신앙이 약해지고 교회는 병들어갔습니다. 영적 갱신은 언제나 이 중심 체험이 되살아나는 것이었습니다. 예수님이 하늘로 가시면서 주신 명령이 두 가지입니다. 세례를 베풀라, 말씀이 삶이 되게 하라. 다른 말로 하면 중생과 성결이지요. 성경에서 말씀하는 참된 중생과 성결은 일반적인 종교 체험이나 종교 심리 현상에 매몰되지 않습니다. 매몰되지 않아야 지구 행성의 모든 삶으로 참된 신앙 체험이 펼쳐집니다. 성결의 가르침과 삶의 기록이 한국 교회를 갱신하는 데 쓰이기를 바랍니다.

지형은 목사(성락성결교회)

영속적 순간, 성결은 중생 이후에 신자의 회개와 믿음으로 성령 충만을 경험하는 것입니다. 성결의 체험은 순간적이면서도 지속적이기 때문에 정체되어 있는 이론이나 신학보다는 이야기형식으로 나누는 것이 좋습니다. 이는 또 다른 성결 체험을 불러일으키는 데에 아주 요긴합니다. 간증 형식의 성결은혜기는 성결을 어렵게 생각하던 신자들에게 친근감을 더 해 줄 것입니다. 성결을 쉽게 이해하고 성결의 은혜를 받는데 도움을 줄 것입니다. 이로서 일반신자들도 일상생활과 신앙생활에서 성결 체험을 할 수 있도록 할 것입니다. 성결체험은 여기에 소개되어 있는 신실한 주의 종들뿐 아니라 모든 신자가 경험할 수 있고, 해야 되는 것입니다. 여기에 훌륭한 믿음의 사람들의 이야기가 나오지만 그렇다고 성결체험이 특정한 사람에게 한정되어 있는 것은 아닙니다. 성결체험의 사건을 간증하지만 한번으로 끝나는 것은 아닙니다. 성결의 은혜는 천국에 갈 때까지 일생동안 순간적이면서도 반복적으로 주어져야 합니다. 성결은 온전한 생활과 거룩하고 성숙한 신자의 생활을 의미하게도 합니다. 성결의 은혜를 나누고 성결을 생활화하는데, 큰 도움이 될 것으로 믿어 추천하는 바입니다.

한기채 목사(중앙교회)

1부 그 순간, 성결을 경험하라
T h e   M o m e n t

2부 그 순간, 성결을 경험한 대부들
The Moment

3부 그 순간, 성결체험기 리뷰
The Moment

1부
그 순간, 성결을 경험하라

그 은혜 힘입어
나 살겠네

박광훈 목사 / 서산교회 원로목사

그 은혜 힘입어 나 살겠네

어린 나를 들어 쓰시고

유치부 때부터 교회를 열심히 다니던 나는 주일학교 성경공부 시간을 통해 구약에 나오는 인물들의 신앙을 배우면서 은혜를 많이 받았다. 초등학교 6학년 무렵 내가 열심히 다니던 대천성결교회(신안 소재)에서 동계부흥회가 열리게 되었다. 강사님께서 새벽시간에 누가복음 16:19-31을 읽으시고 부자와 나사로의 말씀을 증거하셨는데, 부자는 음부(지옥)의 고통, 나사로는 낙원(천국)의 행복을 말씀하실 때 가슴이 뜨거워지면서 "하나님 저도 이 복음을 전하겠습니다."라고 나도 모르게 서원기도를 하게 되었다.

그러면서 순간적으로 떠오르는 사람들이 있었는데 다름 아닌 우리 가족이었다. 우리 가족은 대대로 한학(유교)에 뿌리가 깊은 가문이었다. 할아버지는 서당의 훈장 선생님이었고, 그 영향 아래 계셨던 아버지께서도 6남매의 자녀들에게 한문을 가르치고 철저한 예절교육을 시키셨다. 어린 나이였음에도 얼마나 많은 한문공부를 했던지 훗날 내가 신학생이 되었을 때에는 모르는 한자가 있으면 내게로 물으러 오는 일이 다반사였다.

이렇게 유교에 심취해 있고 세상적으로 보면 부족함이 없는 집안이었지만, 내가 복음을 듣고 예수님을 믿고 보니 나의 사랑하는 가족들이 그날따라 그렇게 불쌍해 보일 수가 없었다. 나는 어린아이였음에도 불구하고 가슴을 치고 통곡하며 부르짖었다. "내 사랑하는 가족들의 영혼을 불쌍히 여겨 주세요. 저들도 다 예수 믿고 구원받게 해주세요." 얼마간을 그렇게 간절하게 기도하다가 나는 자리를 박차고 일어났다. 어디서 그런 용기가 났는지 직접 가족들에게 복음을 전하기로 마음을 먹었다.

이전에도 교회에 나가자고는 몇 번 얘기했지만, 그날처럼 확신에 찬 어조로 반드시 예수를 믿어야 구원받을 수 있다고 복음을 전하기는 아마 처음이었을 것이다. 갑자기 달라진 내 모습을 보고 가족들이 다 놀라고 당황했다. 그날 즉시 예수님을 믿기로 작정하지는 않았지만, 그 일이 있은 후 아버지를 비롯한 모든 가족이 하나 둘씩 교회에 나와 예수를 믿고 구원을 얻는 복을 받게 되었다. 지금 돌이켜 생각해보면 그때 하나님께서 나를 택하여 복음의 사자로 세우시기로 작정하셨던 것 같다. 하나님께서는 어린 나를 감동시키셔서 죽어가는 영혼을 불쌍히 여기는 마음을 주시어 계속적인 신앙생활(주일 낮, 밤, 수요예배, 새벽기도, 교사로 봉사)을 하는 가운데 중생의 체험을 하게 되고 점점 더 깊은 은혜의 바다로 나를 이끄셨다.

신학교에 보내신 후

하나님께서는 내가 소년시절 새벽기도 시 "나의 생애를 통해 복음을 전하며 살겠습니다."라고 서원기도한 것을 기억하시고 신학교에 들어갈 문을 열어주셨다. 신학생이 되어서도 나는 기도와 말씀을 보는 일에 무엇보다 우선했다. 기숙사 생활을 하면서 일어나자마자 성경을 읽었고 새벽기도를 다녀와서도 또다시 성경을 읽은 다음에야 아침식사를 하러 갔다. 이 같은 생활방식은 시험기간에도 계속되었다. 심지어 시험기간에 어느 교회에서 부흥회가 열린다는 소식이 들려오면 나는 먼저 부흥회에 참석하여 은혜받는 것을 더 좋아했다. 이런 별난(?) 행동을 보며 동료 학생들은 나를 이상하게 여기며 비웃기까지 했다. 그렇지만 짧은 시간을 공부했어도 하나님께서 지혜를 주시고 도와주셔서, 탁월하지는 않았지만 다른 학생들에 비해 뒤처지지 않고 무사히 공부를 마칠 수 있었다.

첫 목회지에서 성결의 은혜를 베푸시고

부산 성서신학교를 졸업할 무렵에 결정된 나의 첫 사역지는 경남 밀양군 초동면에 소재한 초동성결교회였다. 25세의 총각전도사로 부임하여 3년 8개월 동안 열심히 기도와 복음전도에 힘을 쓰니, 하나님의 은혜로 미자립교회가 자립교회로 부흥하게 되었고 성전건축도 하게 되어, 부임할 당시의 교회(초가 3칸의 집)는 사택으로 사용하게 되었다. 그 후 28세가 되던 12월, 성환역 앞 제일장로교회 김덕환 목사님의 장녀 김순희와 결혼(이원기 목사님 중매)하여 단란한 가정도 이루었다.

처음 초동교회에 부임하여서는 정말 열심히 사역하여 어느 정도 부흥도 경험하였지만, 몇 년이 지나자 점점 열정도 식어지고 큰 변화도 없어 가슴이 냉랭해지기 시작했다. 이런 나의 심령상태를 알았는지 아내는 내게 기도원에 다녀오라고 권고했다. 처음에는 별 마음이 없었지만 계속되는 아내의 권유에 못 이겨 결국 다녀오기로 했다.

그 당시 기도원에서의 부흥집회는 월요일에 시작하여 토요일 오전에야 끝나는 5박6일의 긴 부흥회였다. 뿐만 아니라 내가 갔던 기도원은 대구 '청천다락원'이라는 곳으로, 5시간 이상을 가야 도착할 수 있는 먼 거리에 있었다. 그럼에도 무슨 이유였는지 알 수 없었지만 갈 때마다 또 가야겠다는 생각이 들어 4주를 연속해서 참석하게 되었다.

나는 그때까지 전도사로 시무하면서 손뼉 치는 것이나 손들고 기도하는 것이나 방언하는 것을 그다지 좋지 않게 여겼다. 그래서 산상부흥회 시 4주간 중에 3주간은 박수는 치지 않고 찬송하고, 기도를 해도 조용히 기도하면서 오로지 말씀으로만 은혜를 받고 귀가하였다.

4주째 기도원에 갈 때는 남자 집사님 세 분과 여자 집사님 네 분이 동행하게 되었는데 내 옆에 앉은 회계집사에게 이렇게 말을 하였다. "집사님, 강사님 말씀하시는 대로 순종합시다. 손을 들라면 들고, 무릎 꿇으라 하면 꿇고, '주여!' 하고 큰소리로 부르짖어 기도하라 하시면 합시다." 그랬더니 그분이 "그러시지요." 하고 답변하는 것이 아닌가? 나와 회계집사는 강사님이 하라는 대로 다 따라하였다.

며칠 째였을까? 마침내 내게도 놀라운 일이 일어났다. 강사님께서 오전 10시에 설교를 시작하여 12시 정각에 마치고 축도하신 후 "한 분도 가지 마시고 5분 이상 기도하고 자유롭게 폐하시고 밤 성회에 나오시기 바랍니다." 라고 말씀하셨다. 그 후 "주여! 주여! 주여!"를 외치며 큰소리로 기도를 시작

"집사님, 강사님 말씀하시는 대로 순종합시다. 손을 들라면 들고,
무릎 꿇으라 하면 꿇고, '주여!' 하고 큰소리로 부르짖어 기도하라
하시면 합시다." 그랬더니 그분이 "그러시지요." 하고 답변하는 것
이 아닌가? 나와 회계집사는 강사님이 하라는 대로 다 따라하였다.

하였는데, 회개의 역사가 일어난 것이다. 이성적 신앙으로 목회한 것, 영성 신앙을 무시한 것, 손들고 소리치며 기도하는 것과 방언기도를 비방한 것에 대하여 눈물 콧물을 흘리면서 통회의 시간을 가졌다.

보통의 경우 5분이나 10분을 기도한 후 대부분의 사람들이 자리를 떠났지만 기도를 시작한 나는 도저히 기도를 멈출 수 없었다. 아니 멈춰지지가 않았다. 그러면서 머릿속으로는 사도행전 1:4-8의 말씀이 계속 떠올랐다. "예루살렘을 떠나지 말고 내게서 들은 바 아버지께서 약속하신 성령을 기다리라 요한은 물로 세례를 베풀었으나 너희는 몇 날이 못되어 성령으로 세례를 받으리라... 오직 성령이 너희에게 임하시면 너희가 권능을 받고 예루살렘과 온 유대와 사마리아와 땅 끝까지 이르러 내 증인이 되리라."

내 증인이 되리라! 내가 너로 나의 증인이 되게 하겠다는 하나님의 의지와 약속이 분명히 깨달아졌고, 또 이를 위해 성령을 부어주시는 하나님을 깊이 만나는 시간이었다. 5분 이상 기도하고 자유롭게 폐하라고 하였는데 성령에 붙들리어 이렇게 내 의지와 상관없는 기도를 마쳤을 때는 무릎 꿇은 채로 기도하기 시작한 지 무려 6-7시간이 지난 늦은 오후였다. 이 사건은 분명 사모하고 기다리는 사람들에게 부어주시는 하나님의 두 번째 은혜 즉 성결의 은혜요 성령의 불세례였다. 그 시간에 또한 마음으로 반대했던 방언기도도 받게 되었다.

그 은혜 힘입어 내 힘 다해 목회하게 하시니

이 사건(체험)은 여기에서 그치지 않았다. 기도원에서 내려와 주일예배 시간에 나는 사전예고도 없이 부흥회를 선포했다. "낮에는 일하시고 밤과 새벽으로 8일 동안 집회를 하는데 강사는 담임전도사 박광훈입니다."라고 선포하였다. 때 아닌 부흥회 소식에 성도들은 놀라기도 하고 당황스러워했다. 그도 그럴 것이 시기적으로 가을걷이가 시작되는 9월 중순이었기에, 그들이 힘들어 하는 것은 어쩌면 당연한 일이었다. 집사님들은 가을 추수를 마친 후 겨울에 외부강사 목사님을 모시고 부흥회를 하자고 하였지만, 내 마음속에는 하나님이 원하시는 일임을 확신하고 신자들이 몇 명이 모이든 상관없이 은혜 받은 것을 나누어야겠다는 열정으로 견딜 수가 없었다.

이런 순수함을 기쁘게 보신 것일까? 부흥회 첫날부터 역사가 나타났다. 평소와 다름없이 찬양하고 기도한 후 말씀을 증거하고 통성기도를 하였는데, 회개기도가 얼마나 뜨거웠는지 통곡의 눈물바다를 이루었다.

예전에 경험하지 못한 기도의 불이 붙어 오랜 시간을 뜨겁게 기도했고, 성령께서 각 사람 머리에 친히 안수하시자 영육의 모든 아픔과 상처가 치유되는 것을 느낄 수 있었다. 이런 일들이 부흥회 기간 내내 이어졌다.

그 집회가 끝난 후 전화 한 통을 받았다. 주일학교에서 봉사하는 김영희 교사의 아버지 전화였다. 내용은 이러했다. 그녀가 집회에서 은혜를 받고 울며 집으로 돌아와, 부모에게 그간의 잘못을 다 고하고 눈물로 용서를 구하기에, 그저 다 용서해 주겠다고 했는데도 불구하고 눈물이 멈추지 않으니 어찌해야 할지 모르겠다는 것이다. 그래서 내가 가서 가정예배를 드리고 부모님을 전도한 일도 있었다.

기도원에서의 이 놀라운 체험은 나의 평생 사역의 변화를 가져오는 일대 사건이요 영적 혁명과도 같았다. 그때부터 은퇴할 때까지 나는 새벽기도와 저녁기도를 멈추지 않고 계속하였다.

감사하게도 하나님께서는 나에게 오남매를 하나님의 기업으로 또한 상급으로 허락하셨다. 큰사위인 이기용 목사(박미선)는 서산교회 담임목사로 시무 중이며 둘째 사위인 임밍빈 목사(박미현)는 서울 길음교회 담임목사로, 큰아들 박주현 목사(김미연)는 호주 시드니연세중앙교회 담임목사로, 둘째 아들 박현수 목사(김현정)는 안양에서 겨자씨나무교회 담임목사로, 그리고 셋째 사위인 정현진 목사(박미애)는 거진교회에서 담임목사로서, 오남매가 다 하나님의 특별한 은혜 가운데 복음사역에 충성하고 있다. 모두가 하나님의 은혜임을 고백하지 않을 수 없다.

만만 감사할 뿐입니다

나는 미약하고 추하고 단순하고 구둔하였기에 성령 하나님의 도움을 구하며 간절히 기도하였는데, 이런 나를 하나님은 어여삐 여기시고 교파를 초월하여 국내외로 다니며 부흥성회를 인도할 수 있는 특권을 주셨으며, 은퇴한 지금도 계속 전국적으로 부흥성회를 인도하고 있다.

끝으로 평생 나 스스로를 경책할 때 보고 또 보고 묵상했던 말씀 한 구절을 나누면서 두서없는 이야기를 마치려고 한다. "하나님 앞과 살아 있는 자와 죽은 자를 심판하실 그리스도 예수 앞에서 그가 나타나실 것과 그의 나라를 두고 엄히 명하노니 너는 말씀을 전파하라 때를 얻든지 못 얻든지 항상 힘쓰라 범사에 오래 참음과 가르침으로 경책하며 경계하며 전하라 때가 이르리니 사람이 바른 교훈을 받지 아니하며 귀가 가리워서 자기의 사욕을 따를 스승을 많이 두고 또 그 귀를 진리에서 돌이켜 허탄한 이야기를 따르리라 그러나 너는 모든 일에 신중하여 고난을 받으며 전도자의 일을 하며 네 직무를 다하라."(딤후 4:1-5).

생활성결

이강천 목사 / 바나바훈련원 원장

생활성결

거듭나는 순간

내가 이해하는 대로는 성결이란 성령의 은혜와 능력으로 죄의 세력에서 벗어나는 일이다. 예수를 믿고 거듭난 신자에게도 죄의 세력이 남아 있을 수 있기 때문이다. 성결의 경험이란 이 죄의 세력에서 해방되는 경험이 아닐까 한다. 그렇다면 내 경우는 이미 중생과 더불어 성결도 체험한 경우가 아닐까 싶다.

그 순간은 분명 거듭나는 순간이었다. 죽음이 생명으로 살아나는 순간, 절망이 소망으로 살아나는 순간, 저주가 축복으로 살아나는 순간, 미움이 사랑으로 거듭나는 순간이었다.

나는 예수님을 모르고 있었다. 우리 집안에 아무도 예수님을 아는 자가 없었다. 때는 내 나이 만 15세 되던 어느 날이었다. 여러 해 동안 술 취해 사시는 아버님을 미워하며 밥상도 마주하지 않던 처지였다. 그렇게 미워하면서도 미움이 죄인 것을 몰랐다. 그러나 그날 밤 나는 회개의 눈물을 흘리지 않을 수 없었다. 나는 그날도 나를 전도하고는 주일마다 데리러 오는 집사님을 떼어 내려는 마음으로 성경을 읽고 있었다. 신약성경을 일독하고 나서 일주일 이내로 하나님 면회가 안 되면, 나는 교회 안 가기로 하고 집사님은 데리러 안 오기로 하였기 때문이다.

　　읽다 말다 하면서 나는 여러 달 끝에 그날 밤에는 요한일서를 읽게 되었다. 이제 신약성경을 완독할 날이 가까운 것이다. 아니 어쩌면 그날 밤에 완독을 하게 될 수도 있었다. 그런데 그 카이로스의 시간이 그 날 내게 다가온 것이다. 요한일서 2:11을 읽는데, 양심의 가책이 왔다.

　　"그의 형제를 미워하는 자는 어둠에 있고 또 어둠에 행하며 갈 곳을 알지 못하나니 이는 그 어둠이 그의 눈을 멀게 하였음이라."(요일 2:11).

　　'나는 형제는 미워하지 않아!' 양심의 가책을 지우며 읽어 나가고 있었다. 3:15에 또 걸렸다.

　　"그 형제를 미워하는 자마다 살인하는 자니 살인하는 자마다 영생이 그 속에 거하지 아니하는 것을 너희가 아는 바라."(요일 3:15).

　　'내가 미워하는 사람이 한 사람 있지만 당연히 미운 짓 하니 미워하는 것이고 나는 형제는 미워하지 않는다고!' 나는 다시 양심의 가책을 지우며 중얼거리고는 계속 읽었다. 4장 20절이 또 걸렸다.

　　"누구든지 하나님을 사랑하노라 하고 그 형제를 미워하면 이는 거짓말하는 자니 보는 바 그 형제를 사랑하지 아니하는 자는 보지 못하는 바 하나님을 사랑할 수 없느니라."(요일 4:20).

'나는 하나님을 사랑한다고 말해 본 적이 없고 아버지는 미워하지만 형제는 미워하지 않는데 왜 자꾸 걸고 넘어가는 거야?' 다시금 양심의 가책을 지우려 하는데 그때 벽력 같은 하늘의 음성이 들렸다.

"네 형제만 미워해도 어두움 속에 있는 자요, 형제만 미워해도 살인자요, 형제만 미워해도 거짓말쟁이이겠거늘 널 낳아 양육해준 네 아버지를 미워하면서 죄인이 아닌 척 어디로 도망치느냐?"

나는 순간 나도 모르게 무릎을 꿇었다. 그러고는 "나의 하나님이여!" 부르고 울음을 터트렸다. 터져 나오는 울음을 억누를 수 없어 밖으로 뛰쳐나갔다. 뒷동산에 오른 나는 평평한 바위에 다시 무릎 꿇고 지금껏 부정해 온 하나님의 이름을 부르며, 죄에 대한 설교만 나오면 거부감을 느끼며 기분 나빠하던 내가 무릎을 꿇고는 회개하는 것이었다. 이런 저런 죄들을 생각이 미치는 대로 회개하고 일어나자, 나는 다시 태어난 새사람으로 느껴졌다. 밤하늘의 별들이 와락 내려와 나의 신생을 축하하는 듯 아름답게 다가오는 느낌이었다. 산에서 내려온 나는 아버님 앞에도 무릎 꿇고 사죄하게 되었고, 그 이후 미움은 나를 더 이상 지배하지 못했다.

이것이 나의 거듭난 체험이다. 그런데 이후 성결 체험이 무엇이냐고 물으면 나는 어떤 체험이 성결 체험인지 말할 수 없다. 이러한 극적인 체험은 중생 체험 말고는 기억이 나지 않기 때문이다. 어쩌면 나는 아직도 성결을 체험하지 못했거나 아니면 중생과 성결이 한 번에 체험된 것인지도 모르겠다.

내가 이해하는 대로는 성결이란 성령의 은혜와 능력으로 죄의 세력에서 벗어나는 일이다. 예수를 믿고 거듭난 신자에게도 죄의 세력이 남아 있을 수 있기 때문이다. 성결의 경험이란 이 죄의 세력에서 해방되는 경험이 아닐까 한다. 그렇다면 내 경우는 이미 중생과 더불어 성결도 체험한 경우가 아닐까 싶다.

그렇다고 내가 중생 이후에는 죄를 한 번도 안 짓고 살고 있다는 말은 아니다. 성결을 체험한다고 해도 한 번 성결의 체험으로 평생 죄와 상관없이 산다고 말하기는 어려울 것이다. 성결은 계속되는 성령의 은혜 안에서의 승리이지 않겠는가?

이것이 꼭 성결 체험이라고 말할 수 있는 체험이 내게는 없는 까닭에 성결체험기를 써 달라는 부탁을 받았을 때 쓸 수 없다고 사양하고 거절했다. 그랬더니, 그럼 그대로의 경험, 즉 언제 성결이라고 말할 수는 없는 그러나 주님과 함께 살아온 경험을 써 달라는 부탁에 용기를 내어 나의 경험을 적고 있다. 교리적인 성결의 체험이라기보다는 주님과 함께 살면서 경험한 '생활성결'이랄까 하는 그런 것이다.

어느 날 나는 새벽기도를 마치고 아침 말씀묵상을 하고 있었다. 그날 묵상 본문은 레위기 19장이었다. 읽기 시작했다.

"너는 이스라엘 자손의 온 회중에게 말하여 이르라. 너희는 거룩하라. 이는 나 여호와 너희 하나님이 거룩함이니라."(레 19:2).

"날 보고 거룩하라고요? 거룩이 무엇인데요? 어떻게 거룩해져야 하나요?"

그렇게 중얼거리며 질문하며 본문을 읽어 나갔다. 그날 다른 구절에서는 성령의 감동이 없었다. 그런데 이상하리만큼 11절을 읽을 때, 나를 멈추게 하고 말씀하시려는 것 같다는 느낌이 들었다.

"너희는 도둑질하지 말며 속이지 말며 서로 거짓말하지 말며"(레 19:11).

"도둑질하지 말며 거짓말하지 말라고요?"

나는 입으로 중얼거리며 주님께 여쭈었다.

"내가 도둑질한 게 있나요? 사기친 게 있나요?"

나는 도둑질한 것이 있을 리 없다고 생각했다.

그때 성령의 음성이 들려왔다.

"네 컴퓨터 속에 도둑질한 것이 가득하지 않으냐?"

"네? 컴퓨터 속에요?"

나는 즉시 알아차렸다. 각종 프로그램, 소프트웨어를 값을 지불하지 않고 복사해서 쓰고 있는 것을 지적하고 계시다는 것을 알아차렸다. 그러나 복사해서 쓰는 게 나만의 일인가? 이때는 컴퓨터 프로그램들을 복사해서 쓰는 것이 다반사인 때였다. 누구도 쉽게 그것이 죄라고 양심의 가책을 느끼는 경우가 거의 없는 시절이었다.

"이것은 사회의 관습인데요. 누구라도 복사해서 쓰지 않습니까?" 나는 그 일로 인하여 죄책감을 일으키는 것이 온당하냐는 투로 물었다.

"온 세상이 다 그렇게 살아도 나의 자녀들은 거룩하게 살기를 바란다. 오늘 너에게 있어서 거룩은 그 불법 복사해 쓰는 프로그램을 지우고 값을 지불하고 다시 설치하는 것이다."

나는 하나님의 음성을 그렇게 잘 듣는 편이 못 된다. 그런데 그날 그러한 음성이 들려오는 것은 놀라움 자체였다. 나는 그래서 복사본 프로그램을 지우기 시작했다. 그러고는 값을 지불하고 다시 설치하기 시작했다. 그런데 그게 보통 값을 지불해야 하는 게 아니었다. 나는 내가 괜스레 민감한 체하며 이러는 게 아닌가 싶었다. 무시하고 싶었다.

"오늘 너에게 있어서 거룩은 불법 복사본을 지우고 값을 지불하고 프로그램을 새로 설치하는 것이다."

주님께서는 그냥 넘어가지 않으셨다. 이것은 분명한 주님의 음성이었다. 이것이 주님의 음성임을 확인하는 순간 내 뺨에서 눈물이 흘렀다.

'주님이 이렇게 날 사랑하는구나. 모두들 그렇게 불법 복제하여 쓰는 세상에서도 이것조차 정직하게 살아가기를 바라고 그렇게 말씀하시는구나. 흠

도 티도 없이 씻으시려는 하나님의 사랑이 아닌가?'

주님이 사랑으로 느껴졌다. 그리고 눈물이 핑 돌았다. 주님의 사랑은 거룩하라는 요구와 함께 다가왔다.

'생활 속의 성결 체험'이라 스스로 이름 붙인 경험 한 가지만 더 나누도록 한다. 내가 결혼한 지 25주년 즉 은혼식이라 부르는 해의 일이었다. 해외사역에 자주 부름 받던 나로서는 결혼기념일에도 아내와 떨어져 지낸 적이 많은 터라, 특별한 숫자 은혼이라 부르는 해이니까 그 동안 못해 준 일까지 만회할 겸, 마침 그 해에도 그 비슷한 시기에 해외사역을 하게 되어 있었으므로 그 사역과 은혼식을 연계시켜 보기로 마음먹었다. 8월 12일이 결혼기념일인데 8월 11일까지 중국 우루무치에서 선교사 훈련사역을 하게 되어 있었으므로, 사역을 끝내고 연길로 날아가기로 하고, 아내에게 같은 8월 11일에 연길로 들어오도록 하여 은혼기념일에 백두산에 함께 오르기로 하고 먼저 떠났다.

해외사역을 자주 자비량하고 나가는 것을 안 훈련원 이사회에서 당시에 연간 200만 원 정도 해외사역비를 지원해 주는 예산을 세워주었다. 이것이 나를 시험하는 계기가 되었다. 우루무치만 다녀오면 항공료 100만 원이면 된다. 그런데 사역 이후에 아내와 특별한 여행을 계획하던 터라 좀 재정에 여유가 필요했다. 그래서 나는 많이도 아니고 150만 원을 공금에서 해외출장비로 꺼냈다. 항공료만 가지고 사역하는 것은 아니니까 그때까지는 아무런 문제의식이 없었다.

마침내 우루무치 사역을 끝내고 연길로 날아가려는 그날 아침 새벽기도와 말씀묵상을 하고 있었다. 나는 디모데전서 6장을 묵상하고 있었다. 그때 10절 말씀에 이르러 주님의 음성이 들려왔다.

"돈을 사랑함이 일만 악의 뿌리가 되나니 이것을 탐내는 자들은 미혹을 받아 믿음에서 떠나 많은 근심으로써 자기를 찔렀도다."(딤전 6:10).

"강천아 돈을 사랑하지 말아라."

"주님 제가 돈을 사랑하는 사람으로 보이십니까?"

"지금껏 네가 돈을 사랑하는 자로 여기지는 않는다마는 돈이란 늘 유혹의 마력이 있는 것이니라."

"그런데 왜 오늘 아침 그 말씀을 내게 들려주십니까?"

"네가 살짝 돈의 유혹에 기울어지는 모습을 보여줬어."

"네? 언제 어떻게요?"

"평소에는 해외사역 나갈 때 거의 자비량했고 또 모자라서 공금 예산을 집행할 때도 항공료만 꺼내 썼거든. 그런데 이번에는 항공료 이상을 꺼냈어. 그런 것이 돈의 유혹이야."

"그럼 평소에도 제가 좀 넉넉히 출장비를 꺼내 쓸 것을 그랬나 봐요?"

나는 좀 억지를 부리고 싶었다. 뭐 이리 쩨쩨한 하나님이란 말인가? 누가 출장비 타 쓰는데 항공료만 가지고 가는 사람이 있단 말인가?

"아들아, 그런 얘기가 아니란다. 내가 쩨쩨하기는 하지? 나는 너를 사랑하여 하는 말이다. 작은 유혹이 큰 시험을 만들기 시작하는 것이다. 나는 네가 정말 돈의 유혹에 넘어가지 않는 나의 사람이기를 바란단다. 미안하지만 평소대로 항공료 이외에 더 가지고 나온 50만 원은 돌려놓으면 좋겠다. 그게 잘못된 것이란 뜻이 아니고 그런 유혹에 약해지면 안 된다는 뜻이다."

그날따라 꽤 자상한 아버지의 말씀으로 나를 다루시는 것을 느꼈다. 나는 항복했다. 나는 그날 한 가지를 결단했다. 해외사역을 나갈 때 차라리 공금은 하나도 쓰지 않기로 결심한 것이다. 해외사역이 나에게 주신 사명으로 행하는 것이라면 공금 예산에서 하는 것이 아니라 자비량하는 것이다.

"하나님, 나는 해외사역을 나에게 주신 사명으로 알고 행하고 있습니다.

이제부터는 차라리 공금에서는 해외시역 출장비를 하나도 쓰지 않겠습니다. 주님이 주시는 사명이라면 개인적인 차원으로 다 감당하도록 보장하소서. 자비량하겠습니다."

"하나님, 나는 해외사역을 나에게 주신 사명으로 알고 행하고 있습니다. 이제부터는 차라리 공금에서는 해외사역 출장비를 하나도 쓰지 않겠습니다. 주님이 주시는 사명이라면 개인적인 차원으로 다 감당하도록 보장하소서. 자비량하겠습니다."

많은 사람들이 이러한 해외출장비가 책정되어 있으면 꼭 사명이 아니라도 한번 여행하고 싶어서라도 해외 출장 계획을 세우는 유혹을 받게 된다는 것을 깨닫게 하시고, 사명으로 하는 일엔 하나님이 보장하실 것이고 사명이 아닌 것이라면 하지 못하게 될 것임을 확신하게 되었다.

그래서 나는 내게 허락한 사적 재정에서 공적인 일을 위하여 쓰는 일은 할 수 있는 한 자유롭게 하고, 공금을 사적인 일에는 사용하지 않는 것을 철칙으로 하기로 하고, 이게 공적인 일인가 사적인 일인가 애매하게 느껴지면 무조건 사적 재정으로 자비량한다는 것이다. 그리고 이참에 모든 해외사역은 아무리 큰 돈이 들어도 자비량하리라고 다짐했다.

그리고 그 이후 십 수년 동안 해외사역을 30~40회 나갔지만 자비량으로 행했고, 주님이 그때마다 거듭거듭 채워주시는 것을 경험했다.

나는 순간적 성결 체험이 무엇인지 개인적으로 말할 수 없다. 그러나 거룩하신 주님과 함께 살아가고 성령께 순종하는 삶의 축복을 경험하였고, 그러한 거룩한 삶이 평생 이어지기를 기도한다.

또 다른 은혜를 받다

박훈용 목사 / 전주교회

또 다른 은혜를 받다

주님이 순교를 명하신다면

1968년 4월 20일, 나는 놀라운 은혜를 다시 체험하였다. 당시 나는 마산 애육원 전도사로, 상남성결교회 교육전도사로 사역하고 있었고, 군대 입영 영장을 받아놓은 처지였다. 신학대학을 졸업하고 전도사가 되었으나 군 입영에 직면하니 약간은 두려운 마음이 앞서는 것을 어쩔 수가 없었다. 생각 끝에 은혜를 충만히 저축하고 입영을 해야 되겠다고 다짐을 하였다.

마침 상남교회에서 부흥회가 열린다는 광고가 있었다. 강사는 박춘섭 목사님, 당시 그 교회의 담임목사님은 김석태 목사님이셨다. 나는 첫날부터 찬송인도를 하면서 그리고 기도하면서 은혜를 간절히 사모하였다. 결사적으

로 하나님께 매달렸다. 이번에 은혜 못 받으면 군대생활 동안에 믿음을 저버
릴지도 모른다는 위기의식을 느낀 것이다. 나를 많이 돌아보았다. 형편이 없
었다.

처음 중생의 은혜를 체험했을 때 뜨겁던 가슴이 많이 식어지고 머리만
커져 있는 자신의 초라한 모습을 본 것이다. 처음의 은혜를 잃어버린 불성실
과 나태함을 회개했다. 그 동안 성경을 비판적으로 보고, 나를 괴롭히는 사
람을 다 용서하지 못하고 미운 마음으로 대한 것도 회개했다. 겸손하라고 말
은 하면서 겸손하지 못한 나의 모습, 전도사라는 이름으로 경건의 모양만 옷
입고 경건의 능력을 입지 못한 누추함도 회개했다. 선을 행하고자 하는 마음
다른 쪽에 악이 음흉하게 미소짓고 있는 것을 회개했다. 영혼 속까지 들추어
보니 그렇게 더러울 수가 없었다.

그 동안 나는 위선자였음을 회개했다. 그러면서 은혜를 필사적으로 사모
하며 기도하였다. 강사 목사님의 말씀은 내게 상당한 도전이 되었다. 갈수록
은혜가 충만해졌다. 나는 금식기도도 하고 철야기도도 했다. 그래도 찬송인
도는 내가 맡아서 꼭꼭 다 해냈다. 그것도 은혜가 되었다. 성도들과 대화해
도 은혜가 되었고 애육원과 교회를 오가며 찬송하면, 그것이 또 그렇게 좋을
수가 없었다. 그 기간에 은혜 안되는 것이 아무것도 없었다. 그런데 결정적
인 은혜의 시간이 오고 있었다.

강사 목사님은 주기철 목사님이 일본 순사들에게 고문당하시는 장면을
연출해 보이면서 도전하셨다. 주기철 목사님은 쇠못 끝이 하늘로 향해 있는
긴 송판 위를 맨발로 걷든지 아니면 신사 앞에 참배를 하든지 선택하라고 강
요를 당하신다. 목사님은 맨발로 못송판 위를 걷겠다고 하시며 그 위를 찬송
하며 걸으신다. "내 주를 가까이 하게 함은 십자가 짐 같은 고생이나 내 일생
소원은 늘 찬송하면서 주께 더 나가기 원합니다." 그때 그 찬송은 찬송가 162

장이었다. 찬송을 4절까지 반복하며 부르신 강사 목사님은 주기철 목사님이 그 못송판 위를 걸으면서 쓰러지고 매를 맞고 다시 일어나 걸으시는 모습을 연출해 보이신다. 그리고 도전의 말씀을 던지신다.

"여러분, 여러분은 주님이 이런 순교를 명하신다면 받아들일 수 있겠습니까?" 예배당 안은 조용해졌다. 모두들 숙연해지는 것 같았다. 그런데 나는 두려움이 찾아왔다. 나에게 그런 순교의 명령이 임할 것 같아서였다. 강사 목사님은 같은 말씀을 계속하시는 것이다. "여러분은 주님이 이런 순교를 명하신다면 받아들일 수 있겠습니까?"

나는 두려운 마음으로 고개를 저으면서 빨리 그 시간이 지나가기를 바라고 있었다. 그러나 강사 목사님은 계속 도전의 말씀을 던지고 계신 것이다. "여러분은 주님이 이런 순교를 명하신다면 받아들일 수 있겠습니까?"

이번에는 다른 말씀을 또 추가하신다. "만약 아니라면 여러분은 예수님의 은혜를 헛되이 받은 자들입니다. 배은망덕한 자들입니다. 어떻게 하시겠습니까?" 나는 계속 고개를 좌우로 저었다. 단칼에 목을 벤다거나 총을 쏴서 죽이면 쉽게 죽으니 어쩌면 할 수 있을 것 같은데, 그런 식으로 처참하고 처절하게 죽지는 못할 것 같았다.

그러나 강사 목사님은 계속 도전의 말씀을 던지셨다. 나는 몹시 마음이 산란하고 갈등이 되었다. '그리고도 내가 전도사이며 주의 은혜를 받았다는 사람인가? 그렇게 하고도 헌신한다고 할 수 있겠는가?' 마음의 갈등은 더욱 심하게 나를 괴롭히고 있었다. 한 마음은 거부하든지 아니면 거짓으로 대답을 하면 될 것이 아니냐 하고, 한 마음은 진심으로 순교를 각오하고 결단하라고 한다. 특히 하나님께서 순교의 사명을 주시면 순교의 방법이야 어떻든지 하나님께서 그 순교를 감당할 능력 또한 주시지 않겠느냐고 한다. 나는 후자의 소리에 마음이 기울어지는 것을 느끼고 무릎을 꿇었다. 강사 목사님의 말씀에 속으로부터 아멘 하고 있었다. 나는 그때 글로 표현하기 어려운 신비한 은혜를 경험하였다.

마음이 깨끗해지는 느낌, 지구를 양 어깨에 짊어질 수 있을 것 같은 능력이 임해오는 느낌, 그리고 기도할 때 이상한 소리가 입에서 나오는 것 같은 느낌이었다. 그것은 방언의 기도였다. 나는 그 동안 방언에 대해서 거부감을 가지고 있었다. 신학대학을 다니면서 방언은 귀한 은사도 사모할 은사도 아니기 때문에 하지도 말라는 가르침을 받았다. 그래서 방언기도가 나오면 입을 막았다. 그러면 영혼은 편치가 못했다. 나오는 방언을 그대로 둔 채 기도하면 그렇게 영혼이 자유롭고 편했다. 그래서 영혼이 자유롭고 편한 쪽으로 은혜를 정리하였다. 나중에 알고 보니 그때 받은 은혜가 성결의 은혜, 즉 성령세례였던 것이다. 그러니까 나의 경우는 중생의 은혜를 먼저 받고 다시 더 큰 은혜, 성결의 은혜인 성령의 세례를 체험하였던 것이다.

시험을 이기다

다음달 나는 5월 12일 31사단 훈련소에 입영하였다. 혹독한 훈련 속에서 날마다 고된 생활을 하고 있었다. 그러나 군대생활이 인생의 중요한 밑거름이 될 것이라는 생각으로 입대를 하였기 때문에 성실하게 훈련에 임하고자 하였다. 그래도 힘든 것은 어쩔 수가 없었다.

훈련만 받으면 해볼 만하겠는데 잦은 기합이 너무 힘이 들었다. 밖에서 훈련을 마치고 내무반에 들어와도 내무반 훈련이 계속되었다. 사나운 내무반장, 당시 장기하사는 훈련소 조교로도 있으면서 우리를 힘들게 하였다. 어떤 때는 그가 마치 호랑이 같았다. 그 사람만 안 보여도 마음이 한결 자유로워지는 것 같은 느낌이었다. 그런대로 한 주간이 지나고 주일이 되었다. 주일이어도 쉬는 법이 없다. 쉬는 시간은 관물정돈을 해야 한다.

그 시간에도 관물정돈을 하고 있었다. 그때 마침 중대본부에서 전달이 왔다. 우리 내무반 전달병이 문간에 나가 전달의 말을 내무반 안을 향해서 복창한다. "각 내무반에서 교인이 있으면 중대본부 앞으로 집합!"

내무반 안으로 복창소리가 떨어지기가 무섭게 모든 훈련병들은 관물정돈을 하다가 두고 침상에서 뛰어내려와 통로에서 통일화 끈을 조이고 있었다. 호랑이 내무반장의 호령소리가 천둥치는 소리같이 울렸다. "야, 이ㅇ새끼들아, 다 기어 못 올라가!"

침상은 다시 원위치하는 훈련병들의 이동으로 요란하였다. 그런데 당당하게 통로에 서 있는 훈련병이 딱 한 사람 있었다. 그의 이름은 '박훈용 훈병.'

"너는 뭐야, 이 ㅇ새끼야!" 찰싹! 내무반장이 고함을 지르며 뺨을 때린 것이다. "네, 훈병 박훈용, 저는 오늘 교회에 가야 합니다." 경례를 붙이고는 입대 전 배운 실력대로 내가 말했다.

"그래 좋아, 이것으로 이십대다. 맞고 갈 테냐? 안 맞고 안 갈 테냐?" 그의 손을 보았다. 곡괭이 자루, 일명 5파운드가 들려져 있었다. 순간 빳다 이십대와 주일성수를 저울질해 보았다. 생각이 정리되었다. '빳다 이십대가 문제냐? 죽어도 간다.' 나는 당당하게 대답하였다.

"맞고 교회에 가겠습니다." "좋아, 엎드려!"

그의 다부진 결의를 나는 들었다. 나는 통로에 발을 나란히 하여 엎드려 뻗었고 손은 침상에 갖다 올렸다. 그리고 이를 악물고 엉덩이는 있는 힘을 다하여 조이고 기도를 드렸다. '아프지 않게 해주십시오.'

시간이 꽤 걸렸는데 아무런 일이 생기지 않았다. 내가 기절을 하였나 생각을 해 보았다. 아니었다. 내무반장이 노려만 보며 생각을 하고 있었던 것

또 다른 은혜를 받다

42

이다. 그러고는 내 발을 걷어차 통로에 엎드러지게 하고 말한다. "좋아, 너만 갔다 와!"

내무반은 쥐죽은 듯 조용했다. 안도의 한숨소리를 뒤로 하고 나는 교회에 가서 눈물로 기도를 드렸다. 감사의 기도, 감격의 기도, 그 시험을 이기게 하신 승리의 노래로 나의 가슴은 터질 것만 같았다. 너무 너무 좋으신 하나님, 할렐루야!

영장을 받고 기도해서 받은 그 성결의 은혜가, 성령세례의 능력이, 내가 붙든 하나님의 손의 강력한 힘이 나를 수렁에서 건져 주셨다고 확신하였다. 그 후 월남 파병을 포함하여 3년의 군대생활 중 여러 가지 시험과 역경이 있었지만 하나님을 붙드는 나의 손은 피곤을 몰랐다. 사실은 하나님의 강력한 능력의 손이 내 손을 붙들어 주셨던 것이다.

만세 전의 계획

박문석 목사 / 분매교회

만세 전의 계획

어머니 등에 업혀 신앙

내가 일곱살부터 복음을 접하게 된 것은 문준경 전도사의 순교의 결과였다. 병풍교회는 마을 회의실(한청)에서 예배를 드렸던 것이 희미하게 기억되고, 필자를 그곳에 잠재워놓고 잊어버리고 집에 오셨다가 다시 찾아오셨다는 이야기도 어머니를 통해 들었다.

교회가 세워진 것은 1951년에 호남지방회 교역자수련회를 증동교회(순교지)에서 개최했는데, 이때 순교기념교회를 세우자는 의견이 나와서, 6.25의 여파로 피해를 많이 당한 병풍도에 세우자는 것이 합의가 되어, 북부감찰회에서 1951년 8월부터 신학생 정종옥 씨를 파견하여 예배를 드리게 되었다

(고 김동길 목사 증언). 이후 1952년에 김귀례 씨가 헌납한 밭(170평)을 조희철 씨의 밭과 바꾸어 건물이 세워졌고(현 광주교회 김귀례 권사 증언, 92세), 구 교회 뒤편 440여 평(419번지의 밭)은 교회건축부지로 필자가 고향을 떠나며 헌납한 땅이다.

제1대 교역자로 민은주 여전도사 부임 후, 필자는 더욱 열심히 교회를 다녔고 어머니 따라 전도사님 주택에 드나든 기억이 난다. 그리고 교회에는 문준경 전도사의 초상화가 걸려 있었다.

주일학생에서 고교시절까지

나는 어려서부터 자연스럽게 어머니 등에 업혀 교회를 다니며 초등학교 시절을 병풍교회에서 성장했다. 교회 돌담을 쌓을 때, 학교를 결석하고 도왔던 기억도 떠오른다. 14세 때 목포에 나와서 중학교를 다니면서 북교동교회 학생회에 출석했고, 고등학생 때는 하숙을 하던 집을 나와 이봉성 목사님이 세운 장학관에서 기거하며 상락교회를 출석했다.

고등학교 졸업을 앞두고 있을 때, 하루는 어머니가 나를 부르셨다. 말씀인즉 "너를 하나님께 드리기로 서원했다. 신학교 가라." 하시는 것 아닌가? 내 의사와는 전혀 상관없는 일이었다. 당시에 나는 예능 계통의 학교에 가려고 준비하면서, 나름 예인(藝人)의 꿈을 꾸고 있는 때였다.

이 일로 모자간에 갈등이 심화되어, 어머니 뜻에 순종할 수 없다고 반항하며 많이 다투었는데, 어느 날 어머님이 "너같이 불순종하는 자식을 두느니 자식 없는 것이 낫겠다."면서 "네 몫 살림을 갈라 줄 터이니 너는 너대로 나는 나대로 살자."고 하셨다. 이때 나도 "좋습니다. 그렇게 하겠습니다." 하며 맞대응하며 반발했으나, 그래도 주일학교에서부터 성경말씀을 듣고 배웠고 학생시절에 회개의 경험도 있었기에 마음 한구석에서는 갈등이 컸고, 부모에게 불순종하면 잘될 수 없다는 말씀이 자꾸 떠올랐으며, 또 중학교 3학년 때 어느 날 꾼 꿈이 자꾸 생각났다.

꿈에 흰 옷 입은 노인이 나타나 빨간 십자가의 중심부에 큰 압정(押釘)을 박아 들고 와 내 오목가슴에 대고 꼭 눌러 박으면서, "이놈, 십자가 모르느냐?" 하는 꿈을 꾸고, 놀라서 깨어 일어나 땀을 흘리며 잠을 이루지 못한 기억이 자꾸 떠올랐던 것이다. 마음이 편치 않았다.

그래서 하루는 밤 12시에 혼자 아무도 모르게 교회를 찾아가 하나님께 기도를 하게 되었다. 내가 신학을 하는 것이 하나님의 뜻인지 알고 싶어서였다. 이때 기도하는 중에 떠오르는 생각이 있었다. '어머니와 갈등을 일으켜 갈라서는 것보다 차라리 학교에 입학하고 공부하는 척하다가, 기회를 보아 핑계 거리를 찾아 다른 학교로 전학하면 되지 않겠는가?' 이런 응답(?)에 감사하며, 나는 어머니를 찾아가 신학교를 가겠다고 약속을 하였다.

보수 신학 한다고 성결대학으로

당시 예성 기성이 양분되어 싸움을 할 무렵, 필자가 고등학교 2학년 때 압해중앙교회(예성) 성회에 참석했는데, 이어순 여강사님의 설교 가운데 기성과 예성이 갈라진 이유가 진리를 지키기 위해서이며, 교단의 큰 어른들인 한보순 목사, 이명직 목사, 김응조 목사, 이성봉 목사 등 여러 분이 그 진리 수호를 위해 예성 편에 서신 것이라는 말을 들었다(1962년 4월 복음진리수호동지회 조직).

당시 우리 지역은 다 기성이었고 유일하게 압해중앙교회가 예성이었다. 그 보수라는 말의 뜻은 잘 몰랐지만, 그저 진리를 지키기 위해서라는 말에 그분들의 생각이 옳다고 생각했다. 그래서 어차피 신학을 갈 바에야 보수 신학교로 가겠다고 고집했더니, 어머니를 비롯하여 모교회 담임교역자까지 만류하였다. 그럼에도 불구하고 진리를 배우려면 바로 배워야 한다고 성결신학교에 입학을 하였다.

뜻은 좋았으나 문제는 내 자신이었다. 소명감도 없이 신학을 하려니까 주일학교 다닐 때 즐겁게 듣고 믿었던 오병이어의 기적과 출애굽 사건 등, 성경의 기록들이 모두 다 믿을 수 없는 허망한 이야기처럼 느껴지면서, 자꾸 의문부호로 부딪히기 시작했다. 1학년 내내 맘을 잡지 못하고, 공부시간에도 밖에 나와 운동도 하고 이상한 이야기들을 많이 만들어 냈다.

한번은 이명직 목사님의 사복음서 수업시간에 가룟 유다 이야기가 나왔다. 그때 나는 목사님에게 이렇게 질문을 했다.

"교수님, 예수님이 이 땅에 오신 목적이 우리의 죄를 대속하기 위해서 아닙니까? 그 하나님의 각본에 따라 예수님이 꼭 죽어야만 하셨다면, 가룟 유다가 예수님을 팔아넘김으로 인해 우리의 구원을 이루게 하는 일에 촉진제 역할을 하였으니, 하나님께서는 용서 안하시더라도 우리 인간 입장에서는 공로가 있다고 봅니다! 그분의 공을 생각해서 공로비를 우리 학교에 하나 세우는 것이 어떻겠습니까?"

이명직 목사님은 이 질문을 듣고, "어디에서 왔느냐? 어느 교회 출신이냐? 누구의 자녀냐?" 참으로 걱정을 많이 하셨다. 그 후 이명직 목사님은 매시간 들어오셔서 나를 보실 때마다 나를 불러, 보수 신학교에 자유주의 신학생이 들어왔다고 염려스러운 말씀을 하셨다.

당시 내 마음은 주의 종의 길은 고사하고 신앙도 힘들었다. 당시 기숙사 같은 방에 나와 비슷하게 소명감 없이 입문한 친구 김군(전국안경협회 회장 역임)이 있었다. 그 친구도 나와 비슷한 성향이어서 친하게 지냈다. 그렇게 자유분방한 우리들과는 달리, 같은 방 선배님은 아주 경건한 분이셨는데, 새벽기도회 마치고 돌아와 책상머리에 앉아 늘 말씀을 묵상하고 기도하는 타입이었다. 그러면 우리도 양편 책상에 앉아 선배를 당혹케 한 경우가 많았다.

한번은 친구에게 내가 눈으로 신호를 보냈다. 선배를 놀리자는 신호다. 그러곤 친구에게 엉뚱한 질문을 한다. "김 선생, 창세기에 보니 흙으로 사람을 만드셨다는데 처음 사람 아담과 하와는 배꼽이 있었을까 없었을까?" 하고 질문을 던진다. 그 친구가 "아마 없었을 거다. 모태에서 나와야 배꼽이 있을 건데, 하나님이 흙으로 만드셨는데 개구리처럼 없었겠지." 한다. 이어서 장단을 맞춘다. "아마 흙으로 만드셔 놓고 잘 굳었는가 보려고 저 붐(젓가락의 방언 – 편집자주)으로 찔러 보았는지 모르지." 하면서, 서로 선배님을 힐끔 쳐다본다. 그는 못 들은 척한다.

우리는 더 이상한 질문을 한다. "흑인 백인 황인의 색깔 차이가 왜 나는 줄 아느냐?" 이런 이야기만 하는 우리 행동을 더 참지 못하고, 선배는 이런 한심한 친구들이 어떻게 신학을 왔는지 모르겠다며 큰 소리로 호통을 친다. 우리는 그런 모습을 보려고 이상한 이야깃거리를 많이 만들었던 일이 생각난다.

삼각산으로 금식을 떠나다

신학 1학년 내내 맘을 잡지 못하고, 시간만 나면 성화를 외상으로 받아가지고 팔아서 여행경비로 쓰면서 서울 주변, 수원, 인천, 부평, 안양, 춘천 등

주변 교회를 돌아다녔다.

이렇게 1년을 보내고 2학년 첫 학기 공부하면서 친구 김군이 나에게 제의를 했다. 삼각산기도원으로 가서 일주일을 금식하고 하나님이 살아계시는지 기도해 보자는 것이다. 나는 선뜻 동의하였고, 이튿날 우리는 즉시 삼각산으로 떠나게 되었다. 지금 생각하면 나나 그나 별난 사람들이었다. 학기 중아마 6월 말경에 7일간 금식을 위해 떠난 것으로 생각된다.

우리가 도착한 곳은 장로님이 운영하는 삼각산제일기도원이었다. 그곳에는 30여 평의 본당과 한 사람씩 기도할 수 있는, 판자로 세워진 기도처소가 세 개가 있었다.

첫 날에는 밖에 나와 소나무 아래서 기도를 시작하였다. 해가 지고 어두운 곳에 앉아 기도하다가 으스스 하는 느낌이 들어서, 초에 종이를 말아 촛불을 켜서 옆에 놓고 기도를 했다. 기도를 하다가 초가 너무 많이 닳아 불을 끄고 기도를 하고 있는데, 소나무 사이에서 웅성거리는 이상한 소리가 들렸다. 너무 무서운 생각이 들었다. 믿음이 없는 사람은 산에서 기도하면 마귀가 역사한다는 말을 들은 적이 있었다. 기도 중에 마귀가 목을 누르는 체험을 했다는 사람의 소리도 들었다. 혹 마귀의 역사인가 싶어 소리를 높여 큰소리로 기도했으나, 기도를 하면 할수록 더욱 웅성대는 소리만 커져 갔다.

너무 무서운 마음이 들어 이제는 정면 도전하는 식으로 "사탄아 물러가라!"고 소리를 쳤다. 그러나 물러나기는커녕 더 가까이 오는 듯싶어, '에라, 어차피 못 피할 바엔 마귀의 모습이나 한번 봐야겠다.'는 각오로 불을 켜 들고 위를 보았더니, 소나무에 흙으로 집을 지은 벌통에서 몸이 큰 말벌들이 불빛에 집 밖으로 나왔다가 불을 꺼버리니까 집을 찾느라 내 머리 위에서 수십마리가 맴돌면서 윙윙거리는 소리와 바람소리가 귀신 소리처럼 들렸던 것이다. 그날 밤에 나는 죽는 줄 알았다. 지금도 그 일을 생각하며 웃는다.

그 다음 날은 기도처소에 앉아 기도하는데, 밤 10시쯤 되었을 때 옆 기도 처소에 있던 친구가 배를 움켜쥐고 나를 찾아왔다. 배가 아파 곧 죽겠다는 것이다. 참으로 암담했다. 당시의 삼각산은 심산유곡이었다. 게다가 밤이 늦었으니 병원도 갈 수 없는 형편인데, 이러다 두 사람 있다가 한 사람 죽으면 얼마나 난처할 것인가?

친구가 두려워할까봐 나는 이렇게 말했다. "기도하자. 하나님이 살아계시면 나을 것이다."라고 위로하면서, "혹 뭐 가져온 것은 없느냐?" 했더니, 이 닦으려고 소금을 가져 왔다고 해서 조금 가져오라 하여 소금을 조금 입에 넣고 물을 마시게 하고 "약이 될 줄 믿어라." 하며 손을 얹고 기도해 주었더니, 조금 후에 통증이 가라앉았고 후로 아무 이상이 보이지 않았다. 내가 신유의 능력자가 된 기분이었다.

금식 3일째 성령의 체험

그 다음날 3일째 되던 밤에 이상하게도 기도가 구체적이고 진지해졌다. 그렇게 기도를 뜨겁게 하는데, 갑자기 눈을 감은 상태에서 위로부터 밝고 강한 라이트와 같은 빛이 비추어 온몸이 환하게 느껴졌다. 당시 나는 감각기능으로 나타나는 현상은 잘못된 일이라 여겼기에, 그 빛을 물리쳤다. 잘못된 현상으로 여겼기에 눈을 번쩍 뜨고, "나사렛 예수의 이름으로 물러가라!" 외쳐댔다. 크게 소리를 질러 물리쳐 버리고 다시 기도하는데 30분 후쯤에 또 빛의 역사가 일어났다. 다시 물리쳤다.

그리고 밤이 깊어 피곤하여 잠이 깊이 들었는데, 꿈에서 내가 사명자임을 보여주셨고, 내 의지와는 상관없이 많은 은혜를 체험케 하고 깨닫게 하셨다.

그 다음날 4일째 아침에 성경을 읽고 싶은 충동이 생겨났다. 평소에는 성경도 이스라엘의 족보나 레위기의 제사법은 읽지 않았다. 그러나 이날 아침은 성경을 처음부터 정독을 하고픈 마음이 들어, 구약부터 읽기는 시간이 짧아 신약을 한 번 정독하겠다는 결심으로 마태복음 1:1을 펴서 "아브라함과 다윗의 자손 예수 그리스도의 세계라." 하는 말씀을 읽는 순간 성령이 크게 감동되었다.

1절 속에서 내게 주시는 감동이 너무 컸다. 또 많은 깨달음이 왔는데, 나 같은 인생을 위해 하나님께서 만세 전에 예수 그리스도를 통한 구원의 계획을 세우셨다는 큰 감동이 왔던 것이다. 그 순간 나는 너무 벅찬 감동에 사로잡혀 아무 말도 못하고 아버지만을 부르며 한 시간 삼십 분을 목놓아 울었다. 과거 같으면 이스라엘 민족의 족보로만 알았던 그 내용을 읽고 양손에 넘칠 정도로 눈물을 흘린 것이다.

또 내가 부르짖는 아버지의 이름 속에 내가 하고자 하는 기도의 내용이 다 들어 있었다. 과거에 내 모습이 달팽이 껍데기 쓰듯 경건으로 포장된 가증스런 모습이라는 것이 깨달아졌다. 그리고 내게 객관적인 영의 눈이 열려 내 속에 추한 모습들이 드러났다. 그런 내 모습을 보면서 참으로 뜨거운 회개가 열렸다.

기도를 마친 후 밖에 나오니, 보이는 모든 자연들이 모두가 나를 위한 존재들이요 나를 축복하는 것처럼 느껴졌다. 삼라만상의 모든 것과 주변의 나무와 풀 한 포기까지 나를 위해 존재하고, 신선한 공기도 나를 위해 주어진 것을 감사했고, 흘러가는 계곡물을 바가지도 없이 손으로 마시면서 "달이 암만 밝아도 쳐다볼 줄을 예전에 미처 몰랐다."던 소월의 시구가 생각났다. 흐르는 계곡물이 그렇게 귀한 생명의 원소임을 예전에 미처 몰랐고, 그 귀한 생명의 원소인 물을 마시면서도 감사할 줄 몰랐던 나의 삶이 너무 죄스럽게 느껴졌다. 그때 나는 하나님께 감격어린 헌신의 마음과 열정이 솟아나면서, 또 다른 차원의 기도가 열리게 되었다.

하나님께 서원

내가 태어난 곳은 어려운 섬(70년대는 매사가 열악함)이었다. 그런 나의 고향에서 평생 이름 없이 빛도 없이 헌신하겠다는 마음이 생겨나며, 뜨거운 열정과 기도가 내 입에서 고백되었다. 비로소 진정한 나의 서원기도를 한 것이다. 그리고 계곡에서 흐르는 물을 마시며 깨달은 것처럼, 어려운 지역에서도 감사를 잃지 않고 일할 수 있도록 힘을 달라고 각오 어린 기도를 내 입으로 고백한 것이다. 그리고 성경을 읽으면서 구절마다 감동에 휩싸여 성경을 기도 중에 읽었다. 그 한 주간은 내 생애 대개혁의 시간이었다.

하산 후에 학교생활은 달라졌다. 기숙사에서 새벽기도는 누구보다 먼저 가겠다는 결심으로 했고, 기숙사에서 모범생이 되어 3학년 때 사우회장으로 선출되었다. 그리하여 기숙사생의 식생활과 기숙사 분위기를 조정하는 일을 하였다. 큰 변화였다.

헌신의 보상

신학교 4학년 2학기 말경, 압해중앙교회 기창모 목사님으로부터 편지가 왔다. 중앙교회에서 개척한 압해면 가란리의 성은교회(외딴 섬)에 첫 목회자로 박 전도사가 부임해 달라는 것이다. 그래서 방학 후 성은교회로 1968년

비로소 진정한 나의 서원기도를 한 것이다. 그리고 계곡에서 흐르는 물을
마시며 깨달은 것처럼, 어려운 지역에서도 감사를 잃지 않고 일할 수 있도
록 힘을 달라고 각오 어린 기도를 내 입으로 고백한 것이다. 그리고 성경을
읽으면서 구절마다 감동에 휩싸여 성경을 기도 중에 읽었다. 그 한 주간은
내 생애 대개혁의 시간이었다.

11월에 총각 전도사로 부임하게 되었다.

1년 후에 아내(김숙원)와 결혼한 후, 71년 초에 섬에서 한생을 사역할 것이기에, 좀더 젊었을 때 배운 뒤 목회를 하고자 하여 상경을 했으나, 2대독자 군면제 서류가 잘못되어 편입을 못하고, 다시 고향으로 내려와 병풍교회에서 전도사로 1년 봉사하던 중, 이봉성 목사님의 권유를 받아 비금동부교회(기성)를 소개받아 부임하게 되었다.

이 교회는 당시 집사 중 드센 주동집사가 있어 교역자가 1년 이상은 살수 없다고 소문난 교회였다. 그러나 부임 후 잘 수습이 되어, 그분을 장로로 세우고 교회 헌당식까지 한 후, 그 교회를 사임하고 둔곡교회로 부임하기로 결심하였다. 둔곡교회 한 성도가 영적인 문제를 일으켜 혼란케 한다는 소문을 들었기 때문이다. 부임 후 다소 갈등은 있었으나, 은혜롭게 잘 수습되어 그 후 오히려 큰 부흥을 가져왔다.

그러나 내 마음속에는 안주하는 것이 아니라 아직도 어려움에 처해 있는 섬교회들을 돌봐야 된다는 사명의식으로 가득했다. 그래서 교회의 문을 닫아야 할 처지에 있는 압해서부교회로 가기로 결심했다. 이 교회는 이단 교파에 성도들이 다 넘어가고 노인만 몇이 남아 있었는데, 3년 만에 주택과 60여 평 교회를 건립하게 되었다. 이후에도 어려운 섬교회만을 자원하여 부임했으나, 주의 은혜로 가는 곳마다 하나님의 역사하심으로 새로워졌다.

현재 시무하는 분매교회는 필자가 부임한 교회 중 교인이 가장 많은 편이었으나 분쟁하는 교회로 지원자가 없어서, 이만성 목사님이 "박 목사, 자네밖에 갈 사람이 없네. 자네가 가야겠네." 하셨다. 당시 나는 서부성결교회에 부임해 부흥시켜 교회를 건축하고 든든히 서가는 때였기에 갈 수 없다고 거부했더니, "자네는 자네만을 위해 일하는가? 주님이 원하면 가야지." 하셨다. 이 말에 타격을 받아, 내 자신은 싫었지만 '그렇다! 주님이 원하시는 뜻이라면 가야 한다.' 생각하고, 성도들에게 분매교회로 가겠다고 말하자 그들이 지방회와 분매교회에 쫓아가 항의하고 이삿짐을 옮길 수 없다고 막는 바람에 몸만 빠져 도망쳐 나오고 이삿짐은 뒤에 별도로 왔다.

젖먹이 자녀를 떼어놓는 심정으로 교회를 옮긴 후 찾아온 후유증은 상당히 오래갔다. 그러나 분매교회는 부임한 그 해에 싸움이 그쳤고 은혜로운 분위기가 되어 나는 전국적으로 성회를 다녔다. 그리고 1998년도 사회복지행정대학원 석사학위(복지사 1급)를 시작으로 하여, 캐나다 프라비던스 대학원(M.A)과 리버티 대학원 기독교교육학 박사학위를 받았고, 2000년도에 우리교단 28대 부흥사회 회장에 선출되어 취임식 행사와 2001년에 위임목사 추대식, 2004년에 호남지역총회장에 당선돼 취임식 등을 거행하였다. 그 후에도 분매교회의 학비지원으로 2009년 2월에 서울신대에서 대학원(Th.M) 과정을 거쳐 신학박사학위(Th.D)까지 받았으며, 본 교회에서 현재까지 27년째 시무 중이다.

나는 목회만 잘하면 된다는 생각으로 전도사 12년 만에 목사안수를 받았고, 목회 17년간은 거의 외부에 나가지 않고 목회와 성회에만 전념했다. 교회일과 기도원 세우는 일을 하면서, 일꾼처럼 경운기를 몰고 일하다가 손목과 발목이 빠져서 많은 고생도 했고, 양복 한 벌로 사철을 보내기도 했다. 이렇게 우직하고 꾀 없이 거짓 없이 최선을 다했더니, 당시는 희생과 헌신이었으나, 지금 돌아보니 하나님은 모두 다 보상해 주셨다.

결혼도 압해면에서 하여 2남2녀를 낳았는데 모두 신학교를 졸업하여, 두 아들은 목사, 두 딸은 전도사로 일하고 있으며, 하나님의 축복 속에 우리 부부도 불평 없이 잘살고 있다. 세상 말로 천생배필인 것 같다. 그 어려운 환경 속에서도 70년대에 송공산기도원 본당과 열 동의 기숙사(총건평 400평)를 세우고, 기도원에 찾아오는 성도들에게 무료급식을 했다. 어려운 시기였기에 성회 때마다 부담 없이 와서 은혜받고 기도하라는 뜻에서였다. 무료급식을 위해 가족들의 노고가 컸다.

성회가 시작되면 또 온 가족이 동원되어 북과 드럼 그리고 피아노를 치며 봉사했다. 아내는 찬양을 열정적으로 인도하고, 세 살짜리 딸도 화분대를 놓고 올라서서 한복 입고 엄마와 같이 찬양하는 은혜의 동산이었다. 막내딸은 세 살부터 찬양하더니 〈시와 그림〉으로 CCM 가수활동을 했고, 목포 극동방송에서 프로그램을 맡아 여러 해 봉사했으며, 현재도 극동방송에서 프로그램을 맡아 진행을 하고 있다.

또한 필자가 부임했던 여러 교회들에서 영향을 받았던 청년 50여 명이 교역자가 되었고, 기도원에서 은혜받고 목회자가 된 사람도 상당수가 있다. 내가 서원한 바를 섬에서 지키며 43년의 세월을 헌신하며 순종했더니 환경도 변하여 황무지에 꽃이 피고 사막에 생수가 나듯, 바라지 않았던 기대 이상의 축복과 보상을 받았음을 간증을 쓰다 보니 새삼 느껴진다.

지나온 일을 돌이켜 보면 모든 것이 주님의 은혜였음을 다시 한 번 고백하며 "네가 시행하는 일에 내가 함께 하리라." 말씀하신 나의 주님께 영광 돌린다.

나의 올더스게이트 체험

신만교 목사 / 화평교회

나의 올더스게이트 체험

더럽고 추악한 죄들

지금까지 내가 지은 더럽고 추악한 죄들이 보였다. 진홍보다 더 붉고 먹물보다 더 검은 죄가 보였다. 그리고 갈보리 언덕에서 내대신 십자가에 달리신 예수님의 임재를 경험했다. 주님의 핏방울이 내 머리 위로 떨어지는 것 같았다.

지금부터 12년 전 1998년 1월 어느 주일이었다. 당시 우리 교회 안수집사였던 신 집사(지금은 장로)가 전도훈련을 갔다 오더니 내 앞에 와서 무릎을 꿇고 "목사님, 저를 용서해 주십시오." 하며 우는 것이다. 나는 갑자기 당황해 하며 "아니 집사님, 왜 그러세요. 어서 일어나세요." 했더니 "목사님, 저 때문에 얼마나 마음이 아프셨어요. 제가 목사님을 많이 괴롭게 해드렸어요."
고백하는 것이다.

사실 신 집사는 여간 착한 분이 아니다. 한때는 술주정뱅이였고 유흥업소에 근무한 적도 있지만, 지금은 완전히 변화를 받아 새사람이 되었다. 그런 분이 나를 괴롭혔다니 말이 안됐다. 나중에 알고 보니 그 집사는 나의 아내에게도 똑같이 무릎을 꿇고 울면서 용서를 구했다고 한다.

그런 일이 있고 나서 1998년 3월에 나도 아내와 함께 그 전도훈련에 참석을 했다. 선뜻 내키지 않았지만 그 집사의 간절한 권면도 있고 해서 참석하기로 했다. 나는 그때 '나의 올더스게이트 체험'을 하였다. 요한 웨슬리가 1738년 5월 24일 밤 올더스게이트의 체험을 통해서 그의 심령이 뜨거워지고 새롭게 변화됨으로 성결의 체험을 하고 복음 전도자로서 일생을 헌신한 것처럼 나도 그런 영적 체험을 한 것이다. 첫 시간부터 찬송을 부르는데 어찌나 마음이 뜨거워지는지 몰랐다.

> "♬ 멀리 멀리 갔더니 처량하고 곤하며 슬프고 또 외로와 정
> 처 없이 다니니/ 예수 예수 내 주여 지금 내게 오셔서 떠나가
> 지 마시고 길이 함께 하소서."

다음날부터 전도자들의 간증을 듣는데 어찌나 감동이 되고 눈물이 쏟아지는지 주체할 수 없었다. 각티슈 한통을 다 비울 정도로 하염없이 흐르는 회개의 눈물을 계속 훔쳐냈다. 내 생전에 그렇게 눈물을 많이 흘린 적이 없었다. 그러면서 영안이 맑아졌다. 사울의 눈에 비늘 같은 것이 벗겨짐으로 예수가 하나님의 아들로 보였던 것처럼 나도 영안이 열리는 은혜가 임했다. 그러면서 지금까지 내가 지은 더럽고 추악한 죄들이 보였다. 진홍보다 더 붉고

먹물보다 더 검은 죄가 보였다. 그리고 갈보리 언덕에서 내대신 십자가에 달리신 예수님의 임재를 경험했다. 주님의 핏방울이 내 머리 위로 떨어지는 것 같았다. 그 동안 십자가에 대한 설교를 수없이 했어도 영적 실재가 느껴지지 않더니 진짜 십자가에 달린 예수님을 경험하게 해주신 것이다.

나는 그때 핍박자 사울이 변하여 전도자 바울이 된 체험을 이해할 수 있었다.
생명의 빛으로 주님이 내게 임하신 것이다. 주님이 나의 영안을 밝히 열어
주신 것이다.

나는 그때 법박사 사울이 변하여 전도자 바울이 된 체험을 이해할 수 있었다. 생명의 빛으로 주님이 내게 임하신 것이다. 주님이 나의 영안을 밝히 열어 주신 것이다. 예수 그리스도의 십자가 현장이 보였다. 그리고 인간 영혼의 실상이 보였다. 지난날 어떻게 해서든 교회만 성장시키려고 발버둥을 쳤지 영혼에 대해 관심을 갖지 못했던 내 모습이 보였다. 그리고 천국과 지옥의 실재를 확신했다. 주님의 임재를 확신하게 됐다.

그리고 오늘의 우리 교회 실상이 보였다. 그러면서 내가 깨달은 것은 지금까지 나의 목회는 '소경목회'였다는 것이다. 소경이 소경을 인도하면 둘 다 구덩이에 빠진다고 했거늘 나는 지금까지 그런 목회를 해온 것이다. 나는 그때 아파트단지 내에 땅을 사고 예배당을 짓는 과정에서 너무나 힘이 들어서 영적으로 지쳐 있었다. 곤고한 내 모습을 보여주신 것이다.

또한 지금까지 '방법목회'를 해왔다는 생각이 들었다. 온갖 인위적인 방법을 다 써가면서 오로지 교회성장만을 추구하였으나 이것이 주님이 원하시는 목회가 아니었던 것이다. 나 자신이 주님의 손에 붙잡혀 쓰임 받아야 하는 도구였음을 알지 못했다. 누군가가 "사람은 방법을 찾지만 하나님은 사람을 찾으신다."고 했던가. 나 자신이 고장나서 주님이 쓸 수 없었던 것이다. 망치 대가리가 고장나 있는데 아무리 내가 방법을 쓴들 못이 제대로 박히겠는가.

나는 그 동안 순전히 '인본주의 목회'를 한 것이다. 주님이 낄 수 없는 전형적인 인본주의 목회 기술자였음을 깨달았다. A. W. 토저의 말이 생각났다. "오늘날의 교회가 변질된 것은 지도자들이 세상적인 방법을 써서 교회 일을 하고 과거 믿음의 조상들의 모범을 무시했기 때문이다. 세상 방법이 교회에서 통하는 것을 회개하라." 나는 눈물로 회개하였다.

나는 충격을 안고 교회로 돌아왔다. 그러고는 주일예배 후에 직원들을 모아놓고 솔직히 고백했다.

"여러분, 저 같이 못난 목사 만나서 그 동안 너무 고생 많았습니다. 신앙 생활하기에 얼마나 힘들고 괴로우셨습니까? 지금까지 제가 한 목회를 뒤돌아보니 너무나도 부끄럽고 머리를 들 수 없습니다. 저를 용서해 주십시오. 나는 불량품 목사입니다. 나의 목회는 부도 직전에 있었습니다. 그러나 이제부터 한 영혼을 사랑하는 목회를 하겠습니다." 울면서 고백했다.

그때부터 나는 목회의 본질을 추구하게 됐다. 목회 본질은 거룩함의 회복, 주님과의 동행, 그리고 영혼사랑과 복음전도이다. 이 본질을 추구할 때 교회성장은 자동적으로 따라오는 열매이다. 가지가 포도나무에 붙어 있을 때 열매는 저절로 맺히는 법이다. "나는 포도나무요 너희는 가지라. 그가 내 안에, 내가 그 안에 거하면 사람이 열매를 많이 맺나니 나를 떠나서는 너희가 아무 것도 할 수 없음이라."(요 15:5). 허나 꺾어진 가지가 열매만을 추구한다면 어찌 되겠는가?

그 후부터 나는 눈물이 회복되었다. 막혀 있던 눈물샘이 뚫어졌다. 설교를 하면서도 눈물이 울컥울컥 쏟아졌다. 혼자 있다가도 예수님께서 나 같은 죄인을 구원하기 위해 십자가에 달리신 것을 생각하면 또 눈시울이 붉어졌다. 또한 성경말씀이 눈에 들어왔다. 말씀 속에서 살아계신 예수님을 만나고 그분의 음성을 경험하게 된 것이다.

또한 강단의 변화가 일어났다. 강단에서 생명력 있는 말씀이 선포되었다. 예수 그리스도에 대한 지식을 말하지 않고 지금 내 안에 살아계신 그리스도를 증거하였다. 이렇게 목사가 변하니까 목회현장이 변하고 교인들이 변하게 되었다. 정말 기쁨과 확신이 있는 목회를 하게 되었다. 하나님이 살아 역사하는 일들이 많이 일어났다.

나는 나의 올더스게이트 체험 현장에서 생생한 주님의 음성을 들었다.

"너는 자식을 잃은 부모의 마음을 아느냐?" 나는 깜짝 놀랐다. 나도 아이들 어렸을 때에 시장에서 1-2분 정도 아이를 잃었던 경험이 있다. 잠시 잠깐 이었지만 하늘이 노래졌다. 금방 찾았기에 망정이지 지금 생각해도 아찔하 다. 그런데 주님께서 너는 자식을 잃은 부모의 마음을 아느냐고 물으시는 것이다.

주님은 내게 하나님 아버지의 마음을 보여주셨다. 누가복음 15장에 나오 는 큰아들은 수십 년을 아버지와 같이 살아도 아버지의 속마음을 알지 못 하였다. 아버지가 재산을 창기와 함께 탕진해버린 못된 동생을 포기하신 줄 알았다. 그래서 집안에서만 아버지께 잘해드리면 되는 줄 알았다. 단 한 번 도 집 나간 동생을 찾으러 나간 적이 없었다. 바로 내 모습 그대로이다. 나도 잃은 영혼을 찾으러 나가지 않았다. 그러다가 죽은 줄로만 알았던 동생이 막 상 돌아오니 반갑기는커녕 오히려 화가 나서 아버지께 불평불만을 터트렸 다. 그러고도 아버지께 순종하며 잘해드렸다고 착각 속에 빠져 있었다.

지금도 하나님 아버지의 마음을 모르는 교인들이 많다. 그래서 잃은 자 식을 찾아 나서지 않는 것이다. 내가 꼭 큰아들 같았다. 아버지 마음을 모르 고 길에서 전도하는 사람들을 비판했다. 그런 나에게 너는 자식을 잃은 부모 의 마음을 아느냐고 물으신 것이다.

만약 지금 내 자식을 잃어버렸다면 무엇을 하겠는가? 자식을 잃은 부모 의 소원이 무엇이겠는가? 무엇이 급선무이겠는가? 그렇다. 전도는 하나님 아버지의 소원을 풀어드리는 것이다. 아니 소원을 지나 한(恨)을 풀어드리는 것이다. 아버지의 소원은 잃어버린 자식을 찾는 것이다. 나는 아버지의 소원 을 풀어드리기 위하여 얼마나 열심히 전도하였나? 부끄럽기 짝이 없다.

나는 지금까지 주님과 초점이 안 맞는 신앙생활을 하고 있었음을 깨달았 다. 예수님이 나를 부르신 목적은 분명하다. "나를 따라오너라. 내가 너희로 사람을 낚는 어부가 되게 하리라."(마 4:19). 그러니까 지금 전도하는 사람만이 예수님을 따르는 제자이다. 전도하지 않는 사람은 주님을 따르지 않고 딴청하고 있는 사람이다. 전도에 관심이 없는 사람은 주님과 초점이 안 맞는 사람이다. 초점이 안 맞으니까 신앙생활에 기쁨과 확신이 없다. 큰아들이 이렇게 아버지와 초점이 안 맞았으니 가정생활인들 기뻤겠는가? 남 말할 것 없이 내가 지금까지 그런 신앙생활을 한 것이다.

전도차 전도

나는 잃은 자식을 찾는 아비의 마음을 가지고 전도하기 시작했다. 메가폰을 구입해서 수시로 마을 사거리나 공원에 나가서 복음을 선포하였다. 그리고 교회에서 강력한 전도운동을 전개하였다. 새벽전도를 비롯하여 화요전도, 토요전도 등 1주일에 7–8개의 전도대를 가동하여 부지런히 복음의 씨를 뿌렸다. 1천명 예수초청잔치도 개최하였다. 지금도 그때를 생각하면 흥분이 된다.

나는 어느 날 선거 유세차를 보고 전도차(傳道車)를 만들기로 하였다. 1톤 화물차를 구입했다. 대형 성화를 앞뒤에 장식하고 무대를 꾸몄다. 앞에는 푸른 초장과 맑은 물가에 양을 안고 계시는 선한 목자 예수님이 있는 성화이다. 뒤에는 예수님의 영광스러운 재림의 모습으로 장식하였다. 성화 속에는 "여호와는 나의 목자시니 내가 부족함이 없으리로다."(시 23:1). "예수께서 가라사대 나는 부활이요 생명이니 나를 믿는 자는 죽어도 살겠고 무릇 살아서 나를 믿는 자는 영원히 죽지 아니하리니 이것을 네가 믿느냐."(요 11:25–26). "당신은 사랑받기 위해 태어났습니다." "성경은 인생 사용설명서입니다.” 등 성구와 복음구호를 게시하였다.

그리고 앰프 시스템까지 완벽하게 갖추어 언제 어디서든지 복음을 전할 수 있는 무대로 사용되었다. 은혜로운 복음성가가 울려 퍼져 지친 영혼들에게 감동 감화를 불러일으켰다. 전도차에는 복음전도에 필요한 제반도구, 전도지, 설교테이프, 신앙책자, 교회주보, 영접카드, 삶의 지혜 등을 항시 비치해 놓았다. 전도차로 아파트 입구, 우체국 앞, 터미널, 또 새로 입주하는 아파트 등지에서 복음을 전하였다.

일단 사람들로 하여금 시각적으로 관심을 끌게 하였다. 대형 성화나 영감이 넘치는 찬양 그리고 영혼의 정곡을 찌르는 복음 메시지가 감동을 주었다. 무대에서 중창단이나 선교단이 찬양을 통하여 복음을 전하였다. 수시로 전도차를 끌고 나가서 마이크를 잡고 복음을 전파하였다. 전도를 하고 났을 때의 기쁨과 확신은 해본 사람만 알 것이다.

어느 날은 지나가던 사람이 전도차를 보고 교회를 찾아들어 왔다. 전도차 그림을 보니까 왠지 이전에 교회 다니던 생각이 났다는 것이다. 너무도 감사하였다. 우리 교회 어떤 집사님은 일주일에 며칠씩 코스를 정해서 전도차를 끌고 다녔다. 물론 전도차에서는 아름다운 찬양이 흘러나왔다. “너는 말씀을 전파하라. 때를 얻든지 못 얻든지 항상 힘쓰라. 범사에 오래 참음과 가르침으로 경책하며 경계하며 권하라.”(딤후 4:2).

나는 나의 올더스게이트 체험을 통해서 의정부를 거룩한 도시로 변화시키라는 ‘성시화’의 비전을 받았다. 그때부터 이 도성의 회개와 변화를 위하여 기도하기 시작했다. 예수님께서도 장차 멸망하게 될 예루살렘 도성을 보시며 우셨다. “가까이 오사 성을 보시고 우시며 이르시되 너도 오늘 평화에 관한 일을 알았더라면 좋을 뻔하였거니와 지금 네 눈에 숨겨졌도다.”(눅 19:41-2). 당신의 백성이 죄 값으로 망하게 될 것을 생각하시며 우신 것이다.

죄에는 반드시 형벌이 따르는 법, 죄를 벌하는 것은 하나님의 공의의 속성이다. 어찌 의로우신 하나님 앞에서 죄악에 대한 형벌을 피할 수 있으랴. 로마도 폼페이도 죄 때문에 망했다. 소돔 고모라도 죄 때문에 유황불 심판을 받았다. 예수님은 사랑하는 도성 예루살렘이 죄 때문에 망할 것을 생각하시며 우셨다.

주님께서는 나의 선교지, 의정부 도성의 죄악 실상을 속속들이 보신다. 음란과 간음, 미신과 우상숭배, 미움과 시기, 술수와 음모, 탐심과 도적질하는 죄악들이 하늘을 찌르고 있다. 이 도성의 죄악상이 소돔과 고모라, 로마의 폼페이보다 승할 것이다. 존귀한 하나님의 형상을 잃어버리고 향락의 도구로, 죄악의 병기로, 마귀의 노예로 살아가는 가련한 백성들이다.

더욱이 가슴 아픈 것은 이를 지켜만 보고 방관하고 있는 무기력한 교회의 모습이다. 멸망에 처한 사람들에게 사죄의 복음, 구원의 복음을 전해주는 것이 시급하거늘, 교회는 멸망을 향해 가고 있는 죄인들을 보고 침묵하고 있는 것이다. 어찌 구원선인 교회가 이리도 무심할 수 있을까.

이는 마치 사막에서 목말라 죽어 가는 사람을 보면서도 물을 주지 않는 것과 같다. 물에 빠져 죽어 가는 사람을 보고도 로프나 튜브를 던져 주지 않는 것과 같다. 어떤 의사가 암을 치료하는 특효약을 발명하고서도 암으로 죽어 가는 사람을 못 본체 한다면 악한 사람이다. 교회가 지금 이런 죄를 짓고 있는 것은 아닐까? 왜 그럴까?

한마디로 무기력하기 때문이다. 생명력을 상실하였기 때문이다. 나도 굶고 있으니 굶어 죽어 가는 사람을 보면서도 어찌할 수 없는 것이다. 교회가 복음의 생명력을 잃어 버렸기 때문이다. 생명은 붙어 있으나 생명력이 없는 중환자실 환자와 같다. 전투력을 상실한 허약한 군대와 같다. 머리 깎인 삼손의 모습이다. 주님은 이런 교회의 모습을 보며 우시고 계신다.

이때 수님께서 죄악의 도성, 의정부를 거룩한 도시로 변화시키라는 명령을 하신 것이다. 이것이 바로 의정부 성시화 운동(HOLY CITY MOVEMENT)의 비전이다. 이 성시화 운동은 교회사에도 있었다. 칼뱅에 의한 제네바의 성시화 운동은 매우 성공적이어서, 한때 죄수가 없어 교도소마다 백기를 내건 일이 있었다고 한다. 요한 웨슬리에 의해 일어난 영국에서의 성결운동은 타락하고 피폐한 영국사회를 살려냈다. 이반 로버츠에 의한 웨일스의 부흥운동은 사회정화운동으로 이어져 술집과 당구장이 텅텅 비게 되었다. 이 부흥은 탄광 안에서도 일어났는데 광부들의 상스러운 말투가 바뀌어, 짐을 운반하던 조랑말들이 광부들의 말을 알아듣지를 못하여 짐을 나르는데 애를 먹었다고 한다. 이렇게 도시를 복음으로 변화시키는 것이 성시화 운동이다.

　의정부에서의 성시화 운동은 의정부 시민교회에서 시작되었다. 후에 초교파적인 기관으로 확대되면서 내가 상임총무를 맡았다. 그런 나에게 성시화 운동 본부장의 중책을 맡기고 성시화 운동을 재가동시키라는 명령을 하신 것이다. 나는 의정부를 사랑하는 복음의 열정을 가진 동역자들을 찾아 나섰다. 마침 구령의 열정을 가지고 전도현장을 갖고 계신 목사님들을 많이 만났다. 나는 이분들에게 성시화 운동을 설명하고 협력을 구했다.

　드디어 1998년 9월, 지금부터 꼭 12년 전, 목사노방전도대를 결성하여 연합전도를 시작했다. 매주 금요일 오후 4시에 목사 부부 30여 명이 우리 화평교회에 모인다. 한 시간 동안 뜨겁게 준비기도회를 한다. 영적 전투인 복음전선에 나가기 위해 비장한 기도를 한다. 먼저 한 주간에 지은 죄와 허물을 철저히 자복하고 회개한다. 그리고 "주님, 오늘 주님께 쓰임 받게 하소서. 영혼 사랑하는 마음을 주소서. 준비된 영혼을 만나게 하소서. 의정부를 거룩한 도시로 변화시켜 주소서." 합심해서 간절하게 통성으로 기도를 한다.

　그리고 5시쯤에 의정부 역전으로 출정을 한다. 현장에 도착하여 앰프 시스템을 갖추고 현수막, 전도띠, 전도지 등을 준비한다. 현수막에는 "당신은 어디로 가고 있습니까?" "예수님은 길이요 진리요 생명입니다." "주 예수를 믿으라. 그리하면 너와 네 집이 구원을 얻으리라."는 성구가 적혀 있다. 전도 대원들의 어깨띠에는 앞에는 "예수는 길이요 진리요 생명이니" 뒤에는 "의정부성시화운동본부"라고 적혀 있다. 그리고 흰 장갑을 낀다. 서너 줄로 서서 본부장인 나의 인도로 노방전도가 시작된다.

첫 멘트를 선포한다. "여기는 의정부성시화운동본부입니다. 하나님의 귀한 말씀을 전해드립니다. 참으로 기쁜 소식을 전해드립니다." 그리고 자동 반주기에 맞춰 찬송을 부른다. "어서 돌아오오. 어서 돌아만 오오", "웬일인가 내 형제여" 오른 손을 들고 찬송을 부르는 목사님들의 눈에서 눈물이 맺힌다. 지나가는 시민들이 발길을 멈추고 복음에 귀를 기울인다. 믿는 사람들이 지나가다가 함께 찬송을 부르고 강렬한 도전을 받는다. 어떤 사람은 전도 대 앞에 와서 무릎을 꿇고 회개의 눈물을 흘린다. 역전 광장은 완전히 영적 분위기로 바뀌어 간다.

찬송이 끝나면 나의 선창에 따라 복음 구호를 선포한다. "할렐루야, 하나님 말씀 전해드립니다. 참으로 기쁜 소식을 전해드립니다. 사람은 누구나 구원받아야 됩니다. 누구나 구원이 필요합니다. 죄에서 구원받고 사망에서 구원받고 하나님의 심판과 멸망에서 구원받아야 합니다. 누가 우리를 구원할 수 있습니까? 주 예수를 믿으라. 그리하면 너와 네 집이 구원을 얻으리라. 죄의 삯은 사망이요 하나님의 선물은 예수 안에 있는 영생입니다. 사람이 한번 죽는 것은 정해진 것이요, 죽음 후에는 하나님의 심판이 있습니다."

참으로 기쁜 소식을 전해드립니다. 죽어도 다시 사는 길이 있습니다. 죽지 않고 영원히 사는 길이 있습니다. 예수님께서 말씀하십니다. '나는 부활이요 생명이니 나를 믿는 자는 죽어도 살겠고 무릇 살아서 나를 믿는 자는 영원히 죽지 아니하리라.' 시민 여러분, 믿음으로 다시 시작하십시오. 어둠에서 빛으로, 사망에서 생명으로, 절망에서 희망으로, 믿음으로 다시 시작하십시오. 가까운 교회로 나가십시오."

복음 선포를 마친 다음에는 모든 대원들이 의정부가 거룩한 도시로 성시화되게 해달라고 합심기도를 한다. 땅바닥에 무릎을 꿇고 기도하기도 한다. 그러고는 광장 곳곳에 흩어져서 개인전도를 한다. 물론 본부에서도 찬송과 복음 메시지를 바꿔가며 계속 복음을 선포한다. 상가 한집 한집 축호전도를 한다. 즉석에서 예수님을 영접하고 결신하는 역사가 일어난다. 한 시간 정도 개인전도를 마치고 다시 전도본부로 돌아와 대열을 정돈하고 찬송을 부른다. 그리고 복음 구호를 다시 선포하고 마무리 기도를 한다. 지금까지 12년간 이 연합전도를 계속하여 왔다.

그리고 매년 성탄절과 부활절에 연합전도를 실시한다. 절기 주일 오후 3시 역전 광장에 성시화본부 회원교회 성도 300여 명이 모인다. 찬송을 힘차게 부른 다음 3-4대로 나누어서 시가지 전도를 실시한다. 시가지 전도대에 대장, 부대장을 세우고 의정부 구석구석을 다니며 성탄의 기쁜 소식과 부활의 복음을 선포한다. 영적 시가지 전투를 펼치는 것이다. 성탄절에는 캐럴 찬송을 부르고 부활절에는 예쁜 계란을 나누어주며 전도를 하는데 반응이 너무 좋다.

어느 해에는 의정부기독교연합회와 연합으로 성탄절 연합전도를 실시하였다. 의정부 지역교회 전 성도들이 모였다. 전도대열이 끝이 보이지 않는다. 의정부 기독교 역사상 처음 있는 일이었다. 나는 메가폰을 잡고 선두에 서서 복음 구호를 선창하였다. 불교에서도 초파일이면 연등을 들고 시가행진을 하는데, 영원한 생명의 복음을 가진 교회가 연합하여 복음을 전하는 것은 마땅한 일이다.

오늘의 현대교회는 초대교회의 야성(野性)과 생명력을 상실하고 예배당 안에만 갇혀 있는 것이 문제다. 전투력을 상실하고 영적 전투를 포기하고 있는 것이다. 기독교가 사는 길은 야성을 회복하고 전도현장을 회복하는 것뿐이다.

그 외의 성시화 사역으로, 성시화 운동 회원교회들은 한 달에 한 번씩 돌아가며 금요 연합철야기도회를 개최하였다. 사도행전의 부흥을 재현하기 위하여 사도행전 설교를 공동으로 하기도 하였다. 주일 오후에 연합간증집회를 개최하여 함께 은혜를 받는다. 또한 '의정부성시화연합성회'를 매년 한 차례씩 연합으로 개최한다. 성시화교회들이 함께 모여 은혜를 받고 의정부 성시화를 위하여 뜨겁게 기도한다. 그리고 목회자 친교모임, 회원교회 위로방문, 순회전도 등을 통하여 공동 목회구현을 힘쓰고 있다.

교회가 교회되면 된다

세상을 변화시키는 성시화 운동은 교회의 변화를 전제로 한다. 세상을 변화시키려면 교회가 먼저 변해야 한다. 교인들이 변해야 한다. 예수 믿고 삶이 변하는 것이 회개의 열매다. 예수를 진짜 인격적으로 만난 사람들은 다 변한다. 삭개오도 변했고, 사마리아 여인도 변했다. 니고데모도 변했고, 사울도 변하여 전도자가 되었다. 변하지 않은 사람이 없다. 예수와 만난 사람, 주님과 날마다 동거하는 사람은 안 변할 수가 없다.

"그런즉 누구든지 그리스도 안에 있으면 새로운 피조물이라. 이전 것은 지나갔으니 보라 새것이 되었도다."(고후 5:17).

"♫ 내 죄 사함 받고서 예수를 안 뒤 나의 모든 것 다 변했네/
지금 나의 가는 길 천국길이요 주의 피로 내 죄를 씻었네."

그런데 과연 오늘 교회가 변했는가? 목사가 변하고 장로가 변하고 권사들이 변했는가? 예수 닮은 모습으로 변화되었는가? 입술로만의 거짓된 찬송이 되어서는 안된다. 마음이 변하고 생각이 변하고 말이, 인격이, 취미가, 목적이 변한 것을 보여주어야 한다. 남편이 변한 것을 아내가 확인할 수 있어야 하고 중직자가 변한 것을 평신도가 볼 수 있어야 한다. 그래야 저들도 자극을 받고 예수 믿고 싶은 생각이 나지 않겠는가?

나의 올더스게이트 체험

교회가 변하지 않는 것을 애통해 하자. 내 교인이 변하지 않는 것을 아파하자. 먼저 내가 변화되지 못한 것을 생각하며 아파하자. 교회가 변하지 않고 교인이 변하지 않는데 어찌 세상을 변화시킬 수 있겠는가. 교회 안도 변화되지 않았는데 어찌 교회 밖을 변화시키겠는가? "주여, 나부터 변하게 하소서. 주님 닮은 모습으로, 주님의 체질로 나를 변화시켜 주소서."

희망은 여기 있다. 교회가 교회 되면 된다. 생명력을 잃어버린 종교 단체로서가 아니라 그리스도의 영적 실재를 체험하는 주님의 교회로 회복되어야 한다. 주님에게 초점을 맞춘 교회로 회복돼야 한다. 그리고 세상을 향해 담대히 외쳐야 한다. "회개하라. 천국이 가까이 왔느니라." 제2의 세례요한이 나타나야 한다. 요나처럼 거리에서도 외쳐야 한다. 예수에 미친 제2의 사도 바울이 나타나야 한다.

그래서 우리가 주님의 눈물을 닦아드리자. 주님대신 우리가 울자. 죄를 아파하며 울자. 장로가 변하지 않고 직원이 변하지 않는 것을 보며 가슴 아파하며 울자. 십자가의 사랑이 없음을 고백하며 울자. 사랑의 눈물샘이 막힌 것을 아파하며 울자. 전도 안하면서도 신앙생활 잘하는 것으로 착각하는 영적 무지를 깨닫고 울자. 내가 울면 주님이 울음을 그치실 것이다. 교회가 울면 주님은 웃으실 것이다. 성시화된 도시를 보시며 환히 웃으시는 주님의 얼굴로 꼭 회복시켜 드리자.

1980년 5월 30일
아침 7시 30분
나를 성결케 하시려고 당하신 고난

신성철 목사 / 성결복음선교회

1980년 5월 30일 아침 7시 30분

중생의 체험과 내적인 죄의 갈등

나는 어려서부터 교회를 다녔지만 사실 예수님을 나의 구세주로 믿지 못한 채 명목상의 신자로만 생활을 했다. 그러다 보니 학생시절에는 친구들과 어울리느라 한동안 교회를 빠지기도 했고 세상과 짝하여 정신없이 지내기도 했다.

그러다가 나이가 들어 입대하게 되었고, 군대라는 고달픈 생활과 억압된 환경 속에서 그 어느 때보다 하나님을 간절히 찾게 되었다. 하나님께서는 지난날의 죄와 잘못들을 철저히 회개하고 하나님의 뜻대로 살고자 몸부림치는 나에게 큰 용기와 도움을 주셨고, 이로 인해 나는 더욱 열심히 신앙생활을 하게 되었다.

　그러던 어느 날, 힘든 군대생활 속에서 나에게 영적으로 많은 도움을 주던 분이 갑자기 고혈압으로 세상을 떠나게 되었다. 그분이 세상을 떠나기 하루 전에 나와 이런 저런 이야기를 하다가 어떤 말을 더 하려했으나 그냥 헤어지면서 마지막으로 남긴 말이 "신 일병, 나중에 만나서 이야기하지."였다.

　나중에 만나서 이야기하자는 말 한마디를 남기고 갑자기 세상을 떠난 그분을 생각하면서, 나는 무어라 말로 표현할 수 없는 영적인 두려움과 갈등 속에서 헤맬 수밖에 없었다. "나중이라면 죽음 이후인데 그렇다면 나는 과연 죽은 다음에 어디에 갈 것인가?"라는 심각한 문제를 안고서, 나는 오랫동안 고민하고 또 고민하게 되었다.

　이 문제를 해결하기 위해서 온갖 노력과 영적인 몸부림을 쳐보았지만 이렇다 할 해답을 얻지 못하고 있던 차에, 마침 부흥회에 참석하게 되었고, 그 부흥회를 통하여 예수 그리스도를 나의 구세주로 영접하게 되었다. 사실 나는 그때까지 교회는 열심히 다녔으나 거듭나지 못한 상태였는데, 이때 비로소 오직 믿음으로 지난날들의 주홍 같은 모든 죄들을 다 용서받고 거듭나는 중생의 체험을 하게 되었다.

　예수님을 믿음으로 모든 죄를 다 용서받고 보니 지금 당장 죽어도 저 영원한 천국에 갈 수가 있다는 확신과 기쁨 속에 그야말로 꿈같은 하루하루를 보내게 되었다.

　날마다 찬송과 기도로 하루를 시작하게 되었고, 만나는 사람들마다 기회를 봐서 전도하게 되었다. 그리고 하나님께서 기뻐하시지 않는 세상 죄들은 일체 받아들이지 않았고, 비록 군대라는 제한된 생활 가운데서도 더욱 교회 봉사에 힘쓰게 되었다.

　이러한 기쁨과 감격의 날들이 두 달 정도 계속되었다. 그러다가 어처구

니없게도 또다시 음욕과 혈기 등과 같은 원치 않는 죄들을 범하게 되었다. 여인을 보고 음욕을 품는 것이 엄연한 간음죄에 속하는 것이며, 또 욱하는 성질을 이기지 못하고 혈기를 부리는 것이 엄연한 살인죄라는 것을 너무나 잘 알면서도, 그게 마음대로 해결되질 않았다.

예수님을 믿고 구원받은 자라면 마땅히 죄를 짓지 말아야 할 텐데 그 사실을 뻔히 알면서도 마음대로 하지 못하게 되니까, 예수님을 믿기 전보다 도리어 예수님을 믿은 후에 밀려오는 영적 고통이 나의 영혼을 더욱 괴롭혔다.

결국 이러한 내적인 죄의 갈등으로 인하여 다시금 방황을 하게 되었다. 주일이면 교회에 가서 지난 한 주간 동안의 죄를 회개하기에 바빴고 '다시는 그러한 죄들을 범하지 말아야지.'라고 굳게 결심하였지만 얼마 못 가서 또다시 넘어지고 마는 악순환 속에서 말할 수 없는 영적인 고통을 당하게 되었다.

성결의 은혜 체험

내가 예수 그리스도를 구세주로 영접하고 거듭난 하나님의 자녀가 되었으나 성결의 은혜를 사모할 수밖에 없었던 것은 다음 두 가지 이유 때문이었다.

첫째, '왜, 나는 예수님을 믿는 사람인데 자꾸만 원치 않는 죄를 거듭 짓게 되는가?'라는 영적인 갈등 때문이었고, 둘째는 '혹, 내가 이렇게 살다가 다시 지옥으로 가게 되는 것이 아닌가?'라는 영적인 두려움 때문이었다.

이 두 가지의 심각한 문제는 그야말로 나의 영혼을 날마다 무겁게 짓눌러서 "오호라 나는 곤고한 사람이로다. 누가 나를 이 사망의 몸에서 건져내랴!"고 외치지 않을 수 없게 만들었다. 정말이지 예수 그리스도를 영접하고 거듭난 이후 이러한 질망직인 상대기 거의 3년이나 계속되었다.

그러는 중에서도 목회자의 꿈을 안고 서울신학대학에 다니게 되었고, 특별히 웨슬리 신학을 공부하면서 성결에 대하여 깊은 관심을 갖게 되었다. 그러던 중 신학교 3학년 겨울방학 때 우연한 기회에 어느 구세군 사관님이 쓰신『성결의 승리』라는 책을 통하여 성결의 은혜가 나의 영적인 갈등을 해결해주는 은혜임을 비로소 알게 되었다.

그 동안 나름대로 성결교회를 그토록 열심히 다녔으면서도 성결의 은혜가 있다는 사실조차 모르고 방황하였던 내 자신이 참으로 한심스러웠으나, 그나마 나중에라도 알게 된 것은 하나님의 은혜 중의 은혜였다. 성결의 은혜가 그토록 나를 괴롭히던 영적 갈등을 해결해줄 수 있는 하나님의 예비하신 은혜라는 사실을 알게 된 나는, 그야말로 목마른 사슴처럼 애타게 몸부림치면서 성결의 은혜를 간절히 사모하고 또 사모하였다. 이러한 몸부림은 거의 6개월 동안 처절한 영적인 씨름으로 계속되었고 나의 간구는 더욱 뜨거워져만 갔다.

하나님은 이 기간 제일 먼저 철저한 회개를 하게 하셨다. 거듭난 신자임에도 불구하고 죄를 멀리하지 못하고 살았던 것, 특별히 다른 사람들을 온전히 사랑하지 못한 죄 등을 철저하게 회개토록 하셨다.

그리고 하나님은 이 기간에 나의 모든 것을 하나님 앞에 완전히 바치도록 인도하셨다. 마치 아브라함이 100세에 난 아들 이삭을 모리아산에다 산 제물로 바치는 시험에 합격한 것처럼, 하나님은 내가 완전한 헌신의 사람으로 합격되기까지 나의 가장 중요한 것들을 하나하나 포기하고 헌신하도록 기다리셨다. 돈도 야망도, 마지막에는 가장 사랑하는 아내와 자식까지도 하나님께 완전히 맡겨버리고 아브라함처럼 온전한 헌신의 주인공이 되도록 시험하시고 또 시험하셨다. 나는 그때마다 오직 나 같은 죄인을 구원하시기 위해 십자가 고난을 받으시고 물 한 방울 피 한 방울 남기지 않으시고 흘려주신 예수님의 사랑만 생각하며, 이 모든 시험을 죽음의 골짜기를 지나가는 심정으로 한 가지씩 통과해 나아갔다.

그러던 1980년 5월 30일, 몇 달이나 성결의 은혜를 사모하였으나 은혜의 체험이 없어 애태우던 차에 집에서 가까운 어느 감리교회에서 새벽기도를 마치고 막 집으로 돌아가려고 하는 중이었다. 자리에서 일어나기 전에 물끄러미 강단 뒤에 걸려 있는 십자가를 바라보게 되었는데, 그 순간 갑자기 나의 마음속에 물밀듯이 한 가지 질문이 떠오르는 것이었다.

그것은 다름아닌 "왜 예수 그리스도께서 십자가 위에서 피 흘려 죽으신 것일까?"라는 기독교의 가장 기초적인 질문이었다. 나는 이미 3년 전에 십자가에 죽으신 예수님을 나의 구세주로 영접하고 하나님의 자녀가 되었는데, 내 마음속 깊은 곳에서부터 들려오는 너무나 뜻밖의 질문 앞에 왠지 이상한 마음이 생기게 되었다.

나는 정신을 바짝 차리고 곰곰이 생각을 해보았다. 바로 그때 나의 마음속에서는 누가 옆에서 가르쳐 주지 않았지만 다음과 같은 믿음의 고백이 너무나 자연스럽게 흘러나왔다.

"아! 그렇구나. 우리 예수님께서 십자가의 고난을 받으신 것이 단순히 나의 지난날 모든 죄들을 용서만 해주시고, 이렇게 더러운 죄의 성질을 그대로 지닌 채 살게 하시려고 그렇게 고난을 받으신 것이 아니구나. 진정 나를 사랑하신 예수님은 나의 모든 죄를 용서해 주심으로 거듭나게 해주셨을 뿐 아니라, 지금 내 마음속에 남아 있는 모든 악한 죄의 성질까지 온전히 거룩하고 정결하게 씻어주시려고 그토록 뜨겁고도 붉은 피를 흘리시며 고난받으신 것이로구나. 할렐루야!"

"그래 맞아. 우리 예수님이 당하신 십자가의 고난은 나를 거듭나게 하셨을
뿐 아니라 나의 마음을 성결케 하시려고 당하신 고난이야!"라고 담대하게
외칠 수가 있었던 것이다.

이때 바로 나의 마음속에는 겨자씨 한 알 같은 성결의 믿음이 싹트기 시
작했다. 물론 이 믿음은 처음에는 아주 작은 반딧불 같기도 하였지만, 분명
히 우리 예수님께서 말씀하신 겨자씨와 같은 믿음이었고 성령님이 주시는
성결의 믿음이었다. 이러한 성결의 믿음이 마음속에 생기게 되자, 나는 곧바
로 "그래 맞아. 우리 예수님이 당하신 십자가의 고난은 나를 거듭나게 하셨
을 뿐 아니라 나의 마음을 성결케 하시려고 당하신 고난이야!"라고 담대하게
외칠 수가 있었던 것이다.

1980년 5월 30일 아침 7시 30분

이렇게 십자가의 보혈 속에 담겨진 성결에 관한 진리에 대하여 마음으로 믿어진 사실을 입으로 담대히 시인하였을 때, 나의 마음속에는 어느 사이엔가 거룩하신 하나님께서 그토록 부어주시기를 원하셨고 또 나의 온몸과 마음으로 애타게 사모하고 또 사모하였던 성결의 은혜가 충만히 임하게 되었던 것이다. 할렐루야!

"구하라. 그러면 너희에게 주실 것이요, 찾으라. 그러면 찾을 것이요, 문을 두드리라. 그러면 너희에게 열릴 것이니 구하는 이마다 얻을 것이요, 찾는 이가 찾을 것이요, 두드리는 이에게 열릴 것이니라."(마 7:7-8).

누군가 중생의 은혜가 연기 맛이라면 성결의 은혜는 불 맛이라고 했는데, 정말이지 성결의 은혜를 받고 보니 뭐라 말할 수 없는 기쁨과 감격이 솟구쳐 올라왔다. 그 무엇보다 나 같은 죄인의 모든 죄를 용서해 주신 것만도 너무나 감사한데, 나의 마음을 성결케 하시기 위해서까지 그 십자가의 고난과 아픔을 당하셔야만 했던 주님의 모습이 눈에 아른거려서 뜨거운 눈물을 흘리지 않을 수 없었다.

"오, 예수님! 얼마나 아프고 힘드셨나요. 주님을 믿는다고 하면서 전부 다, 제대로, 온전히 믿지 못했던 이 못난 죄인을 용서해 주소서. 주님의 보혈의 능력을 믿는다고 하면서 100% 제대로 믿지 못한 어리석은 죄인을 용서해 주소서. 이제라도 주님의 십자가 사랑 속에 들어있는 성결의 능력을 믿게 해 주셔서 무한 감사 또 감사드립니다."

그토록 사모하고 간구하던 성결의 은혜가 내 마음속에 임했을 때 나의 마음속에는 즉각적으로 다음과 같은 구체적인 변화가 있게 되었다.

첫째, 나의 모든 죄를 다 용서하실 뿐 아니라 내 마음속에 남아 있는 모든 악한 죄의 쓴 뿌리와 성질까지 온전히 성결케 하시기 위해 십자가의 고난을 받으신 예수님에 대한 새로운 믿음과 확신이 생기게 되었다. 이 확신은 단순히 듣고 배워서 알게 된 지식적인 것이 아니라 분명히 성령님이 주시는 내적인 확신이었다. 성결의 은혜를 받기 전에는 예수님에 대한 믿음이 나의 모든 죄를 다 용서하신 일에 국한되는 그런 확신이었는데, 성결의 은혜가 임한 후에는 십자가의 고난에 대한 믿음의 깊이가 한 단계 더 깊이 들어간 것을 확실히 느낄 수가 있었다.

둘째, 순간순간 들어오는 시험과 유혹에 대한 강력한 저항력이 충만하게 되었다. 성결의 은혜를 받기 전에는 사단 마귀가 주는 시험과 유혹이 마음속까지 무사통과식으로 들어왔는데, 성결의 은혜를 받은 후에는 순간순간 들어오는 시험과 유혹을 다 내칠 수 있는 그런 상태가 되었다. 참으로 감사하고 감격할 일이었다.

가령, 여인을 보았을 때 비록 음욕의 시험은 들어오지만 결코 마음에 품지 않을 수 있게 되었으니 말이다. 또한 미움의 시험은 들어오지만 미움을 마음에 품지 않을 수 있게 되었다. 이것은 단순히 나의 의지가 그렇게 만들어 주는 것이 결코 아니었다. 분명 성결의 은혜가 그런 신비한 능력을 가능케 해 주는 것이었다.

셋째, 원수까지라도 넉넉히 사랑할 수 있는 아가페 사랑이 충만하게 되었다. 사실 단지 거듭난 상태에 있을 때에는 누가 나의 마음에 상처를 주거나 하면 인내하기가 너무 힘들었다. 그러나 성결의 은혜를 받은 후에는 그 인내심이 훨씬 깊어지고 넓어진 것을 분명히 느낄 수가 있었으며, 전보다 인내의 싸움을 더 쉽게 잘할 수 있게 되었다.

그리고 마지막으로 한두 가지 정도를 더 말한다면, 성결의 은혜를 받기 전에는 성서 속에서 말하는 성결의 진리나, 그 외 성결에 관한 신학책 등의 내용이 잘 이해가 안 되었는데, 성결의 은혜를 받은 후에는 마치 어둔 밤에 밝은 전등불을 켠 것처럼 너무나 이해가 쉽게 되는 것이었다. 또 아직까지 십자가의 사랑을 믿으면서도 단지 죄 용서함과 거듭나는 데까지만 알고 있는 사람들에게 이 십자가의 성결케 하시는 기쁜 소식과 놀라운 은혜를 어서 빨리 전파하여야겠다는 불타는 사명감이 생기게 되었다.

돌이켜 보면 1980년 5월 30일 아침 7시 30분경, 창문을 통해 쏟아져 들어오던 그 찬란한 5월의 아침 햇살처럼 나의 심령 속에 성결의 은혜를 부어 주신 거룩하신 하나님께서 처음 성결의 은혜를 베풀어 주실 때부터 지금까지 단 하루도 빠짐없이 강권적으로 명령하시는 것이 성결복음의 전도와 세계선교의 사명에 관한 것이다.

사실 영적으로 볼 때 이 세상 속에서 일어나는 크고 작은 불행과 비극들은 한결같이 인간의 타락된 죄의 부패성으로부터 시작되는 것이기 때문에, 하나님께서는 오늘도 성결의 은혜를 통하여 인간의 심령을 깨끗케 하시기를 원하고 계신다.

그렇다! 하나님께서는 지금 이 순간도 이 세상 모든 사람들이 한 사람도 빠짐없이 다 성결케 되기를 원하시기 때문에, 먼저 은혜를 받은 사람들을 통하여 한 알의 밀알처럼, 또는 밀가루 속에 넣은 누룩처럼 성결의 복음이 온 세상에 전파되기를 원하고 계신다.

성결복음의 전도와 선교의 사명은 어떤 특정인에게 주시는 것이 아니라 성결의 은혜를 받은 사람이라면 공통적으로 다 받게 되는 지상최대의 사명이다. 그러므로 성결의 복음을 땅 끝까지 전하는 일은 은혜 받은 성결인들 남녀노소를 막론하고 다 함께 짊어지고 가야 할 거룩한 멍에인 것이다.

"오직 성령이 각 성에서 내게 증거 하여 결박과 환난이 나를 기다린다 하시나 나의 달려갈 길과 주 예수께 받은 사명 곧 하나님의 은혜의 복음 증거하는 일을 마치려 함에는 나의 생명을 조금도 귀한 것으로 여기지 아니하노라."(행 20:13-14).

1980년 5월 30일 아침 7시 30분

에라, 차라리
팔 떨어져서 죽자!

최현호 목사 / 부산 은혜교회

에라, 차라리 팔 떨어져서 죽자!

내가 지금 섬기는

내가 지금 섬기는 은혜교회의 영구표어는 "말씀으로 성숙하는 교회, 성령세례를 사모하는 교회"이다. 목회를 하면서 성도들에게 늘 강조는 것은 중생의 체험이 분명한 성도로서 구원을 확신하며 신앙생활을 하는 것이다. 그리고 또 하나는 모든 성도들이 성령세례를 경험하여서 능력 있는 그리스도인, 성결하고 착한 그리스도인이 되는 것이다.

나는 고향 밀양에서 어릴 때부터 어머니를 따라서 신앙생활을 하였다. 형제가 네 명이었는데 그 중에서 둘째인 내가 가장 열심히 교회학교를 다니면서 하나님을 섬겼다. 다음은, 나는 기억이 나지 않지만 어머니께서 자주 말씀하셨던 이야기이다. 내가 다섯 살 되는 해쯤에 우리 집은 세들어 살고 있었는데, 어느 날 나와 나이가 비슷한 주인집 딸이 우리 집 방문 앞을 지나면서 섬돌 위에 놓인 신발 하나를 건드려서 아래로 떨어지게 했단다. 그것을 본 내가 부엌에 들어가서 연탄집게를 가지고 나와서 그 주인집 딸에게 신발을 빨리 제자리에 올려놓으라고 협박을 했다고 한다. "방 빼!" 주인 아주머니가 내가 저지르는 무서운 광경을 보고 부모님께 하신 말씀이었다.

그때에 아버지께서 사업이 잘되서서 돈을 조금 더 모으셨다가 넓고 좋은 집을 사서 이사하시려고 했다고 한다. 그런데 나의 과격한 행동으로 인하여 급하게 이사를 하게 되었다. 그런데 핍박자셨던 아버지께서 일생일대의 가장 큰 실수(?)를 하셨다. 이사 간 집이 밀양성결교회와 같이 담을 쓰고 있는 집, 교회와 딱 붙어 있는 집으로 이사하셨던 것이다. 그래서 나는 눈만 뜨면 교회로 갔고, 커서도 학교에 갔다 오면 교회로 직행을 했다. 교회에 큰 마당이 있었고 놀 공간이 엄청나게 많았기 때문이었다. 그래서 교회당과 그 마당은 나의 활동무대였고, 나는 자연스럽게 열심히 교회생활을 하게 되었다.

집이 교회와 아주 가까운 관계로 그리고 어머니의 신앙 덕분에 나는 일찍이 예수님을 구주로 영접하였다. 언제인지는 정확하게 기억이 나지 않지만 초등학교 3, 4학년쯤에 예수님을 구주로 영접한 것 같다. 그러던 중에 초등학교 6학년 때에 교회에 전도집회가 열렸다. 강사가 너댓 분 되는 큰 집회였다. 나는 초등학생이었는데도 그 집회에 열심히 참석을 하였다. 전도에 대한 집회였는데 중생과 구원의 확신을 많이 강조하고 가르친 집회였던 것으로 기억된다. 지금도 잊혀지지 않는 감격스러운 장면이 있다. 어린 남자아이 하나가 어른들 사이에 끼어서 '나는 구원받은 하나님의 자녀이구나! 나는 지옥 가고 싶어도 못 가는구나!'를 깨닫고 감사와 감격으로 기쁨을 이기지 못하여서 찬송을 부르는 모습이다.

어린 남자아이 하나가 어른들 사이에 끼여서 '나는 구원받은 하나님의 자녀이구나! 나는 지옥 가고 싶어도 못 가는구나!'를 깨닫고 감사와 감격으로 기쁨을 이기지 못하여서 찬송을 부르는 모습이다.

    그 후로 나는 한 번도 내가 구원받았다는 것에 대하여 의심한 적이 없었다. 그리고 자연스럽게 목사가 되어야겠다는 생각을 하게 되었다. 그런데 신앙생활을 하면서 스트레스를 받는 것이 하나 있었다. 그것은 교회에서 부흥회를 할 때마다 부흥강사들께서 "성령받으라, 성령세례를 받아야 된다."는 말씀이었다. 그 말씀을 들을 때마다 '나는 성령을 받았는데 왜 성령받으라 하시나!' '뭘 또 받으라고 하시나!'였다. 그러면서도 뭔가를 받기는 받아야 되는가보다 하고, 목이 터져라 찬송하고 기도하였다.

    부흥회가 끝나면 여지없이 목이 콱 쉬어버렸다. 그리고 사람들이 "은혜 많이 받았냐?"고 물으시면 (목 쉰 소리로) "예! 은혜 많이 받았습니다." 대답하곤 하였다. 그러나 분명히 부흥회를 통하여 진리의 깨달음과 성령충만한

에라, 차라리 팔 떨어져서 죽자!

은혜는 받은 것 같았지만 뭔가 중요한 깃이 하나 빠진 느낌이 늘 있었다.

별 갈등이나 어려움 없이 물 흐르듯이 모든 일이 잘 진행되면서 목사가 되기 위해서 서울신학대학교에 입학하였다. 신학대학 생활을 시작할 때에 그 감동과 감격은 너무나 컸다. 더구나 생활관에서 경건훈련을 하면서 대학 생활을 하니깐 힘든 부분도 있었지만 여러 면으로 참으로 좋았다. 그리고 신학대학에 대한 기대감이 너무나 아름답고 컸다. 나는 신학대학에는 천사와 거의 가까운 사람들만 있는 줄 알았다. 교수님들도 천사, 직원들도 천사, 신학생들도 천사, 나도 부족하지만 천사에 가까운 사람, 야! 정말 기대가 되고 흥분이 되었다. 내가 어찌 이 천사들과 함께 생활을 잘할 수 있을까 걱정도 되었고 감격도 넘쳤다.

그런데 아! 어쩌란 말이냐? 이 아픈 마음을, 이 배반당한 가슴을... 아! 가엾다. 상처받은 어린양이여! 어리고 여리고 착한 소년의 마음을 가진 나는 신학대학 생활을 하면서 실망과 좌절과 분노로 가슴을 갈가리 찢어나가야만 했다. 하루하루 가면 갈수록 신학대학에 있는 자들이 천사들이 아니라, '못된 마귀새끼들과 더 가까운 자들이구나!'생각되기 시작하였다. 생활관에서부터 천사들이 아닌 더럽고 치사하고 무서운 마귀들과 생활하는 것 같았다. 물론 가끔씩은 천사 같이 행동할 때도 있는 마귀들이었다. 그리고 정말 천사 중에서도 천사장 수준으로 생각하였던 교수들이 정말 밥맛 떨어지는 마귀들로 느껴졌다.

교수도 마귀, 학생들도 마귀, 직원들도 마귀, 다 마귀 같았다. 그것도 착한 척하는 마귀들이었다. 나의 눈에는 그들이 다 위선자처럼 보였다. 지나서 생각해보면 너무나 큰 기대를 하고 신학대학에 왔기 때문에 생긴 실망이었던 것 같다. 천사처럼 생각을 했는데 그저 그런 사람처럼 말하고 행동을 하니깐 마귀처럼 느껴졌던 것이다. 그래도 가끔씩은 정말 존경하고픈 말과 행동을 하는 사람들로 인하여 감동하고 감격하기도 했던 것 같다. 나의 신학대학 1학년은 비전과 기대, 실망과 좌절로 얼룩진 시절이었다.

　　그래도 참으로 은혜였던 것은 생활관에서 같은 방을 썼던 선배 중 한 분이 열심히 기도하는 분이셨다. 그래서 나도 1학년 때부터 그를 따라서 새벽기도가 끝나고 나면 가능한 한 늦게까지 기도하려고 애를 썼다. 부르짖어 기도하고 묵상으로 기도하고 아무튼 기도하고, 그래서 새벽기도실인 소강당에서 조금이나마 늦게 일어나려고 하였다. 그런데 열심을 내면 낼수록 무엇인가 나에게 더 필요한 것이 있다는 생각을 자주 하게 되었다.

　　1학년 2학기쯤에는 마귀들에 대한 실망이 좀 줄어들었다. 마귀들은 여전히 마귀들이었지만 적응해 나가니깐 '원래 그런가 보다!' 하고 그들에게 대한 비판과 판단이 좀 무디어져갔다. 그러면서 그 실망과 좌절이 나에게로 향해져갔다. '최현호, 너는 어떤데?' '너는 천사냐?' '너는 마귀 중에 더 마귀다. 이 위선자야!' '와! 혐오스러운 놈, 네가 어떻게 그 인격과 성품과 능력으로 신학을 하고 목회를 하겠다는 거냐?' 신학대학에 있는 마귀들에게 실망하고 그들을 비난하려고 할 때마다 내가 더 마귀스럽고 혐오스러워지기 시작하였다. 기도를 하면 할수록 더 답답하여지고 내가 싫어졌다. 나의 능력 없음과 나의 추한 성품이 나를 많이 괴롭히기 시작하였다. 그리고 가끔씩 잘난 체하는(?) 교수들의 강의시간에 하는 설교들이 도전이 되면서 갈등과 아픔이 더 커지기 시작하였다.

　　나는 진짜 골치 아픈 센 마귀 한 놈을 발견해 가면서, 도전과 비전과 희망과 좌절과 상처로 뒤범벅되면서 1학년 2학기를 보냈다. 1학년 겨울방학이 다가올 때에 나는 학교를 휴학하려고 마음먹었다. 신학을 그만두려고 한 것이 아니라 좀 쉬고 싶었다. 그리고 나를 정리하고 싶었다. 그런 마음 상태로 계속 나아가서는 안되겠다고 생각하였다. 그때 나는 1년 정도 휴학을 해도 군대에 가지 않는 유리한 입장이었다. 군종장교 후보생 시험에 합격한 상태였기 때문에 1986년에 목사 안수를 받고 임관할 수 있게만 해놓으면 되었다.

1년 정도 휴학을 결심하고 고향 밀양에 내려갔다. 휴학에 대하여 차마 어머니께는 말씀을 드리지 못하였다. 2학년 개학 때쯤에 말씀드리고자 하였다. 그런데 가는 날이 장날이라고, 고향에 내려간 며칠 뒤에 부흥회가 있었다. 강사는 지금 성결교단 큰 교회의 원로목사님이시고, 당시 유명한 부흥사로 활동하셨던 분이다. 밀양교회에 몇 번째 부흥회를 오셨던 분이고, 신학대학 동기의 아버지이기도 하셨다.

울적한 마음으로 인하여 부흥회에 열심히 참석하고 싶지 않았지만 신학생이라는 타이틀 때문에 울며 겨자 먹기로 매시간 참석을 하였다. 그런데 그 부흥회 강사 목사님께서도 나를 갈등하게 하고 짜증나게 하는 "성령받으라."는 말씀을 자주 강조하셨다. "성령을 못 받고 예수 믿는 사람들은 불쌍해!" "신자라면 성령을 받아야 해!" 정말로 답답해 하시면서 이런 말씀을 자주하셨다. 나는 그런 말씀을 들을 때마다 '나는 성령으로 말미암아 거듭났고 내안에 성령께서 계시는데 왜 저렇게 말씀하시나!' 하면서 짜증이 났고, 성경적으로 신학적으로 뭘 어떻게 이해하고 받아들여야 할지 혼란스러웠다.

부흥회 사흘째

부흥회 사흘째 되는 날 새벽집회였던 것 같다. 강사님께서 설교를 끝내시고 안수기도 받을 사람들은 앞으로 나오라고 하셨다. 나는 그냥 의자에 앉아 있으면서 강대상 앞 마룻바닥에 무릎을 꿇고 목사님의 안수기도 받는 사람들을 구경하고 있었다. (물론 기도하는 체하면서 실눈을 떴다 감았다 하면서.) 그때 대부분의 사람들은 그냥 안수기도를 받는 것으로 끝났는데 고향 교회의 1년 후배 여학생이 목사님의 안수기도를 받는 순간 몸에 진동이 일어나더니 방언이 터져 나오는 것이었다. '치! 나는 아무리 안수받고, 목을 그렇게 많이 쉬어가면서 기도해도 방언도 안 주시고, 소위 말하는 성령도 안 주시면서 쟤는 금방 쉽게도 받네! 그리고 저런 것이 꼭 있어야 구원받나!' 하면서 신기함과 질투와 무시함으로 바라보았다.

그 시대 대부분의 교회들처럼 고향 교회 부흥회도 월요일 저녁에 시작하여서 금요일 새벽에 끝나는 부흥회였다. 목요일 새벽집회 때였다. 나는 힘들게 설교를 듣고, 강사 목사님께서 손을 높이 들고 기도하라고 하시니깐 시키는 대로 손 들고 기도를 하였다. 기도를 하는 중에 나는 나에 대한 미움과 혐오감이 어느 때보다 크게 느껴지기 시작하였다. 그렇지 않아도 나에 대한 실망과 혐오감으로 힘들어서 학교까지 휴학하려는 마당에 그날 새벽에는 더 심하게 느껴졌다. 나의 죄로 인한 괴로움보다 그런 죄를 짓고 사는 최현호라는 자의 인격과 성품에 대한 차마 견딜 수 없는 혐오감으로 답답하고 갑갑하여서 숨을 쉬지 못하고 꼭 죽을 것만 같았다.

부흥회 나흘째 되는 아침 집회였다. 기분이 우울하고 찝찝하였다. 새벽에 느꼈던 그 더럽고 찝찝한 마음이 꺼름칙하게 남아 있었다. 게다가 새벽에 느꼈던 그 큰 괴로움이 싫어서 기도하다가 벌떡 일어나서 집으로 가버린 일, 그리고 그 마음을 희석시키기 위해서 의도적으로 일상과 무시라는 물을 타버렸다는 죄책감(?) 등으로 기운이 하나도 없는 모양으로 아침 집회에 참석했다.

강사 목사님께서 설교를 간단히 하신 것으로 기억난다. 설교 후에 목사님께서 성도들에게 "두 손을 들고 주여 주여 부르짖고 기도하고 집으로 가라."고 하셨다. 그때 나는 '집으로 그냥 가버릴까?' 하다가 '그래도 신학생인데 기도 좀 하다가 가야지!' 하면서 억지로 두 손을 들고 기도하였다. 뭐라고 기도하였는지는 기억나지 않는다. 아마 "주여! 주여!"만 외치면서 우울하고 답답하고 찝찝하고 한심스러운 마음을 주님께 아뢰었을 것이다.

한참을 기도하였는지 팔이 떨어질 것처럼 아팠다. 그래도 손을 내리지 않고, "주여! 주여!" 하면서 계속 기도하였다. 그러다가 주위가 조용한 것을 느꼈다. '내가 꽤 오래 기도했구나!' 생각하면서 두 손을 든 채로 눈을 뜨고 주변을 살펴보았다. 다 가고 기도하는 사람은 나밖에 없었다. 그리고 뒤쪽 난로에 대여섯 명의 청년들이 불을 쬐면서 조용조용 이야기를 하고 있었다. 나는 두 손을 든 채 주위를 빙 둘러 살펴보고 '이것들이 다 갔네!' (그때는 심사가 뒤틀려 있어서 성도들을 향하여서 이것들이라고 한 것 같다.) '아이고! 나도 가야 되겠다.' 그러면서 손을 내리고 기도를 그만 하려고 하였다. 그때에 마음속에서 왠지 모를 서러움과 분함과 오기가 확 일어났다. '에라! 차라리 팔 떨어져서 죽자!' 그러면서 "주여!"라고 크게 외치면서 두 팔을 높이 치켜올렸다.

앞에서도 말하였지만 내가 섬기는 은혜교회의 영구표어 중에 하나가 "성령세례를 사모하는 교회"이다. 거듭난 이후에 성도들이 성령세례로 성령충만함을 경험해야 된다고 늘 강조하면서 목회를 하고 있다.

성령세례, 성결교회에서는 성결의 체험이라고 말을 하기도 한다. 신학대학 1학년 겨울방학 때에 고향 교회에서 오순절의 성령세례와 같은 경험하였다. 이것을 신학적으로, 목회적으로 정리를 해야 했는데 대학 4학년 말에 접하게 된 로이드 존스 목사님의 글들을 통하여서 완전히 정리가 되었다. 사실 이 성령세례에 대하여 오랫동안 이해되지 않고, 정리되지 않은 부분이 많아서 애를 먹었다.

분명히 성령세례의 경험은 성결의 체험과 관련이 있다. 그런데 그 성결의 체험은 역동적이며 인격적인 것이어서 한번 성결을 체험하면 계속하여서 성결로 살아가는 것은 아니다. 그 성결의 체험이 엄청난 사모함과 간절함을 가져오기 때문에 더 주님 닮아가려고 애를 쓸 것이다. 그것이 성결로 나타나는 것이리라. 로이드 존스 목사님은 성령세례의 경험을 "하나님의 강력한 임재의식의 경험"으로 말하기도 한다. 가랑비나 제법 많이 내리는 비 정도가 아니라, 폭포수처럼 퍼붓는 하나님의 은혜와 임재의식을 말하는 것이다.

에라, 차라리

이제 위에 내용에 이어서 얘기를 진행해 보자.

'에라, 차라리 팔 떨어져서 죽자!' 그러면서 "주여!"라고 크게 외치면서 두 팔을 높이 치켜 올렸다. "주여…" '여'자가 갑자기 "여-어어으 으아악-"으로 변하면서 속에서부터 엄청난 괴성과 고성이 터져 나왔다. 그리고 저절로 고개가 뒤로 제껴지면서 얼굴이 위로 향하여졌다. 동시에 하늘에서 너무나 큰 유성과 같은 불덩어리가 내 머리 위로 떨어지고 있었다. 그 큰 불덩어리가 내 머리를 지나서 가슴에 "꽝" 하고 떨어졌다. 견딜 수 없을 정도로 뜨거웠다. "으-악악" 냅다 소리를 질렀다. 가슴에 꽝 떨어진 그 불이 속에서부터 위로 치고 올라오면서 나를 더 뜨겁게 하였다. 가슴에 떨어진 불이 내 속에서 위로 치솟아 입으로 터져 나오면서 불과 같은 방언이 쏟아져 나왔다. 소위 하는 말로 수십 년 방언기도를 한 사람처럼 유창한 방언이 불과 같이 쏟아져 나왔다. 그러면서 너무나 아름답고 파란 불빛(붉은 빛도 있는 것 같기도 하고, 뭐라 설명하기 힘든 빛)이 눈에 쫙 펼쳐졌다. 그 황홀감, 그 감격, 그 은혜, 그 깨끗함과 정결함, 그 사랑… 입에서는 방언이 계속 터져 나오고, 눈에서는 눈물이 비 오듯 흘러내리고, 눈앞에서는 그 파란 영광의 빛이 보이고, 그때 나에게 들었던 생각 하나, '하나님 아버지! 나 여기서 이대로 죽었으면 좋겠습니다.'였다. 왜 어린 나이에 그 은혜의 순간 그 생각이 들었는지 지금도 모르겠다.

난로 옆에 오순도순 모여서 이야기를 하던 청년들이 나중에 전하여 준 이야기는 "총이나 대포를 맞아서 나가떨어지는 사람처럼 소리를 지르면서 의자에서 밑으로 나뒹굴어졌다."고 하였다. 나의 기억에는 계속 의자 위에서 손을 들고 기도하고 있었던 것 같은데, 그랬단다. 구름 위를 걷는 기분이라고 할까? 교회를 나서서 집으로 가는 나의 발이 공중에 둥둥 떠서 걷는 것 같았다.

에라, 차라리 팔 떨어져서 죽자!

난로 옆에 오순도순 모여서 이야기를 하던 청년들이 나중에 전하여 준 이야기는 "총이나 대포를 맞아서 나가떨어지는 사람처럼 소리를 지르면서 의자에서 밑으로 나뒹굴어졌다."고 하였다. 나의 기억에는 계속 의자 위에서 손을 들고 기도하고 있었던 것 같은데, 그랬단다. 구름 위를 걷는 기분이라고 할까? 교회를 나서서 집으로 가는 나의 발이 공중에 둥둥 떠서 걷는 것 같았다.

성령세례를 경험한 그때의 느낌은 '나의 영혼이 이렇게도 깨끗하고 정결할 수 있을까?'이었다. 그 후로도 분명 생활 속에서 가끔 어리석고 누추한 일과 불순종으로 못된 일들을 행하면서 살았다. 그런데 성령세례의 사건으로 분명히 달라진 것은 이전과 다른 영혼의 예민함이었다. 그 체험 이후로 죄에 대하여 얼마나 민감하여졌는지 모른다.

물론 성령세례의 사건 전에도 나는 분명히 거듭난 하나님의 자녀였고, 구원의 확신도 있었고, 분명히 성령께서 내 안에 내주하여 계셨고, 가끔씩 말씀을 잘 순종함으로 성령충만함도 경험하였고, 죄를 지으면 죄송하고 아프고 애통하였던 것은 분명하다. 그러나 성령세례의 사건을 통해서 차원이 달라진 나의 영혼의 상태를 경험하게 되었다고 말할 수 있다.

무디는 토레이 목사와 함께 부흥회를 인도하러 다닐 때에 자주 이런 부탁을 토레이 목사에게 했다고 한다. "토레이 목사님, 이번 집회에서는 '성경은 하나님의 말씀이다와 성령세례'에 대하여 말씀하여 주십시오." 그래서 언젠가 토레이 목사가 "무디 선생님, 저는 그 두 제목의 말씀 외에 다른 제목으로 설교할 것도 많이 있습니다."라고 하니 무디는 "예, 잘 압니다. 그래도 토레이 목사님, 이번 집회에는 '성경은 하나님의 말씀이다'와 '성령세례'에 대하여 말씀을 전하여 주십시오."라고 부탁을 드렸다고 한다. 나도 내가 목회하는 은혜교회 성도들에게 이 성령세례 곧 성결 은혜의 체험을 강조하고 강조한다. 그리고 가끔씩 부흥회를 니기는 경우에도 구원의 화신에 관한 말씀과 성령세례의 말씀은 꼭 전한다.

나는 거듭난 하나님의 자녀에게는 그 마음 안에 빛이 들어와 있는 것과 같고, 거듭난 자녀가 성령으로 세례를 받을 때에는 그 마음 안에 불이 들어오는 것과 같다고 이해를 하고 설명을 한다. 그래서 불이 들어와 있는 성도는 그 불로 인하여 말씀으로 비유할 수 있는 장작과, 기도로 비유할 수 있는 기름이 당기고 그것을 사모하게 된다는 것이다. 그래서 "성령세례의 경험은 무엇이라고 표현하고 싶냐?" 묻는다면 나는 "하나님에 대한 깊은 사모함과 간절함이다."라고 말하고 싶다. 하지만 아무리 큰 불을 받고, 성령세례의 경험을 하였어도 말씀과 기도가 계속 공급되지 않으면 별 볼일(불 볼일)이 적어지거나 없어지는 것이다.

그 사건 후에 달라진 것이 참으로 많았다. 그 중에서 소극적인 내가 적극적인 사람이 된 것도 그렇고, 특히 말씀의 능력이 있다는 말을 참 많이 들었다. (어린 나이에 이런 말을 자주 들은 것이 나에게 큰 짐과 올무가 되었지만...) 전도사 시절에는 어떤 기도한다는 분들이 가끔 영안으로 보았다는 식으로, 설교하는 나의 뒤에 "불이 휙휙 지나다닌다. 입에서 불이 나온다." 그렇게 말하기도 하였다.

최전도사! 뭐하는 거여!

군목으로 가기 전에 전도사로 있었던 교회는 아주 권능 있는 담임목사님께서 시무하시는 교회였다. 담임목사님께서는 일 년에 한 번 일주일간 삼각산에 있는 기도원에서 전국 교역자 집회를 여셨다. 목회자들로 하여금 성령의 불을 받게 해야 한다는 사명으로 매년 그 같은 집회를 하셨다. 부교역자들은 안내와 경비를 담당했다. 특별히 집회 중에 귀신들린 사람들이 발작을 하거나 난동을 부리는 경우가 많아서 그들을 통제하는 것도 큰 임무였다.

그 집회에 매년 찾아오는 단골, 나이 많은 전도사가 있었는데 그 부인은 오랫동안 귀신이 들려 있었다. 이 부인은 완전히 닳고 닳아서 목사님이 귀신을 쫓아내는 기도를 해주시면 "아멘, 아멘"을 너무 잘하였다. 그러면서 눈을 가늘게 뜨고 씩 웃었다. 그것을 옆에서 지켜보고 있을 때는 정말로 오싹했다. 그런데 이 부인이 문제였다.

어느 날 밤에 나는 집회 중에 몰래 빠져나와서 그 기도원에 있는 얼음물과 같이 차가운 우물로 가서 멱을 감고 집회장소로 가려고 나왔다. 그런데 그 귀신들린 전도사 부인이 집회장소로 가는 길목에 서 있는 것이 아닌가! 별빛으로 흐릿하고 음산한 삼각산, 그 동떨어진 우물가 길목! 큰 불을 받아 능력 있다는 내가 그 여자가 무서워서 지나가지를 못했던 것이다. 그날 밤 나는 잠을 이루지 못하였다. 자존심이 상하고 분하였다. '내가 이게 뭔 꼴이냐?' 교만하고 자만한 나를 책망하면서 하나님께 소리 없이 울부짖었다.

다음날 오후 낮집회였다. 목사님께서 설교를 마치시고 통성기도를 일제히 시키실 때에 일이 벌어졌다. 20살 남짓한 한 뚱뚱한 남자 청년이 담임목사 사모님 옆에 앉아 있다가 그 속에 있던 귀신이 발작을 하였던 것이다. 그리고 옆에 계신 사모님의 머리칼을 잡고 흔들어댄 것이었다. 일제히 교역자들과 목사님 가족들이 다 달라붙어서 그 귀신들린 청년을 통제하였는데도 힘이 얼마나 센지 다들 쩔쩔매면서 바깥으로 끌고 나왔다. 그 와중에 어떤 목사님이 그 청년에게 손을 물렸다. 다들 성령의 능력이 아니고 완력으로 때리고 패고 통제를 하니까 우습지도 않은 광경이 벌어진 것이었다. 나는 무서워서 멀찌감치 떨어져서 보고 있었다. 그때 손을 물린 그 목사님의 부인이 화가 나서 "최 선노사! 뭐하는 거여! 이리 와서 이놈 좀 붙들고 있어!" 소리를 질렀다. 어쩔 수 없이 가까이 가서 그 청년의 한쪽 팔을 붙들고 있었다. 그러면서 힐끗 그 청년을 쳐다보았다. 그러자 그 청년이 갑자기 몸이 굳어버리면서 꼼짝을 못하는 것이었다. 주변에 있던 교역자들이 "최 전도사에게 잡혔다. 최 전도사가 쫓아내!" 하는 것이었다.

나중에 이 청년이 정신이 들고 난 다음에 한 말이 나의 눈에서 불이 나오더라나! 나는 그때부터 슈퍼맨처럼 눈에서 불이 나오는 사람이 되었다. 그 전날 밤에 망신당한 내가 소리 없이 울부짖는 것을 하나님께서 보시고 나를 불쌍히 여겨주셔서 사용하신 것이었다. 그 후에 나는 눈에 힘을 주고 돌아다녔다. 특히 섬기는 교회에서는 더 눈에 힘을 주고 다녔다. '내 눈에서 불이 나온다. 이것들아!'

섬기던 교회에는 능력 있는 담임목사님이 시무하는 교회라서 귀신들린 사람들도 많이 있었다. 삼각산에서의 일이 있은 지 얼마 뒤에 금요 철야기도를 마치고 새벽이 올 때까지 지하 교육관에서 철야하시는 분들과 함께 있었다. 그때 어린이 교회학교 교사인 한 아가씨가 삼각산 이야기를 꺼내었다. 우쭐한 나에게 그 교회에서 밥 얻어먹고 사는 귀신들린 아주머니에게서 귀신을 쫓아낼 수 있느냐고 물었다. 나는 그럴 수 있다고 어정쩡하게 대답을 했다. 그런데 그때 그 여자가 교육관으로 들어오고 있었다.

"더러운 귀신아! 이 여자에게서 나가라. 내 눈을 봐라!" 철없는 아가씨의 꼬임에 빠져서 닳고 닳은 귀신들린 여자에게 내가 소리쳤다. 그 여자는 내가 겁을 먹고, 난감해 하고 있다는 것을 귀신(?)처럼 알았는지 나이로 나에게 밀어붙였다. "왜 젊은 사람이 나에게 반말을 해!" 그 순간에 나는 정말로 무안하고 당황하였다.

'그러면 이렇게 해야 하나!' '더러운 귀신아 나가시겠습니까?' '내 눈을 봐

주시겠습니까?' 속으로 이 생각까지 할 때에 나는 이미 망신을 당하고 있었다. 그때 마침 매일 철야기도를 하시던 어떤 터줏대감 권사님이 고맙게도 개입을 하셨다. "야! 이 못된 년아! 어디 주의 종에게 그 따위로 말을 하냐? 너 밥 안 줘!" 하시면서 밥으로 그 여자를 잡았다. 나는 슬그머니 교육관을 빠져나왔다. "주님! 쥐구멍이 어디입니까? 나 좀 죽여주옵소서!" 하면서.

매일매일 기도와 말씀으로 경건훈련을 하고, 성령님께 순종하고, 하나님과의 역동적이며 인격적인 관계를 유지할 때에 주신 능력과 성결의 은혜도 풍성하게 잘 나타나는 것인데 그때는 그것을 깊이 몰랐다. "계속보다 더 무섭고 대단한 것은 없다." 내가 자주 성도들에게 하는 말이다. 성령세례를 받는 것도 계속 사모하고 구하고 구해야 주님께서 주시는 것이고, 성령세례를 경험하였어도 '계속'이 있는 자만이 그 능력과 그 성결과 그 사랑을 잘 유지하고 더 풍성하게 만들 수 있는 것이다.

지금 섬기고 있는 교회는 '24시간 40일 릴레이 기도'가 진행 중이다(2009년 9월). 이번 여름에 가졌던 부흥회로 받은 큰 은혜를 계속 유지하고 풍성하게 하기 위해서 24시간 40일 동안 릴레이 기도를 시작한 것이다. 우리 성도들은 대부분 성령세례의 체험이 있고, 방언 은사는 없는 성도가 거의 없다. 그래서 교회로서는 처음 시도하는 릴레이 기도이지만 1시간 단위로 기도하는 릴레이 기도가 순조롭게 진행되고 있다. 다 성령세례의 은혜 덕분이다.

나를 완전히
죽여주옵소서

배본철 교수 / 성결대학교 교회사

나를 완전히 죽여주옵소서

죄악 속에서

나의 십대의 삶은 온통 어둠과 방황으로 얼룩져 있었다. 당시의 나는 예수 그리스도를 인격적으로 경험하지 못했을 뿐 아니라 교회도 나가지 않고 있었다. 초등학교 때는 동네에 있는 교회나 성당에 한동안 다닌 적은 있었으나, 중학생이 되고부터는 아예 다 발을 끊고 있었다. 한마디로 말해서 주님을 아직 몰랐던 시절이다.

중학교 2학년 때 지독한 질병에 시달리면서 거의 1년 동안 병원을 집처럼 들락거렸다. 병치레를 하느라 학교는 어떻게 다녔는지 아팠던 것 외에는 도무지 생각나는 것이 없다. 거의 결석 반 조퇴 반으로 학교생활을 했던 것

같다. 그러다 보니 중요과목의 기초도 형편없이 흐트러져서 중3이 되었을 때
는 거의 학업을 자포자기하는 상태가 되었다.

나는 슬슬 공부 외에 다른 곳에 관심을 쏟게 되었고, 마침내 통기타 치는
데 맛을 들이고 또 태권도 배우면서 밤거리의 친구들과 어울리는 데 빠져들
게 되었다. 중3 때부터 패거리 친구들로부터 배운 술 담배와 도시 뒷골목의
유흥 그리고 음침한 헤비메탈 음악 등이 그 후 수년 간 나의 영혼과 몸을 철
저히 갉아먹었다.

고등학교 생활 동안에는 학교에서 정학과 근신 등 여러 번의 징계도 당
하고, 또 급기야 자퇴하고 1년 동안 학교를 쉬기도 할 정도로 나의 삶은 엉망
이 되버렸다. 마침내 고등학교를 가까스로 졸업을 할 즈음에는 난 완전히 폐
인이 되버렸다. 내일에 대한 아무런 희망도 나 자신에 대한 한 조각의 신뢰
감도 없이, 나의 몸과 영혼은 철저히 조각난 난파선이었다. 여러 번 자살 기
도를 했다. 한번은 흉기로 스스로 자해하고, 한번은 농약을 마시고 절벽에서
떨어지려한 적도 있었으며, 또 한 번은 다량의 수면제를 입에 털어 넣기도 했
다. 그러나 지긋지긋한 목숨을 이제 그만 끝내는 일도 내 뜻대로는 되어주지
않았다.

거듭남

1976년 12월의 마지막 날 밤, 더 이상 내 삶의 무게를 감당할 수가 없었
다. 이 날은 내가 몇 날이고 고민을 한 끝에 우주의 주관자이신 하나님께 기
도를 하고 나의 삶을 그분께 부탁하기로 다짐을 한 날이다. 깊어가는 밤, 나
는 무릎을 꿇고 울먹이며 홀로 이렇게 기도했다. "하나님, 하나님이 계신지

안 계신지 저는 아직 잘 모르겠습니다. 그런데 한 가지는 분명합니다. 지금부터 저는 하나님을 믿겠습니다.”

나의 볼에는 눈물이 타고 내려왔다. 그리고 그날 밤 그 순간부터 내 영혼속에는 기적이 일어나기 시작하였다! 무언가 새로운 생명력이 나를 포근하게 감싸기 시작한 것이다. 그리고 내 영혼 속에 외로움과 슬픔과 무기력함대신 기쁨과 평안의 에너지가 솟구치는 것을 느꼈다. 다음 날인 1977년 새해 새아침은 정말 눈부시게 밝은 태양과 함께 시작되었다. 아니, 태양빛보다 더 밝은 주님의 사랑과 평안이 내 맘 속에 가득 흘러 넘쳐들었다. 그때부터 펼쳐든 성경 말씀은 다 나를 위해 창세 전부터 예비된 것 같았다.

“그런즉 누구든지 그리스도 안에 있으면 새로운 피조물이라. 이전 것은지나갔으니 보라 새 것이 되었도다.”(고후 5:17).

이때부터 나의 모든 삶이 바뀌기 시작했다. 술 담배도 시들해지고, 세상음악도 별 볼일 없이 느껴지고, 아무튼 이전에 추구하던 모든 세상 것들이 아무 의미가 없이 여겨졌다. 그대신 기도하고 말씀 읽고 찬양하며 예수님을 전하는 삶이 나의 새로워진 삶의 양식이 되어 가고 있었다. 후에 나는 당시의 변화받은 삶을 회상하며 『21세기 예수부흥』(은성출판사, 1998)이라는 책에다음과 같이 썼다.

거듭나기 전 하나님께서는 나에게 너무도 귀한 두 가지 선물을 예비하셨다. 이 선물들로 인해 나의 거듭난 이후의 영적 생활은 즉각적으로 평안과 기쁨과 만족의 심령천국을 누릴 수가 있었다. 또 이 선물들로 인해 전능하신 하나님을 나의 모든 것으로 삼고 즐겁게 살아가는 법을 쉽게 배울 수 있었다. 이두 가지 선물이란, 하나는 세상에 대한 허무주의였고 또 하나는 나 자신에 대한 불신감이었다.

세상에 대한 무관심은 곧장 그리스도의 구속의 사랑에 대한 엄청난 관심을 불러일으켰고, 나 자신에 대한 불신은 곧 신실하시며 전능하신 하나님께 대한 전적 신뢰의 삶을 불타오르게 해주었다. 하나님을 전적으로 사랑하고 신뢰할 수 있는 은혜 – 이 놀라운 은혜가 내게 임할 수 있도록, 거듭나기 전에 어둠 속을 헤매던 나의 발걸음을 인도하신 분은 바로 사랑의 하나님이셨다.

거듭난 이후 집 근처에 있는 어느 작은 교회에 다니기 시작했다. 나를 본 교회의 성도들은 내가 굉장히 빨리 은혜를 받았다고 말하면서, 어떻게 하면 그렇게 뜨겁게 은혜를 받을 수 있느냐고 물어오는 분들도 있었다.

그러나 나는 알고 있었다. 그 비결은 하나님께 대한 전적인 사랑과 의지라고 하는 사실을. 세상을 사랑했던 사랑으로부터 하나님을 향한 사랑으로, 그리고 내 멋대로 살던 삶으로부터 하나님을 의지하는 삶으로의 극적인 전환이 나를 완전히 다른 사람으로 만들어 버렸다. 그날 밤 이후 나는 날마다 찬양하며 성경을 읽고 또 묵상하며 새롭게 거듭난 하루하루의 기쁨을 누리고 있었다.

하지만 그렇게 새로워진 나에게도 종종 우울함과 죄책감을 만들어 주는 요인이 사라지지 않고 있었던 것이 사실이다. 그런데 그 요인은 나의 환경이나 이웃 속에 있는 것이 아니라 바로 내 안에 도사리고 있는 죄의 문제였다. 그것은 하나님을 즐겨 섬기기를 원하는 나에게 또 하나의 힘, 즉 이전의 죄스런 유혹으로 이끌어 가려는 힘이 있었던 것이다.

"내 속사람으로는 하나님의 법을 즐거워하되 내 지체 속에서 한 다른 법이 내 마음의 법과 싸워 내 지체 속에 있는 죄의 법으로 나를 사로잡는 것을 보는도다. 오호라 나는 곤고한 사람이로다. 이 사망의 몸에서 누가 나를 건져내랴."(롬 7:22-24).

옛 사람의 유혹이 다가올 때마다 나는 힘없이 무너지곤 했다. 유혹에 저항할 수 있는 힘이 도무지 내겐 없었던 것 같다. 유혹에 넘어가 죄를 범하고 나면 깊은 정죄감 속에서 스스로 자책하면서 때로는 며칠씩이고 회개의 금식기도를 하기도 하였다. 내가 새롭게 태어난 것은 분명했으나, 이전에 세상에 빠져 있을 때 나를 지배했던 더러운 망령이 다시 나를 찾아와 히득거리며 괴롭히는 것 같았다.

특히 술이나 담배 그리고 저속한 음악에 대한 유혹들이 때로는 달콤하게 또 어떤 때는 협박하듯이 강렬한 욕구를 동반하며 나를 괴롭혔다. 이렇게 유혹받을 때는 과연 내가 새롭게 된 것이 맞나? 의심이 들 정도로 마음이 혼란스러웠다. 더군다나 이제 예수님을 믿은 지 얼마 안 되는 나는 성경 말씀에 대해 무지했고 또 주위에서 나에게 복음을 제대로 가르쳐 주는 이도 거의 없었기 때문에 갈등은 더욱 심해졌다.

나는 이런 상태로는 도저히 승리하는 크리스천의 삶을 살 수 없겠다고 생각했다. 날 구원하신 예수 그리스도 앞에 이런 불경건한 상태로 계속 머물러 있을 수는 없는 일 아닌가? 주님은 나를 위해 살과 피를 다 내어 주셨는데, 이런 큰 은혜를 받은 내가 이런 죄악 속에서 살아간다는 것은 도저히 스스로 용서할 수 없고 또 견딜 수도 없는 일이었다.

다락방 체험

거듭난 후 몇 주간을 보내면서 나는 주님 앞에 나의 모든 존재를 송두리째 바치겠다는 결단을 다짐하였다. 이런 죄악의 유혹으로부터 승리할 수 있는 진정 자유로운 영혼이 되지 않으면 내 영혼엔 더 이상의 희망이 없다고 느꼈다. 그리고 그렇게 되려면 나 자신을 주님께 '산 제물'로 드리지 않으면 안 되겠다는 결심에서였다.

"그러므로 형제들아 내가 하나님의 모든 자비하심으로 너희를 권하노니 너희 몸을 하나님이 기뻐하시는 거룩한 산 제물로 드리라. 이는 너희가 드릴 영적 예배니라."(롬 12:1).

우리 집의 안 쓰는 다락방을 정리하기 시작했다. 거미줄도 걷어내고 빗자루질이며 걸레질을 하여 깨끗이 청소하였다. 그리고 희미한 전구도 하나 매달아 놓았다. 마음껏 기도하며 성경을 읽을 수 있는 나만의 기도처를 마련한 것이다.

"주님, 여기가 제가 죽을 장소입니다. 나를 완전히 죽여주옵소서. 이 가증스런 죄악에 끌려가는 일이 다시는 없도록 저를 성령의 불로 태워주십시오!"

나는 눈물 속에서 회개와 헌신의 찬양을 수없이 부르고 또 불렀다. "성령이여 강림하사 나를 감화하시고 애통하며 회개한 맘 충만하게 하소서 예수여 비오니 나의 기도 들으사 애통하며 회개한 맘 충만하게 하소서."

이러기를 얼마나 지났을까. 나도 모르게 통회와 회개의 눈물대신 가슴속에서부터 북받쳐 오르는 감사와 희열의 눈물을 주체할 수 없었다. 하나님의 임재하심이 그 어두운 다락방을 환히 밝혀주고 있는 것만 같았다. 내 영혼을 관통하는 듯한 쏟아지는 빛줄기와도 같은 감동의 전율이 온몸을 휘감고 있었다. 내 영혼 속에는 오직 하나님께 대한 사랑의 폭포수만이 솟구치는 것을 느낄 수 있었다. 나는 터져 나오는 영광스런 기쁨의 감동 속에서 큰 소리로 울며 또 웃으며 하나님을 예배했다. 그 다음 날도 또 다음 날도 이런 감동스런 경험이 거의 사흘 동안이나 계속되었다.

나는 결심하고 또 결심하였다.

"주님, 전 이제 죽어도 좋습니다. 정욕과 죄악에 매여 살던 이전의 삶은 이제 다 지나갔습니다. 나의 영혼을 죄로부터 정결케 해주셨으니 이제 나는 온전히 주님만을 위해 살렵니다. 성령으로 충만하게 하셨으니 감사합니다! 나의 삶을 온전히 받아 주시고 나를 복음 전도자의 삶으로 사용해 주옵소서!"

"주님, 전 이제 죽어도 좋습니다. 정욕과 죄악에 매여 살던 이전의 삶은 이제 다 지나갔습니다. 나의 영혼을 죄로부터 정결케 해주셨으니 이제 나는 온전히 주님만을 위해 살렵니다. 성령으로 충만하게 하셨으니 감사합니다! 나의 삶을 온전히 받아 주시고 나를 복음 전도자의 삶으로 사용해 주옵소서!"

그 체험 이후 나는 주저할 것 없이 신학의 길을 기기로 결심하였고, 그때로부터 30여 년 간 나의 삶은 조금도 변함없이 그리고 단 한 번의 후회도 없이 이 헌신의 길을 달려오게 되었다. 마침내 하나님께서는 나같이 보잘것없는 만물의 쓰레기와 같은 자를 주의 은혜로 변화시키셔서 영광스런 복음 사역의 길로 들어서게 하신 것이다.

신학적 조명

나중에서야 나의 이 다락방 체험이 그 영광스런 성령세례의 경험이었다는 것을 신학적으로 정리할 수 있게 되었다. 신학을 공부하면서 나는 교회 역사상 많은 교회 지도자들이 이런 경험을 고백했다는 것을 알게 되었다.

나의 박사학위 논문을 성령세례를 주제로 택하게 된 데는, 무엇보다 이 경험이 크리스천과 교회의 삶에 미치는 지대한 영향력에 대해 학문적으로 체계화할 필요성을 절감했기 때문이다. 학위논문 글머리에 나는 이렇게 썼다.

내주하시는 그리스도의 영과 교제함이 지고(至高)의 행복이요 능력이라고 늘 고백해 왔지만, 그러나 막상 이처럼 영광스러운 '성령세례'를 다루는 주제로 논문을 쓸 수 있게 된 것은 너무도 넘치는 주님의 은혜와 특권을 받은 것이라고 생각합니다. 감격한 마음으로, 다만 앞으로 저의 평생에 혼신의 힘을 다하여 '성령세례'의 진리를 전하며 '성령의 주 되심'을 나누며 살기를 다짐합니다. 주님께 감사드립니다.

성령세례에 대한 신학적 해석상의 여러 상이성이 있는 것은 사실이다. 그러나 나는 정결과 능력(purity & power)으로서의 성령세례를 강조하는 우리 성결교회의 전통이야말로 매우 영광스럽고도 고귀한 신학적 유산이라고 본다. 일반적으로 볼 때 개혁주의 성령세례론에는 '순간적 정결'의 강조가 거의 없다. 지속적 성화의 과정만이 있을 뿐이다. 오순절주의 역시 마찬가지로, 그들은 성령의 은사와 나타남에 더 강조점이 있다. 그러나 성결교회 성령세례론은 단연 '순간적 정결'을 성령의 열매나 능력의 차원보다 더 전제한다.

성령세례의 경험을 논함에 있어서 '순간적 정결'의 차원을 간과한다는 것은 가장 먼저 다루어야만 할 중요한 부분을 놓친 셈이 된다. 왜냐하면 정결 없이는 진정한 성령의 능력도 열매도 기대할 수 없기 때문이다. 그러므로 이 시대 속에서의 성결교회의 사명은 매우 뚜렷하다. 그것은 하나님께서 우리에게 맡기신 성결 복음의 실재, 즉 성령세례의 능력을 이 죄악 된 세상에 선포하는 일인 것이다.

생명의 떡, 성결

도주환 목사 / 태국 선교사

생명의 떡, 성결

주님과의 사귐, 교제 - 성결로 가는 길목

서울신대를 다니던 중 군에 입대했다. 이제 막 훈련소에서 자대배치를 받고 난 지 얼마 안 된 이등병 시절, 진 중사(선임하사)가 나를 불렀다. 그러고는 조용한 곳으로 따로 데리고 가더니, 나에게 '주님'에 대하여 이야기했다. 그의 모든 말 속에는 주님이라는 단어가 들어가는 듯했다. 처음에는 좀 지겹고 짜증이 났다. 또 이해가 가지 않는 말이 있었다. '주님과의 사귐, 교제'였다. 사귐이나 교제라는 말은 이성교제를 할 때나 사용하는 말인데, 어떻게 주님과 교제하고 사귀는가? 혹시 이단이 아닐까? 그러나 이단이라고 하기에는 무리가 있었다. 예수님을 강조하는 것뿐이기 때문이다. 그렇다면 도대체 무엇일까?

게다가 그는 내가 무엇을 하려고 할 때, 그것은 나의 열심일 수 있다고 경고까지 하는 것 아닌가? "주님은 너의 일에 관심이 없어!" 나는 더 이상 참을 수 없었다. "그래, 내가 주님께 순종하여 열심히 전도하고 봉사하는 것이지, 그게 아니면 무엇인가요?" 그는 빙그레 웃으며 말했다. "주님은 우리에게 봉사를 요구하기 이전에 주님과 사귐을 원한다." 나는 속으로 생각했다. '그럼 사귐과 봉사는 다른 것인가? 아, 머리 아프다! 어쩌다가 내가 저런 사람을 만났을까? 내 군생활 골치 아프게 생겼구나.'

그런데 시간이 흐르면서 나의 신앙과 충성을 다시 한 번 점검하기 시작했다. 주님께 대한 충성 봉사의 동기는 무엇인가? 아무리 생각해도 '나 같은 죄인도 구원하여 주신 주님의 은혜에 감사하고 그 사랑에 감격하여 빚진 자 되어 주님께 나의 생명을 드리는 것'이었다. 나름대로 정확하지 않은가?

그러나 그 대답도 그에게는 부족했다. 그는 나보다 훨씬 더 앞서 있었다. 동기의 출발점은 확실하지만, 순간순간 주님과 교통하고 교제하는가를 중시했다. 곧 주님과 사귀면서 모든 상황에 대응하는가 말이다. 다시 말해서 일 자체에 빠지지 말고 주님 자체에 주목하라는 것이다. 그의 말은 참으로 신실하게 들렸다. 그래서 복잡하고 바쁜 군대 상황에서도 거의 매일 대화를 나누었다.

그렇게 그의 말을 진지하게 들으면서 서서히 주님이라는 단어가 나를 지배하는 것 같았다. 나중에는 강하게 휘어잡아 나를 주님의 사람으로 만드는 것 같았다. 그와 나의 대화와 생각의 중심은 온통 주님이었다. 주님이신 예수님이 그의 모든 것이었다. 그는 모든 상황에서 주님을 찾았고, 모든 사람들 앞에서도 믿음을 잃지 않았다. 그러나 나는 여전히 부족한 상태였다. 그런 부족함을 깨달으면서부터 나는 성결의 은혜를 사모하기 시작했다.

그는 브라더 로렌스가 쓴『하나님과의 동행』과 『그리스도와의 교제』라는 책을 소개했다. 그 책은 다이나믹은 없었지만 잔잔히 피어오르는 숯불 같은 느낌이었다. 그러나 책읽기를 마치자 '주님과의 교제/사귐' '하나님과의 동행'이라는 개념이 내 맘속에서 솔솔 피어올랐다. 어느 순간부터 주님의 입장과 생각을 물어보는 대화형식의 기도가 시작되었다. 나 혼자 느끼고 생각하고 결정하는 것이 아니라 주님과 대화하며 결정하는 것이다. 그러자 주님의 은혜는 나에게 더욱 강하게 임했다. 아침부터 밤까지 나는 주님과의 교제로 시간들을 보내기 시작했다.

어느 날 유류창고에서 보초를 서게 되었다. 보초 서는 동안은 소리 내서 기도하지 못하는 상황이라 속으로 기도했는데, 그때 속으로 방언을 받았다. 다른 고참 한 명과 함께 두 명이 한 조가 되어 근무를 했는데, 그는 내게 망을 보라고 하고선 졸고 있었다. 나는 그때를 놓치지 않고 기도했다. 고참이 들을까봐 소리를 내지 못하고 마음속으로 기도를 했다. 기도 중에 하늘을 쳐다보았다. 구름이 아름다웠다. 마치 주님이 저 구름을 타고 재림하실 것만 같았다.

순간 나의 말이 자꾸 꼬였다. 당황스러웠다. 속으로 기도하는 데도 말이 부정확하고 이상했던 것이다. 나는 발음되는 대로 그냥 했다. 방언이었다. 겉으로 소리를 내어 발음하니 그대로 되었다. 그렇게 방언을 하면서부터 나의 기도는 더욱 깊어지고 힘이 있어졌다. 주님과 대화하는 방식으로 생각을 하고, 성경을 언제든 들고 살았다. 어느 사이에 주님은 나의 모든 것이 되었다.

이제 나에게는 주님께로 향한 사랑의 고백이 올라가기 시작했다. 죄를 지을 생각조차 나지 않았다. 아예 죄라는 것을 생각할 이유도 느끼지 못하고 있었다. 오직 주님이 내 삶에 참된 주님이 되신 것이다. 이렇게 변화된 나 자신이 신기할 따름이었다. 이것이 진짜 신앙생활의 묘미였던가? 이 가슴 벅

찬 동행이 이루어지기까지 진 중사는 나의 좋은 안내자였고 주님이 예비하신 성결의 또 다른 통로였다.

내 안에 계시는 그리스도 그리고 성결

진 중사는 어느 날 한 명의 병사를 소개시켜 주었다. 황 병장이었다. 나중에 알게 되었지만 그들은 진토리교회(강영기 목사)에 소속된 사람들이었다. 황 병장은 나에게 진 중사의 말과 똑같은 주님의 은혜와 사랑에 대하여 말해 주곤 했는데, 진 중사보다 더 부드럽게 말해 주었다. 나는 이 두 사람에게서 지금까지 느끼지 못했던 부드러움과 고요함과 잔잔함을 느꼈다. 마치 주님이 내 마음을 고요 안으로 안내하시고 그 안에서 쉬도록 하시는 것을 경험하였다. 그러면서도 나의 마음 한구석에는 군대의 거친 말들과 싸워야 했고, 생활 가운데서 내 의도와 상관없이 죄의 폭탄을 맞아야 했다. 그때마다 나는 주님을 구했고 주님을 의지했다.

두 사람은 주님이 '내 안에' 계신다고 말했다. 내 안에 좌정해 계시는 예수님을 매일 경험하고, 주님을 모시고 산다고 했다. 나는 그 말의 진정성을 확인하려고 무척 애를 썼다. 그들은 정말 모든 상황에서 고요한 영혼을 유지했고 주님 안에서 참된 안식을 누리고 있었다. 나는 속으로 은근히 화가 치밀어 올랐다. 어떻게 신학공부도 하지 않은 이 사람들이 예수님이 자기 안에 계신다고 쉽게 말할 수 있는가? 그때 나는 신학을 한 사람과 그렇지 않은 사람을 구분하는 편견을 가지고 있었다. 한편으로 나는 그들에게 은근한 질투도 느끼고 있었다. 그러면서 내 마음속에서도 이 '내 안에서 계신 주님'이란 말이 맴돌기 시작했다. 그 말의 의미를 날마다 되새기며 주님과의 대화를 계속해 나갔다.

　일등병으로 진급하면서 부대 군종병으로 보직변경을 받았다. 육군 참마음교회 군종이었다. 어느 날 군종실에 꽂혀 있는 찰스 피니의 『성결의 비밀』을 읽었다. 1장을 읽고 있는데, 나도 모르게 마음이 뭉클해지면서 무릎을 쳤다. 그것은 성결은 바로 나 자신에게서 찾는 것이 아니라 나를 온전케 하시는 주님께 해답이 있다는 것을 발견했기 때문이다. 나는 아무리 성결을 향하여 노력한다 해도 제자리걸음 내지는 약간의 전진뿐이었다. 그러나 나를 성결하게 하시는 예수님을 바라보고 그분에게 기준을 두고 그분을 모셔 들일 때, 성결의 주인공 되시는 그분이 나에게 들어오셔서 나를 거룩하게 하신다는 사실을 알았다.

　나는 바로 군종실 밖으로 나왔다. 뛸 듯이 기뻤다. '이것이다. 내가 그 동안 아무리 성결을 향해 노력하고 수고했지만 오히려 죄악 가운데 있는 나를 발견하고 얼마나 실망했던가! 이제 초점을 나에게서 주님께로 옮기자.' 그리고 외쳤다. "주님 내 안에 오시옵소서!"

　사실 그때 나는 주님과의 교제와 사귐 그리고 내 안에 계신 그리스도를 묵상하며 완전을 향하여 전진했건만, 군종으로서 또 다른 죄악이 나를 기다리고 있었다. 때로는 넘어졌다. 군부대 마당에 심어놓은 고추를 몰래 훔쳐 따 먹고, 일과시간에 교회에 숨어 잠을 자며, 다른 군종들에게 화를 내고, 헌금으로 초코파이를 사 먹기도 했다. 내가 원치 않는 죄악이 여전히 나를 찌르고 있었다. 무척 고민되고 괴로웠다. 겉으로는 태연한 체하고 거룩한 체했다. 반면 다른 한편으로는 주님과의 동행을 믿었다. 그런 시간들이 흐르자 나의 두 가지 모습이 뚜렷하게 구분되었다. 한편으로는 감사하고 감격스러웠고, 한편으로는 여전히 죄악을 저지르는 연약한 나였다.

　나라는 인간은 참으로 이해하지 못할 인간이었다. 점점 더 구원의 감격보다는 괴로움이 더했다. 몸서리기 쳐졌다. 산에 가서 소리쳐 악을 쓰며 기도도 했다. 조금 나아지는 듯했지만 여전히 그 모양이다. 두 모양을 하고 있는 나라는 자아 때문에 얼마나 쓰리고 아파했는지 모른다. 그뿐 아니라 내가 알지 못하는 무의지적 죄악까지 나를 옥죄어 왔다.

군종으로 따로 근무하는 동안 환자들과 함께 지내라는 부대장의 지시에 따라 의무대에서 잠을 잤다. 의무대는 취침시간이 일정하지 않았다. 남들이 잠든 사이 나는 성경을 읽었다. 에베소서 1:7에 무의식적으로 내 눈이 고정되었다. 여러 번 반복해서 읽었다. "우리가 그리스도 안에서 그의 풍성함을 따라 그의 피로 말미암아 구속 곧 죄 사함을 받았느니라." 순간 나의 마음이 또 한 번 뭉클해졌다. 자리에서 벌떡 일어났다. '그렇다. 그의 피로 말미암은 죄 사함이다. 나의 의를 세워 얻는 죄 사함이 아니다!' 나의 마음은 또 뛸 듯 기뻤다. 나의 죄가 예수님의 피로 죄 사함을 받았다는 것을 증명하는 순간이었다.

낮에 산으로 올라가 벙커 속에서 기도를 했다. 그곳은 아무리 소리 내서 기도해도 다른 사람들에게 들리지 않았다. 그러니 맘 놓고 기도했다. 그곳은 주님과의 비밀교제 장소였다. 감사와 회개 그리고 예수님의 피로 나를 정결케 해 달라고 기도했다. 그때 성령님은 나에게 있는 어떤 의도나 욕심 같은 것들도 다 내려놓게 만드셨다. 나를 포기하기를 원하셨다. 그리고 나를 제단에 올려놓고 완전히 태워 바치는 완전한 자기 포기를 요구하셨다.

나는 즉각적으로 순종하고 순교의 각오도 올려드렸다. 내가 과거에 잘하고 잘못한 것들을 한꺼번에 다 올려드렸다. "나는 죽고 그리스도만이 내 안에 오셔서 나를 지배하시고 다스리소서! 내가 나의 자리에서 내려앉고 나의 가장 중심의 자리에 주님께서 자리하소서!" 그렇게 기도하며 울부짖었다.

기도가 끝나면서 눈을 떴는데 갑자기 주위가 밝아지며 빛이 나기 시작했다. '내 눈물 때문에 눈이 부신 거겠지…' 했지만 그게 아니었다. 주위가 다르게 보였다. 그리고 이상해서 눈을 감아 보았다. 깜짝 놀랐다. 내 안에 예수님이 좌정해 계시는 모습이 보였다! '아… 나를 거룩하게 하시는 예수님이 내안에 계시는구나!' 나는 또 뛸 듯이 기뻤다. 위로부터 내려오는지 내 안에서 솟아나는지 알 수 없으나 그 터져나갈 것 같은 벅찬 감격과 잠잠히 적셔드는 영적 평안이 내 영혼을 소생케 하는 순간이었다. 요한복음 6장과 15장의 "내 안에"(in me)라는 말씀이 나에게도 이루어지는 순간이었다.

자리에서 일어나 밖을 내다보았다. 밖의 나무들이 "아멘, 아멘!" 하면서 휘어지는 것이 아닌가! 이거 정말 누가 들으면 이단이 났다고 할 정도이다. 그래서 지금까지 말 못하고 지냈다. 그날 내가 오후 3시 정도에 산에 올라갔는데, 밤 9시 정도에 내려왔다. 그러니까 6시간 가까이 기도한 셈이다. 나는 시간이 그렇게 된지도 몰랐다.

내 안에 좌정해 계시는 예수님의 환상을 보고 난 후 나의 가슴은 그 무엇인가로 꽉 찬 느낌이었다. 마치 포근한 솜뭉치 같은 것으로 가슴을 살포시 눌러오는, 영혼 저 속에서 느껴지는 영적 포근함과 따스함 같은 것이라고나 할까? 숨 쉬는 것이 가벼워지고 공기는 또 그렇게 상쾌할 수 있을까? 하루의 일과가 시작되면서 모포를 갤 때 그렇게 행복할 수 있을까? 깨어 있는 시간이 그렇게 행복하고 기쁜 일일까? 하늘을 쳐다보면 예수님께서 재림하실 것 같은 기대감으로 가득 차 싱글벙글 웃고 있다. 나라는 존재는 정말 간데없는 것 같고 내 안에 계신 예수님만이 주목되었다.

당연히 죄악은 내 의지와 상관없이 나를 뚫기도 전에 튕겨져 나갔다. 주님이 성령님으로 내 안에 거하시는 것이 온 우주적 사건이고 참인 명제로 증명되었다. 가슴이 터질 듯한 이 기쁨과 행복, 이것이 성도가 이 땅에서 경험할 수 있는 거룩한 은혜인가? 천국을 맛보는 것이 바로 이것인가? 한마디로

내 안에 좌정해 계시는 예수님의 환상을 보고 난 후 나의 가슴은 그 무엇인가로
꽉 찬 느낌이었다. 마치 포근한 솜뭉치 같은 것으로 가슴을 살포시 눌러오는,
영혼 저 속에서 느껴지는 영적 포근함과 따스함 같은 것이라고나 할까?

더럽고 추한 것은 죄 빼고는 아무것도 없었다.

이제 정리해 보자. 성결의 은혜는 사람마다 각각 다른 모양과 방법으로 임한다. 그리고 이 은혜는 중생의 은혜를 얻는 것처럼 모든 신자들을 위하여 예비된, 활짝 열려진 은혜이다. 이 은혜의 근거는 바로 그리스도의 속죄사역에 근거를 두고 있다. 중생한 신자가 아직 성화되지 못한 상태에서 죄를 괴로워하며 성결의 은혜를 사모하는 단계에 이른다. 다시 말해서 신자의 회개를 통하여 얻어지는 죄로부터의 참된 자유이다. 당연히 이 은혜는 성령의 역사로 가능해진다. 그러므로 성결의 은혜도 믿음으로 받는다. 왜냐하면 성령이 아니고서는 믿을 수 없기 때문이다.

같은 의미로 성령의 임재로 우리가 하나님의 성전이 된다. 따라서 하나님의 성령이 계신 우리 자체가 거룩하게 된다. 이것은 하나님 편에서 볼 때 위에서 나를 향하여 하시는 적극적이고 선언적 성결이고, 인간의 입장에서 볼 때는 소극적이며 속죄적 성격의 상대적 성결이다. 여기에서 소극적이란 의미는 죄를 용서받는 것, 즉 죄가 나간다는 의미(−)이고, 적극적이란 말의 의미는 성령님의 임재 즉, 성령님이 우리 안으로 들어오신다(+)는 의미이다.

이 성결은 저 멀리 있는 것도 아니고 무가치한 것이 아니다. 손을 뻗어 취할 수 있는, 마치 천국에서 은혜로 쉽게 먹을 수 있는 생명과일 같은 것 아닐까? 남의 손에 들려 있는 (커 보이는) 떡이 아니라 우리 손에 들려 있는 생명의 떡인 것이다. 이 은혜는 우리가 지상에 사는 동안에 누릴 수 있는 오픈된 은혜이다. "우리가 원수의 손에서 건지심을 받고 종신토록 주의 앞에서 성결과 의로 두려움 없이 섬기게 하리라 하셨도다."(눅 1:74−75).

나를 위해
전도해 주지 않겠니?

신학철 목사 / 행복한교회

나를 위해 전도해 주지 않겠니?

평온하고 행복했던 가정에, 내가 22살 되던 여름날 불행이 시작되었다. 25살 형이 갑작스럽게 자살을 한 것이다. 유서를 써서 한강철교에 남겨놓고 그 위에 신발을 올려놓고 뛰어내린 것이다. 이 일로 어머니는 형을 잃은 아픔 때문에 10년 전에 수술했던 유방암이 재발하여 온몸에 암이 퍼져, 2년 후에 3개월밖에 살 수 없다는 사형선고를 받았다.

그러던 어느 날 어머니께서 통증을 더 이상 이길 수 없으신지 누님을 붙들고 처음으로 자신을 위하여 기도를 해달라는 것 아닌가? 그때 누님은 서산 성결교회를 나가고 있었다. 마음이 다급해진 누님은 어머니에게 기도원에 가시면 치유받을 수 있다고 기도원에 가서 부흥집회에 참석할 것을 제안하셨다. 제대 후 직장에 출근하려고 하는 나에게 어머니께서 부탁하셨다. 네 누나 말에, 기도원에 가서 부흥회를 참석하면 암병을 고칠 수 있다고 하는데, 내가 이제 어떻게 될지 모르니 마지막이라 생각하고 매형 차를 빌려서 한 번만 기도원에 가자고 하시는 것이다.

종교문제로 그 동안 누님과 많은 싸움을 하였다 우리 가정은 외할아버지, 아버지, 나까지 천주교를 3대째 믿어 왔는데, 누님이 시집을 가면서 성결교회로 나가고, 이제는 어머니와 아버지, 나까지 교회로 인도하려고 해왔기 때문이다. 그 당시 텔레비전이나 뉴스에서 사이비 기도원 사건이 계속 방영될 때이고, 나는 천주교인인데 어떻게 개신교를 인정하고 개신교 목사를 인정하고 기도원까지 내 발로 걸어간다는 것은 목숨을 바꾼다 하여도 못할 일이었다.

하나님의 부르심

어머니의 부탁을 받고 며칠을 곰곰이 생각하며 밤잠을 설치며 생각해 보았다. 어떻게 하는 것이 잘하는 것인지, 어떻게 하여야 후회가 없는 것인지 결정을 할 수 없었다. 그러다가 결정을 내렸다. '후회하지 말자. 이제 어머니가 이 세상을 떠나가시면 내가 어머니의 부탁을 거절한 것 때문에 뒤늦게 땅을 치며 후회하지 말자. 마지막 어머니 소원대로 해드리자. 그것이 자식으로서 해드릴 수 있는 마지막 효도라 생각하자.' 나는 어머니 부탁대로 매형 차를 빌려서 어머니를 모시고 아버지와 누님과 함께 기도원에 가게 되었다.

기도원에 도착하니 어떤 분이 우리를 보고 불쌍한 마음이 들었던지 자신이 이 기도원에서 병고침 받은 이야기를 해주면서 위로해 주셨다. 하나님이 어머니를 고쳐 주시기만을 바라는 간절한 마음으로 10번의 집회에 참석했다.

천주교인이라서 집회의 모든 것이 어색하고 낯설고 졸립고 무슨 말인지 귀가 막혀서 들리지도 않고 너무너무 힘들었다. 그런데 아홉 번째 시간에 나는 졸다가 너무 충격적인 말을 듣게 되었다. 마지막 헌금시간에 헌금을 드렸는데 아버지의 예물 봉투를 강사 목사님께서 호명하시면서, 이번에 '큰 불'이 산에 임했는데 이번에 내려가시면 꼭 기도원을 하라는 것이었다. 그런데 우리 아버지께서는 그 자리에서 목사님 말씀에 그렇게 하실 수 없는 이유를 말씀하시는 것 아닌가?

그 모습을 보면서, 왜 아버지는 내가 중학교에 다닐 때도 성령운동 하시는 천주교 평신도 이승운이라는 분의 그런 권면을 거절하시더니 왜 지금도 저러시나, 끝나고 말씀드려야겠다고 생각하고 있는데, 강사 목사님께서 그때 "선생님은 성령을 받으셨습니다." 그러시면서 "함께 성령받으셨던 분들 다 어디 가셨습니까?"라고 질문하자, 아버지는 거의가 다 천주교를 떠나 개종하였다고 하셨다. "아브라함은 하나님 명령에 떠났습니다. 이번에 결단하세요." 그러나 아버지는 끝까지 그렇게 못하시겠다고 하셨다. 나는 이 모습을 보면서 충격을 받았다. '10여 년 전에 있었던 아버지와 나만 알고 있는 일을 어떻게 저 목사님이 알고 말씀하실까?'

중생을 체험

'개신교 하나님은 정말 살아계신 하나님이구나.' 그러자 그때부터 귀가 열려 강사님의 말씀이 하나님의 말씀으로 들리기 시작했다. 그리고 마지막 한 시간 헌금순서에 헌금을 드렸는데, 목사님께서 나의 이름을 부르시면서 신학철 씨가 누구냐는 것이었다. 나는 손을 번쩍 들고 대답을 했다. 그러자 곧바로 창세기 27장 말씀이 이루어졌다는 것이었다. 당시 나는 그 말씀이 어디에 있는지 알지도 못하고, 어떤 말씀인지도 몰랐다. 그런데 아멘 하라는 것이었다. 나는 큰 목소리로 아멘 하였다. 그리고 그 자리에서 처음으로 아버지의 성경, 천주교 공동번역 성서를 보면서, 궁금증을 해결하기 위하여 아버지께 그 말씀이 어디 있는지 찾아 달라 하였다. 그리고 그 말씀을 읽어내려가기 시작했다.

그러다가 나는 그 말씀이 살아서 내 마음속에서 움직이는 것을 느꼈다. '하나님은 나의 모든 것을 다 아시고 계셨구나.' 야곱과 에서의 이야기였다. 나는 어려서부터 야곱과 같이 형의 장자권을 너무도 갖고 싶었다. 나는 강력한 하나님의 임재 앞에 그 자리에서 통곡하며 쓰러졌다. 지나간 나의 모든 죄가 스크린처럼 지나가는 것이었다.

"하나님, 나의 죄를 용서하여 주세요." 회개가 터져 나왔다. 하나님은 형의 죽음과 어머니의 죽어가는 모습을 통하여 나를 부르셨던 것이다. 기도원 바닥을 뒹굴며 얼마나 울었을까? 한 시간 남짓 후 마음에 평화가 찾아왔다. "강 같은 평화, 바다 같은 사랑, 샘솟는 기쁨..." 너무 기뻐 주체할 수가 없었다. 이것이 나의 중생의 사건이다.

왜 사람들이 예수를 믿어야 하는지, 왜 성령을 받아야 하는지 이제 알 것 같았다. 종교와 신앙의 차이가 무엇인지도 알 것 같았다. 나는 사울과 같이 누님을 핍박했던 것이다. 아버지 앞에 무릎 꿇고 용서를 빌었다. 예수님을 만나기 전에는 우리 집 불행이 아버지 까닭인 줄 알고 아버지를 미워하고 증오했다. 아버지의 잘못된 가르침 때문인 줄 알고 미워했던 것이었다. 그러나 영적인 세계가 열려지고 나니, 그것은 배후에 역사하는 마귀의 짓이었다. 우리는 모두 피해자였다. 아버지를 불쌍히 여기고 긍휼히 여기는 마음이 찾아와 엉엉 울며 아버지께 안겨 하염없이 울었다.

집회가 끝나고 밤에 산을 내려오는데 꽃과 나무와 새들이 나를 반겼다. 내 마음에 은혜가 출렁출렁 넘치니 이전에 육신의 눈으로 보던 세상이 아니었다. '학철아 잘했다. 잘했다...' 그 후로 나는 내게 남은 나그네 인생길을, 덤으로 주신 시간을 이제 무엇을 하다 가야 하는지 확실하게 알게 되었다. '나를 구원하시고 우리 가정을 구원해주신 예수님의 은혜만을 죽는 날까지 전하다 가리라.' 형의 죽음 이후 나는 인생길을 방황하며 어디가 길인지, 어디가 진리인지, 어디가 생명인지 어둠속을 헤맸다. 그러나 영적 생명을 가지니 이제는 분명해졌다. 그리고 나와 같이 주님 없이 마귀에게 속아 멸망길로 향하는 모든 사람들이 보이기 시작했다.

얼마 후 어머니를 천국에 먼저 보내드렸다. 그리고 일주일 후 아버지를 또 천국에 보내드렸다. 주님께 죽도록 주님의 은혜만을 전하다가 가게 해달라고 백일철야 작정기도를 드렸다. 중생의 체험 이후 너무너무 기쁜 나머지 하루 종일 누구를 만나든지 전도를 하였다. "교회 갑시다. 예수 믿으세요."

성결체험의 사건

95학년도 서울신학대학교 1학년에 들어갔다. 25살인 나는 개척을 나가신 전도사님을 도우면서 교회학교를 맡게 되었다. 영생을 맛보니 전도가 너무너무 기쁘고 즐거웠다. 교회 주변 동네 아이들을 전도하기 위해 학교 운동장에 가서 축구를 하며 놀아주고, 복음을 제시해 아이들을 교회로 인도하였다. 1년이 지날 무렵 성탄행사를 해보니 40명 정도의 아이들이 교회를 찾게 되었다. 전도를 잘한다는 좋은 소문이 퍼져 다른 교회에서 청빙이 들어왔다.

기도하다가 하나님께서 열어주신 길임을 알고 다른 교회를 부교역자로 섬기게 되었나. 그 교회는 건축은 했지만 성령 불이 꺼져 영적 침체로 교회가 힘든 상황이었다. 나는 교회학교를 맡았는데 열세 명 정도 되었다. 열심히 기도하고 노방전도하여 6개월 만에 80명으로 부흥하게 되었다. 죽어가던 교회가 다시 살아났다. 담임목사님은 장년부도 부탁을 하셨다. 사모님과 권사님, 집사님 몇 분들과 심방전도부를 만들어, 모여서 기도하고 일주일에 두 번씩 축호, 방문, 노방, 모든 동네를 돌아다니며 전도를 하기 시작하여, 쌀가게 주인, 슈퍼마켓 주인, 미장원, 어린이옷가게 주인, 교회학교에 전도된 아이 부모님, 성도님들과 알고 지내시는 전도대상자, 이사오신 분들, 사람들이 점점 교회로 몰려들기 시작했다. 교회가 부흥의 탄력을 받아 성장하고 있는데, 문제는 이때부터 생기기 시작하였다.

나보다 3개월 정도 먼저 학생회 사역자로 부임한 전도사님이 자기 부서가 부흥이 되질 않으니 큰 위기감과 시기심으로 나를 모함하여 담임목사님께 이상한 소리를 하게 된 것이다. 나는 거듭나고 예수 믿는 모든 사람은 다 천사로만 알고 그렇게 사랑으로 서로 대하고 존중해주고 섬겨주는 관계인 줄만 알고, 서로가 잘되게 하기만을 위하여 살아가는 것인 줄만 알았는데, 그런 것이 아니라는 것을 거듭나고 처음 알게 되었다.

담임목사님은 자초지정 나의 의사는 묻지도 않고 알아보지도 않고 모든 예배시간 기도회를 통하여 설교로 나를 치기 시작하더니 무려 6개월을 쳤다. 도저히 참다 참다 못한 나는 은혜가 바닥나고 물이 빠진 가뭄 저수지처럼 심령이 황폐해져, 나의 옛 본성이 살아나게 되었다. '두 놈 다 죽인다.' 거듭나기 전 나는 누구든 나를 건드린 사람은 반드시 복수하여 굴복을 시켰다. 그런데 그런 나를 모르고 나를 건드린 것이다. 내 마음속에 분노와 혈기가 나를 사로잡아 은혜 받고 성령 받고 기뻐하던 이전의 내가 아니었다. 나는 어떻게 된 일인지 이것이 무엇인지, 양육받지 못하고 영적 어린아이라서 알지 못했다. 매일매일 24시간 '두 놈을 죽이자. 어떻게 죽일까?' 하는 생각이 마음에서 사라지질 않았다. '새벽기도 때 전도사를 미행해서 쇠파이프를 가지고 머리통을 박살내리라.' 하루 종일 그 생각밖에 들지 않았다. 한쪽에서는 '그러면 안되지.' 하며 두 마음이 싸우는데 어떻게 해야 될지를 몰랐다. 너무 너무 괴로웠다.

새벽에 목사님 설교가 끝나면 목사님 전도사님 들으라고 통성으로 이렇게 기도했다. "하나님 아버지 요즘 나를 모함하여 어렵게 한 놈들, 한 주먹거리도 안 되는 저 새끼들을 단번에 죽일 수 있게 해주세요. 아주 억울하고 분해 죽겠습니다." 매일 이렇게 기도했다. 집에 가서 곰곰이 생각해 보았다. '내가 어쩌다가 이렇게 되었나.' 마음에 평안도 기쁨도 사라져 버린 지 오래되었다. 교회 가는 것이 예배 참석하는 것이 괴롭고 곤욕이었다. 마음을 쇠갈고리로 긁어내는 것처럼 깊이 파인 상처로 나는 영적으로 피를 흘리며 그렇게 죽어가고 있었다. '이 꼴을 보려고 내가 세상 모든 것을 포기하고 이 길로 왔던가.' 내 자신이 한심하고 초라하고 처참했다.

전도도 사역도 다 그만두고 싶었다. 그리고 사표를 썼다. 베드로처럼 옛날로 돌아갔다. 바닷가 가서 조개잡고 수영하고 매일매일 놀았다. 한참을 그렇게 시간을 보내는데 어느 날인가부터 저녁 해가 뉘엿뉘엿 넘어가고 땅거미가 질 때 바다에서 주님의 목소리가 들렸다. "네가 지금 이럴 때냐? 네가 지금 이럴 때냐?" 그러나 나는 그 음성을 안 들으려고 일부러 피했다. 그리고 다시는 전도하지 않으리라 굳게 결심하였다.

그렇게 시간을 보내며 지내는데 우연히 친하게 알고 지내던 남자 전도사님 한 분을 만나게 되었다. 그런데 그분이 내 얼굴을 보면서 좀 이상하다는 것이었다. 계속 숨기고 다른 말로 빙빙 돌리다가 마음 한구석에서 내 상황을 후련하게 다 말하고 싶은 마음이 들었다. 그리고 단둘이서 그 동안의 이야기를 다 나누게 되었다. 선도사님은 자신의 경험을 이야기하면서 그 두 분을 축복하는 기도를 하라는 것 아닌가? 죽여도 시원찮은데 축복하며 기도하라니 좀처럼 대답이 나오질 않았다. 그래야 내가 다시 살 수 있다는 것이었다. 그리고 해야 할 기도를 순서대로 알려 주었다.

첫째, 초등학교 아이가 부모님께 고자질하듯 내 입장에서 억울하고 분한 것을 하나님 아버지께 아뢰라는 것, 마음이 시원해질 때까지 몇 날 며칠이고 하라는 것이었다.

둘째, 시원해지고 나면 용서하게 해달라고 기도하라는 것.

셋째, 두 분을 위해 축복기도를 계속 하라는 것.

억울하고 분한 마음이 들어 좀처럼 기도가 쉽게 나오질 않았다. 그러나 내가 이렇게 하여야 산다니 해보자, 억지로 안 나오는 기도를 한번 두 번 하기 시작했다.

3개월 정도를 기도하던 어느 날 나는 주일예배를 드리기 위해 서울 방화동에 있는 어느 교회를 가게 되었다. 들어가면서부터 마음에 어떻게 예배를 드리나 구경하러 간 것이지 은혜 받으려고 간 것이 아니었다. 성가대 찬양이 끝나고 목사님 설교가 시작되었다. 역시 전도설교... 나는 축도가 끝나면 빨리 나가리라 생각하고 아멘은 절대 하지 않고 있는데, 통성기도 시간이 되었다.

두 눈을 감고 두 팔로 가슴을 안은 채 기도가 끝나기만을 기다리고 있는데 갑자기 예수님께서 눈물을 흘리시면서 내 앞에 나타나셨다. 나는 너무 놀랐다 분명히 나는 눈을 감고 있는데 예수님이 보이는 것이었다. 예수님께 물었다. "왜 눈물을 흘리십니까?" 아무 대답도 하지 않으시고 예수님은 계속 눈물만 흘리셨다. 예수님은 나에게 말씀하셨다. "너만은 믿었다." 나는 너무 놀라 "제가 뭔데 저를 믿으셨다는 것입니까?" 예수님은 나에게 "네 형 죽음 앞에서 네 엄마 죽음 앞에서 네 아버지 죽음 앞에서 내게 무어라고 기도했니? 이제는 죽기 살기로 나만을 전하겠다고 하지 않았니? 그런데 이게 무엇하는 것이냐? 많은 사람이 나를 처음 만났을 때는 너처럼 물불을 안 가리고 나를 전하다가 시간이 가면서 너처럼 이렇게 변하더라." 하시는 것 아닌가?

그러면서 예수님은 책망의 소리가 아닌 인자하시고 호소하시는 부드러운 목소리로 "네가 나를 위해 전도해 주지 않겠니?"라고 말씀하시며 눈물을 흘리시는 것이었다. 나는 그 자리에서 마귀에게 속았던 내 자신을 반성하며 무릎을 꿇고 엉엉 울기 시작했다. 그리고 그 두 분을 용서하고 다시 전도하기로 두 주먹을 쥐고 일어나 마음을 굳혔다. 그리고 예수님께 약속했다. "다시는 저 때문에 예수님께서 눈물 흘리시는 일은 없으실 겁니다." 그리고 예수님께 마지막으로 들은 말씀, "이 사실을 전해라. 전하는 그곳에 내가 너와 함께 하여 많은 사람들을 회복시킬 것이다." 이것이 내가 성결의 은혜를 받은 사건이다.

이후 나는 신학교 3학년에 개척교회 전도사로 학생회를 맡게 되었고, 그곳에서 큰 부흥의 역사가 일어났다. 이후 전도전담 전도사로 5년을 섬기며 큰 부흥의 역사가 일어났다. 그리고 8년 전 천안에서 개척하여 큰 부흥을 경험하여, 전도되고 양육된 사랑하는 성도들과 함께 교회를 건축하여 현재 행복한교회 담임목사로 섬기고 있다.

"이 사실을 전해라. 전하는 그곳에 내가 너와 함께 하여 많은 사람들을 회복시킬 것이다."

나를 위해 전도해 주지 않겠니?

2부
그 순간, 성결을 경험한 대부들

성결 은혜기

이명직 목사 / 성결교회 최초 목사 안수자,
성결교회 대표적인 신학자, 부흥사

성결 은혜기

타락의 상태

내가 과거에 은혜를 아니 받은 것은 아니다. 물론 다른 사람의 경험치 못한 은혜를 내가 받은 줄로 믿는다. 비록 그러하나 은혜는 받기보다 유지하기가 어려운 것이다. 나는 바울이 청년교역자 디모데에게 권면하심과 같이 청년의 정욕을 이기지 못한 것이 실패의 원인이 되었다. 첫째 (원인은) 무엇인가? 곧 학식의 욕심이었다. 나는 생각하기를 교역을 하려면 문학이 없으면 안 된다고 생각하였다. '법률을 모르면 안 된다, 역사, 철학을 모르면 안 된다, 웅변이 아니면 안 된다, 상식이 없으면 안 된다.'고 생각한 나는 이 점에만 착안하고 다른 것은 주의치 아니하였다.

이와 같은 사상이 들어간 때부터 기도에 게으르게 되었다. 기도는 별 소용이 없는 일종의 종교상 형식으로 생각하게 되었다. 성경 읽는 것도 게으르게 되었다. 성경에 기록된 것들은 모두 다 불합리하게 생각되는 때도 많았다. 따라서 (성경에) 취미가 떨어지고 말았다. 성경을 종종 읽기는 하였다. 그것은 내가 성경을 꼭 하나님의 말씀으로만 믿고 사모하여 본 것이 아니고, 좌우간 교역자이니까 혹 설교나 준비하는 경우에 몇 구절을 읽을 뿐이요, 또한 성경을 읽을 때에 영의 양식을 구하는 것보다 지리, 역사, 연대, 인물, 풍속을 알고자 함으로써 많은 시간을 허비하게 된 것이다. 아 한심할사! 이때에 나의 영혼은 주리고 목마르고 파리하여 죽게 되었다.

또는 일본의 조도전대학(早稻田大學) 문학 강의록를 읽게 되었다. 나의 손에는 성경보다 강의록이나 시문집 같은 서적이 떠난 시간이 없었다. 읽고 암송하고 작(作)하는 등 시간을 허송하였다. 또한 소설을 매우 사랑하였다. 신소설보다 고대소설이 더 재미가 있었다. 삼국지를 볼 때에는 시간 가는 줄도 모르고 주야(晝夜)도 상관할 것 없었다. 전에 안 보던 춘향전도 보았다. 조선시는 잡가(雜歌) 중에 많다고 생각하고 평양수심가, 잡가책도 사다가 벽장 속에 감추어두고 은근하게 읽기도 하고, 심지어 최면술, 심리학 등까지 취미 있게 생각하였다. 나는 이때부터 육신의 건강을 해하게 되었으며 안질을 얻게 되었다. 그러나 안질이 성(盛)하여도 안경을 끼고라도 소설과 문학책 보기를 그치지 아니하였다. 나의 이 사실을 잘 아는 사람이 나의 아내[室人]다. 그러므로 지금도 내가 서책(書冊)을 좀 열심히 보는 것을 보면 나의 아내는 나에게 농담으로 말하기를 "또 눈이 빨갛고 안질이 나려고!" 하는 것이 일종의 웃음거리같이 되었다. 이때 나는 기도시간, 성경 읽는 시간, 방문하는 시간, 전도시간을 다 빼앗기게 되었다. 토요일이 오면 다음날 주일 설교준비가 걱정이 된다. 가슴이 탄다. 역사소설, 성경, 사전[辭林], 시가서를 낱낱이 한칸 방에 펴놓고 눈을 감았다가 떴다 하며 어떻게 유식하게 할까, 어떻게 비극으로 하여 청중의 심정을 흔들까, 어떻게 웅변으로 할까, 어떻게 칭찬을 받게 할까, 어떻게 사람의 마음을 기쁘게 할까 연구하였다. 아, 나는 참으로 죽은 사람이었다. 그런데 물론 박봉의 생활비로 넉넉지 못한 처지에서 이와 같은 많은 서책을 사서 볼 때에는 고리의 부채(負債)를 내지 아니하면 아니 되었다. 그 여독(餘毒)이 금일까지 있어 고통을 당하는 중이다. 우리 교역자로 이와 같은 불온당한 행동을 하여가며 외식하는 사람은 나 외에는 다시없을 줄로 생각한다.

소경인 교사

성서학원이 신성한 수양장이라 하면 교사는 성직이다. 나와 같이 냉담한 무력, 불신성(不神聖), 타락자가 교사란 칭호를 더럽힐까 염려된다. 그러나 (내 나이) 이십 칠세 되던 1916년 가을, 성서학원교사로 임명되었다. 나는 자기도 헤아릴 줄 모르고 감히 명령대로 상경하여 교편을 잡게 되었다.

여러 말 할 것 없이[不在多言], 성서학원의 운명은 이로써 한심하게 되었던 것을 지금이야 역력히 깨닫는다. 전에 여간 은혜 받았다 하여야 도적맞은 지 오래고 마귀의 화전에 중독된 내가 무슨 교사의 자격이 있으며 또한 무슨 선량하고 신령한 젖[靈]을 내어 후진을 양육하랴! 나는 과거의 나의 그림자를 볼 때에 매우 비통함을 금할 수 없고 양심의 수치를 참을 수 없다.

나는 그때 성결을 교리로는 알았지만 체험하지는 못하였다. 성결의 설교는 할지언정 성결을 실행치는 못하였다. 성결을 변론은 할지언정 성결을 간증치는 못하였다. 그렇거든 겸손하고 정직하게 기도하여 구하지도 아니하고, 도리어 나의 경험이 유일의 것으로 생각하고 의심[疑雲]의 산곡과 미혹 (迷霧)의 광야에서 방황하고 있었다. 그 얼마나 냉담한 형태의 생애였던가. 성결치 못한 나는 형식으로 꾸며가고, 심령이 부패한 나는 표면만 단장하기를 힘썼다.

삼일독립운동 후 더욱 심해짐

이와 같이 육신적[形骸的], 정욕적[官能的] 삶을 살던 중, 1919년 3월 1일 조선독립운동이 일어났다. 각 교회는 물론이요, 전 민족적으로 분기하던 때라 나도 가장 애국심이나 있는 듯이 풍성학려(風聲鶴戾─바람소리와 학의 울음소리란 뜻으로 '겁에 질린 사람이 하찮은 소리에도 놀람'을 비유하여 이르는 말 − 역자주)로 마음이 변하여 이때부터는 사상가인 체, 애국자인 체, 지사(志士)인 체 가장하고, 강단에 올라서면 그나마도 아주 타락되어 복음에 대한 설명은 그림자도 없어지고, 아주 속되게 되고 말았다. 그 시대의 인심은 차라리 복음에 대한 설명보다 사상발표나 또는 피가 끓을 듯한 열변으로 애국사상을 고취하는 것을 환영하였다.

고로 나는 이 방면으로 주의를 하게 되었다. 어떠한 경우에는 환영도 받은 터이다. 이것을 나는 좋게 생각하고 성경을 자의로 해석하여 사람의 뜻에 맞추고자 하는 행위가 어찌 한두 번에 그쳤으랴. 내가 이와 같이 지내는 중에 주께서 내게 부탁하신 영혼 몇 천 명을 지옥으로 인도하였구나 생각이 미칠 때에는, 몸이 오싹해지고 심신이 혼미해지게 된다. 내가 참으로 진리의 복음을 부르짖었던들 몇 천 명의 구원받는 자가 생겼었거늘! 아! 주여 잃어버렸던 자식이로소이다!

이단화(異端化)

나의 심령상태는 험한 비탈길에서 경마가 달아나는 것과 같았다. 천국이 과연 있는가? 지옥이 의문이다. 아! 나는 마귀의 최면술에 꼭 걸려서 살았다. 이름은 있으나 실상은 죽은 자였다. 또는 사람의 영혼이 어떠한 것인가 여러 가지 생각도 하고 연구도 하였다. 그러나 발표까지 못하고, 나만 스스로 신경(信經)을 따라 정(定)하여 가지고 있었다. 그러나 지금 이 지면에는 기재치 아니하려 한다. 이것은 도리어 약한 영혼에 독이 될까 염려하는 점이 있기 때문이다.

전에는 그래도 남녀 예의(禮義)는 지켜 갔으나 이제는 남녀 사이의 예의조차 한만(閑漫)하여 성(盛)히 남녀평등이니 해방이니 하며 속[裏面]으로는 남녀의 자유교제를 매우 재미있는 일로 생각하고 예의니 체면이니 하는 것은 일종의 장애물로 간주하게 되었다. 또 간사하고 부끄러운 마음으로 여자를 대한 적이 많았다. (또한) 여자에게 쓸데없는 편지 보내기를 좋아하였다. 극히 좋은 문장으로 문자상에 정취가 묻어나도록 글을 짓기를 힘썼다. 사랑 애(愛)자를 특별히 많이 썼다.

이것은 나의 마음과 사실을 그대로 기록한 것이다. 거짓 없는 참회록이라 함도 가능하겠다. 지금이라도 주께서 만일 이 사실을 가지시고 책망하시면, 아! 나는 부끄러워서 어찌할까. 두려워서 어찌할까. 나는 할말이 없겠다. 어느 때에는 나의 아내에게 "왜 교역자 같지 않고 언어행동 불량자 같소" 하는 말을 듣고 양심에 찔림을 받은 때도 있었다. 과연 나의 아내는 나의 생애를 잘 알았다. 내가 다른 친구나 사회는 속일 수 있었으나 나의 아내는 속일 수가 없었다. 하물며 주의 눈이랴! 아! 지나간 자취를 돌아보니 다시 나의 심장은 뛰며 오래 전 생각으로 마음속에 흐르는 눈물[感淚]이 두 눈에 어리고 고개가 수그러진다.

남녀교제의 불근신(不謹愼)

불의로 밭을 갈고 죄로 씨 뿌렸으니 무슨 좋은 결과가 있으랴? 나는 5년 전 겨울에 충남지방교회에 청함을 입어 갈 때 어느 여전도자(女傳導者)와 동반하게 되었다. 그는 나에게 교수를 받던 자매라 그의 사정을 잘 아는 고로 동정(同情)하여 준 일도 있었다. 그러나 사제의 분의(分義)를 지키어 감히 예의에 어긋난 일은 없었는데 이번에 근 1개월이나 동반여행 하는 중 동정(同情)은 육정(肉情)으로 변하여 자유하면서 아주 예의에서 벗어나[擺脫] 남녀의 분의를 떠나 남자끼리 교제하는 것이나 다름없이 다른 사람의 이목도 꺼리지 않고 부덕됨도 불구하고 행동하는 중, 보는 사람의 의심거리를 일으키게 되었다.

그러나 나는 그때에 그렇게 하면 부덕될 줄도 알고 불명예가 될 줄도 알았지만 염려하면서 눈뜨고 우물에 빠지는 사람처럼 (행)하였다. 그러나 최후 순간의 행동에 빠지지 아니한 것을 차라리 하나님의 보호인 줄로 믿고 감사한다. 그때에 어느 형제가 대면하여 충고하여 주었다. 그때에 나는 새 정신이 나게 되었다. 감사함으로 받았다. 회개는 하지 아니하였으나 단념하기를 '지금 이후로는 남녀교제를 삼갈 것이다. 나는 실수하였구나.' 하였다.

이때에 나는 이것을 숨길 까닭이 없어서 어떤 교역자들에게 자백하고 후에는 감독 길보른 씨에게 최석모 씨의 통역으로 전후 경과와 나의 심리상태까지 다 자백하였다. 나의 심리와 추악한 것은, 내가 물론 자백하는 바이거니와, (실제로 일어난) 일은 없었다. 그러나 마태복음 5장 28절을 보면 무형(無形)한 심리나 현저한 사실이 무슨 차등이 있으며 경중(輕重)이 있으랴.

　　이제 한 가지 말로 독자 여러분에게 부탁한다. 심령의 범죄라고 경히 여기지 말고 실행이라고 중히 여기지 말라. 실행은 어느 기회에 한 번이라도, 마음의 죄는 열 번이며 백 번이며 천 번이다. 표면에 있는 더러움보다 심령에 있는 것이 더 많지 않은가. 실행은 관계없는 사람에게만 있기 쉬운 일이나 마음의 죄라 함은 미치지 않는 곳이 없는 것이다. 독자 중 심령상으로 범죄한 일이 있는가. 정직하게 자복하여라. 골방에서만 공연히 우물쭈물하지 말라. 심판대 앞의 두려움을 어찌하며 지옥의 고통을 어찌하려는가!

심령상 일대 과도기

　　1920년 겨울에 그러한 실패가 있은 후에 마귀는 종종 나의 실패를 전파하기에 힘썼다. 그러나 나는 스스로 생각하기를 '나로 말미암은 재앙[自作之孽]이라 누구를 허물하랴. 그러한 악평을 받는 것은 자연의 보수(報酬)이다.' 하여 스스로 너그러이 생각하고 지내었는데, 이때 (나의) 상태로 말하면 내가 과거의 실패에 대하여 통회한 것은 아니다. 단지 의지로만 다시는 그런 부주의와 부덕의 일은 아니하기를 작정한 것이다. 그리고 평범하게 지내기를 1년 동안이나 하였다. 그러다 1921년 추계개학이 되었다. 이때에 나는 여전히 교실에서 학생을 가르치게 되었다.

　　비로소 성신의 감화를 받았다. 나의 무력함을 깨닫게 되었다. 나의 사명도 깨닫게 되었다. 학생들의 얼굴도 자세히 보았다. 그들의 사명도 생각하게 되었다. 또는 주께서 나에게 모든 심령계도 보여주셨다. 나의 생각은 점점 단순하게 정리되었고 짐이 무거운 것을 깨닫게 되었다. (성령께서) 비쳐주시고 기도의 문제도 가르쳐 주셨다. 기도할 처소는 멀지 않고, 기도의 문제는 복잡하지도 않고 많지도 않고, 결국 자신에게 돌아오고 말았다. 전에는 기도할 때에 학원, 선교회, 교사, 학생, 모든 교회 문제가 매우 많고 복잡하였다. 그러나 이제는 단순하게 자신에게로만 돌아오게 되었다.

오직 성결을 실험하기를 결심하였다. 골방문을 닫고서 주(主)를 붙잡고 씨름하기를 시작하였다. 말은 많이 하지 아니하였다. "나에게 성결을 주시든지 사명을 거두어 가시든지 하소서. 나는 주의 뜻을 이루는 교역자 되기를 원할 뿐이외다." 하룻밤을 새웠지만, 별로 신기한 일이 없고 이틀밤을 새웠지만 응답이 없었다. 그러나 주의 말씀이 거짓이 없는 것을 믿고 다만 언약만 붙잡고 사흘밤에도 여전히 기도하는 중, 할렐루야! 주의 음성이 임하였다. 그의 거룩하심을 보게 되었다.

아, 그때 그 순간의 성신의 역사는 말할 수 없다. 나는 그때에 성신이 충만하게 되었다. 새 능력에 포위되게 되었다. 이것은 내가 세상에 태어난 후(洛地後), 처음 하는 영적 경험(靈驗)이다. 한참 동안 울고, 한참 동안 웃고, 혼자서 춤추고, 취한 사람이 아니면 미친 사람(처럼 행동)하였다. 내 방을 떠나서 교실로 들어갔다. 이제는 형제들의 얼굴을 보지 않고 형제들의 영혼상태를 보게 되었다. 다시 나의 무거운 짐이 되었다.

내가 당시 교수할 때에 형제들은 나에게서 무엇을 발견했을런지. 내 속에서는 뜨거운 불길[熱火]이 치밀었다. 형제들에게, 자유롭게 원하는 이들만 새벽기도 하기를 이야기할 때에, 전부가 그대로 따르게 되었다. 그때에 나도 기도에 참석하였고 성신도 임하셨다. 그때에 사람의 역사라고는 조금도 없었다. 홀연히 질그릇 깨어지는 소리, 신음하는 소리, 통곡하는 소리로 전 학원이 진동하게 되었다. 교실은 일시에 눈물바다를 이루었다. 처음에는 갑반 학생만 모였지만 갑자기 을반 학생도 함께 모이게 되었다. 성화(聖火)의 역사는 점점 번져서 여학생까지 함께 참여하게 되었다.

처음에는 갑반 학생만 모였지만 갑자기 을반 학생도 함께 모이게 되었다.
성화(聖火)의 역사는 점점 번져서 여학생까지 함께 참여하게 되었다.

다시 상황이 변하여, 평안히 밥먹고 공부하고 잠자면서 기도하는 것은 성신의 역사에 방해된다 하여, 금식하고 학과도 중지하고 새벽부터 기도할 때에, 성신께서 친히 임하셔서 모든 사람의 행위와 마음속에 있는 죄악을 찌르게 되었다. 15일간 기도회는 계속되었는데, 자복하고 회개한 죄악은 큰 산보다 많았으며, 어떤 날에는 회개하는 편지가 학원에서 이백 통이 발송된 일이 있었다.

나는 다시 그 은혜의 불[恩火] 가마 속에 들어가서 춤추고 감사하고 증거하고 웃고 울고 뛰고 기뻐하였다. 아! 그때 경험은 다시 생각만 하여도 기쁘기 측량할 수 없다. 그러나 나는 자세히 알 수 없다.

이에 대하여 어떤 선생의 말이 성서학원 창립 이래로 처음 있는 일이라 하였다. 교회역사에도 이 같은 부흥이 있기는 있었으나 (이는) 많이 보지 못하는 사실이다. 이것이 곧 오순절이다. 나의 평생에 처음 보는 부흥이다. 이 부흥을 비롯하여 우리 학원 안에 무릇 세 차례의 부흥이 있게 되었다. 이것은 우리 선교회에만 행복이 아니라 전국교회에 큰 행복이 된 줄 믿는다. 아─멘. 주여, 감사합니다. 은혜의 소나기 늘 부어주소서. 이후로 우리 학원에는 마귀의 기운이 사라지고 새 힘이 충만한 용장과 든든한 사역자가 많이 생기게 되었다. 아! 감사하외다. 비천한 나에게도 성신의 은혜를 주셨사오니.

핍박과 감사

섭섭한 일이다. 같은 불길에 어찌하여 어떤 나무는 타고 어떤 나무는 타지 않는고. 그때에 불길이 그와 같이 맹렬하였지만 형제 중 60인은 아주 냉담하였다. 그들은 점점 물러나고 위축되었다. 은혜받지 못한 형제로만 한 단체가 되었다. 다른 사람의 은혜받는 것을 볼 때에는 항상 반대하고 비평하고 조소하고 성신을 소멸하였다. 그리하다가 필경 끝까지 견디지 못하고 혹은 가사(家事)가 있다고 돌아가고 혹은 간다온다 말도 없이 돌아가고 말았다. 그

중에 한 형제가 나에게 편지한 것이 있는 데 그 중 일절을 소개하려고 한다.

"○○○는 우리 조선사회는 막론하고 인류 사회에 간악한 도둑이 되며 도덕적
으로 마적임을 동아일보, 조선일보, 기독신보, 기타 잡지에 공개 설명하고저
하노라. ○○○은 자칭 성결인이라 하며 무지무식의 시골아이들을 소집하여
다니고 경리(經理)가 어떠하니 신의가 어떠하니 하며, 간증을 하라, 자복을
하라 강권하여 어떤 남자는 ○음(淫)을 하였네, 도적질을 하였네, 살인코저
하였네, ○○을 하였네, 강간을 하였네 하며 혹 어떤 여자는 ○○으로 ○음(淫)
하였네, 본부(本夫)를 살해코저 하였네, 어떤 간부(間夫)를 두었네 하는 말들
로 자백케 하며 계속해서 아멘 아멘 하니, 오호라 ○○○ 외에 무슨 도적이 다
시 있으며 ○○○ 외에 무슨 마귀가 다시 있으리오?"

○○○ 전(殿)

申 ○○ 서승(書昇)

이 편지를 받을 때에 나는 이것이 은혜의 보수(報酬)인 것을 감사하는 동
시에 매 맞지 못한 것을 한(恨)하였다. 세밀한 사실을 피하고 대강만 기록하
나 다행히 독자의 유익이 되기를 기도할 뿐이다.

하늘로부터 나타난
참 십자가

이성봉 목사 / 한국교회의 대표적인 부흥사

하늘로부터 나타난 참 십자가*

세상 것 다 버리고 - 거듭남

내가 21세 되는 해 6월 24일은 주일이었다. 내가 이 날로 인해서 큰 변화가 일어날 줄은 하나님밖에는 누구도 몰랐다.

그때 우리 과수원에 실과(자두)는 무르익어 뚝뚝 떨어졌다. 그런데 어머니는 내일 일하고 교회에 나가서 예배 보자고 권하신다. 나는 어이가 없어서 "원 어머니두, 저 실과를 오늘 따지 않으면 다 썩어 떨어질 터인데 저걸 두고 예배당에 가다니요? 나는 예배당 못 가겠소." 하고는 실과를 모두 따 가지고 마차에 싣고 평양으로 들어갔다.

사람은 돈이 제일이야. 수염이 석 자라도 먹어야 양반이다." 하면서 실과를 팔아 가지고는 그날 밤 술집에서 진탕 술을 먹고 온갖 부끄러운 일을 다했다. 그리고 밤늦게야 불량 친구들과 함께 마차를 타고 "노자 노자 젊어서 노자 늙어지면 못 노니라."고 유행잡가를 부르면서 기자묘(평양시 기림리에 있는 기자의 묘 – 편집자주) 앞을 의기양양하게 지나오고 있었다.

그런데 갑자기 오른쪽 넓적다리가 뜨끔하고 쿡쿡 쑤시기 시작했다. 병은 눈썹에서 떨어진다더니, 온몸에 열이 오르고 이제 한 걸음도 걸을 수가 없었다. 사울은 다메섹 가는 도상에서 거꾸러졌으나 불량하고 난봉꾼인 이성봉이는 기자묘 앞길에 쓰러졌다. 친구들이 왜 그러느냐고 하며 큰일 났다고 마차에 싣고, 거의 죽게 된 나를 집에 겨우 데려왔다.

다 죽게 된 나를 보신 어머니는 "싸다, 싸!" 하셨다. "주일날 돈 벌겠다고 하나님의 계명을 어기고 부모의 말 안 듣고 제멋대로 제 고집대로 나가다가 잘되었다." 하고 야단만 치셨다. 그 말을 들으니 감정이 불끈 치솟았다. '싸? 이거 예수 안 믿어서 이렇게 됐나? 난 죽어도 예수 안 믿을 것이다. 남이 고통을 당하는데 동정은 안하고 오히려 저주를 하다니… 이것이 종교생활이란 말인가?' 나의 마음은 아주 비뚤어지고 반항심만 커져갔다.

병은 더하여 갔다. 백약이 무효였다. 병원에서는 골막염이라는 진단을 내렸고 의사는 다리를 자르라고 하였다. 사형선고나 마찬가지였다. 병이 점점 더 중해지니 나에게는 죽음이 가까웠다. 밤낮 먹지 못하고 앓으니 분명히 내게는 죽음밖에 올 것이 없었다. 70세까지 살겠다던 내가 21세에 죽는 것이다. 돈벌어 놓고 예수 믿겠다던 나는 논밭 모두를 먹게 되었다. 그것으로 나는 여섯 달 동안이나 평양 기홀병원에 입원했던 것이다. 참으로 허무한 것이 인생이다.

세상만사 살피니 참 헛되구나

부귀공명 장수는 무엇하리요
고대광실 높은 집 문전옥답도
우리 한번 죽어지면 일장의 춘몽
꿈결 같은 이 세상에 산다면 늘 살까
일생의 향락 좋대도 바람을 잡누나
험한 세월 고난풍파 일장춘몽이 아닌가
슬프도다 인생들아 어디로 달려가느냐
인삼 녹용 좋다 해도 늙는 길 못 막고
진시황의 불사약도 죽는데 허사라
인생 한번 죽는 길을 누가 감히 피할소냐
분명하다 이 큰 사실 너도 나도 다 망한다

죽음 아래 모든 것이 다 매장을 당한다. 돈을 많이 벌어 보려고 하였지만 백만장자도 죽어버리니 허사요, 땅을 사고 밭을 사고 고대광실 높은 집을 지어도 나 죽으면 땅 한 평, 수의 한 벌, 관 한 개밖에 못 가지고 가는 것이며, 천문지리 상통하는 많은 지식을 가졌어도 나 죽을 날짜 알지 못하고, 영웅 호걸 미인들도 죽음 앞에서 다 항복하고야 마는 것 아닌가? 죽음이라는 것을 제 삼자가 객관적으로 생각할 때는 그저 그러려니 하겠지만, 참말로 그 죽음이 내게로 닥쳐 보니 그처럼 무섭고 그처럼 잔인하고 그처럼 허무할 수가 없었다.

나는 이러한 죽음에 대해서 느끼게 될 때에 "너는 이제 죽어서 어디로 가려느냐? 천국이냐? 지옥이냐? 천국은 없으면 안 가도 좋지만 만약 지옥이 있다면… 나는 꼭 지옥의 자식이로구나. 나는 아는 것보다 모르는 것이 더 많지 않은가! 나는 내 눈앞에 눈썹이 몇 개인지도 알지 못하면서 무엇을 안다고 교만을 부리고 건방시세 굴있고 미련하게 놀았던고?” 하며 후회했다.

아무리 잘났다 떠들어도 콧구멍 둘과 입만 틀어막으면 몇 분 안에 죽는 것이 인생이 아닌가? 나는 이제 죄인인 것을 알았다. 법률상으로 지은 죄, 도덕상으로 지은 죄, 양심상으로 지은 죄 등등, 정수리로부터 발끝까지 나는 죄인인 것을 절실히 알았다. 평안 무사할 때에는 가려졌던 나의 양심이 최후에는 끝없이 예민하여져서 불의한 나의 모든 죄를 낱낱이 손가락질을 한다.

악마는 또한 나의 불안한 모든 죄를 들고 나를 정죄한다. 나는 공포와 불안 중에 양심에 호소했다. “요만큼 살다 죽는 것을 이렇게 죄를 많이 지었던고! 아, 나는 이 죄로 인해서 영원한 멸망의 구렁텅이로 빠지고 마는구나. 오 하나님이여, 나를 이 죄악에서 건지소서!” 하고 대성통곡을 하였다. “죽어도 회개나 하고 죽어야지.” 하는 최후의 호소였다. 한참 울고 있으니 어머님이 들어오신다. 나는 어머니 무릎에 엎드려 “어머니, 이 불효자식을 용서하세요. 저의 이 많은 죄를 하나님께서 용서해 주실까요? 어머니, 저를 위해 기도해 주세요.” 하고 울었다.

어머니는 나를 위해 간절히 기도하셨다. 그리고 나에게 다음과 같이 일러 주셨다. “회개하라. 죄 지은 자가 지옥에 가는 것이 아니고 회개하지 않는 사람이 지옥에 가는 것이란다. 예수는 죄인을 불러 회개시키려 세상에 오셨단다. 너는 예수를 믿으라. 그를 믿고 그를 의지하라. 예수는 너 위하여 죽으셨다가 너 위하여 다시 사셨단다. 예수는 너 위하여 승천하시고 너 위하여 지금도 기도하신다. 그리고 그의 성신을 보내어 너를 감화시켜 회개시키신다. 하나님은 지금 네 기도와 나의 간구를 다 들어주실 것이다. 이제는 네 생사를 다 주께 맡겨라.”

이는 어머니의 말씀이다. 그러나 그 말씀은 곧 나의 마음을 감화시키는 성신의 음성이었던 것이다. 나는 무조건 항복하고 말았다. “하나님, 한 번만

하늘로부터 나타난 참 십자가

살려주십시오. 이제야 깨달았나이다. 한 번만 살려주시면 이 몸을 주께 바치고 이 사실을 모르는 불쌍한 인간들에게, 또한 나의 뒤로 오는 후배 청년들에게 이것을 증거하겠나이다. 하나님의 공의와 사랑과 섭리를 전하겠나이다. 예수를 증거하겠나이다. 이 몸 이제 죽으면 정말 원통하겠나이다. 한 번만 살려주세요. 그래도 인간은 간사하여 노루새끼처럼 급하면 하나님을 찾고 편해지면 개가 토한 것을 다시 먹듯이, 돼지를 씻겨 놓아도 다시 수렁통에 들어가는 것처럼 또 죄악의 자식이 될 것 같으면 차라리 나를 지금 데려가 주세요. 나는 이제 주의 손 가운데 있나이다." 하고 자복하고 회개하였다.

하나님은 나의 눈물의 기도를 들어주사 마음에 참평안을 주셨다. 나는 그때 비로소 성경을 연구하기 시작하였다. 그 전에는 성경을 보아도 맹물에 자갈 삶은 것 같아 아무 재미가 없었다. 그러나 연애소설은 밤잠 못 자고 눈을 버티어 가면서 시작하면 단숨에 다 보고야 말던 사람이 이제는 모든 잡지 소설을 걷어치우고 성경을 보기 시작하니, 이 말씀을 금보다 더 사모할 것이요 정금보다 더 사모할 것이며, 꿀보다 더 달고 꿀송이보다 더욱 달게 여기게 되었다.

병든 사람에게는 고량진미가 있어도 입맛이 없지만 병이 나으면 조밥에 된장국이라도 없어 못 먹는 것이다. 나의 심령이 병들었을 때에는 귀한 주의 말씀이 아무 재미가 없었으나 내 심령이 건전하여진 후에는 구구 절절이 나에게 은혜가 되는 것이다.

또한 그때부터 불의한 습관인 술과 담배를 다 끊어 버렸다. 나 혼자의 힘으로는 도저히 할 수 없는 일들을 성령께서 도와주셔서 불의한 죄의 습관을 일소시켜 주신 것이다. 그리하여 내 심령은 평화와 기쁨과 행복에 가득 찼던 것이다. 병으로 오는 고통 중에도 찬송과 감사가 계속되었다. 할렐루야! "그런즉 누구든지 그리스도 안에 있으면 새로운 피조물이라 이전 것은 지나갔으니 보라 새것이 되었도다"(고후 5:17).

주께서 나를 깨끗케 하시고 - 성결

나는 수원교회에서 큰 일 당한 것이 한두 가지가 아니었다. 그중에도 내가 29살 때 8월 12일부터인가, 교회를 개척하고 불철주야로 첫불에 타서 지나친 열심을 부려 과로한 때문인지 혹은 악마의 시험인지 늘 몸이 쇠약하고 오후마다 열이 올랐다가 내리곤 했다.

그래도 나는 절대로 신유를 믿고 의약을 쓰지 않고 견디었다. 8월 22일 주일인데 예배를 마치고 또 앓기 시작했다. 너무 열이 올라서 혼몽 상태에 빠졌다. 뜻밖에 공중에서 소리가 나는데 "이성봉 전도사는 이제 살기 어렵다. 아마 세상을 떠날 것이다."라고 했다. 그때 나는 '내가 죽어? 내가 죽으면 어디로 가지? 천국이냐? 지옥이냐? 천국 갈 준비 다 되었는가?' 하고 생각했다. 신학교를 마치고 주를 위해 일한다 하면서도 아직 철저한 회개를 하지 못한 것이 몇 가지 생각났다.

그래서 속히 회개해야 되겠다고 나의 아내를 불러 증인으로 세우고 숨은 부끄러움을 종이에 적어가면서 자복하였다. 그 전 총각 시절에 어떤 처녀를 사모하여 혼자 연애하던 사실을 아내에게 고백할 때에 갑자기 어디서 "저 자식이 회개하려면 저나 회개하지 남은 왜 끌고 들어가는 거냐?" 하고 큰소리로 여자가 외쳤다.

나는 아내에게 "저 소리, 저 큰소리 들리지 않소?" 하자 아내는 "안 들리는데요." 했다. 나는 사탄의 방해인 것을 깨닫고 열심히 회개하였다. 그런데 또 "흥, 네가 아무리 회개한들 될 줄 아느냐? 너는 주께 버림받은 자야!" 했다. 내가 그때 큰소리로 "사탄아, 물러가라. 믿는 자는 구원을 얻으리라." 외치니 "흥, 행함이 없는 믿음은 죽은 믿음이란다." 했다.

나는 "누구든지 주의 이름을 부르는 자는 구원을 얻으리라 하지 않았느냐?" 하고 외쳤다. 그랬더니 "흥, 주여 주여 하는 자마다 다 구원을 얻는 줄 아니?"라고 대꾸했다. 내가 "회개하고 믿으면 용서를 받는다."고 하니 사탄은 또 계속 말했다. "흥, 알고 짓는 죄는 사함받지 못할 것이라."고 했다. 아마 사람들이 그런 때에 정신 이상이 되는 모양이다. 꼭 미친 것만 같았다. 모든 아귀들은 여러 모양으로 달려들고 나타났다가는 사라지고 또 나타나고 하면서 시험했다.

그때 나는 "주여! 주여! 나를 버리지 마옵소서. 믿나이다. 나를 위하여 죽으신 그 십자가를 저에게 보여주소서." 하며 기도했다. 자꾸 기도할 때에 십자가가 나타나는데 예수 없는 빈 십자가, 검정 십자가가 나타나서 나를 속였다. 나는 "사탄아, 물러가라! 예수님이 나 위하여 달리신 그 십자가가 아니다. 주여, 저에게 당신이 달리신 참 십자가를 보여주소서. 당신의 형상을 보게 하여 주소서."라고 결사적으로 기도하였다.

그때 하늘로부터 참 십자가가 나타났다. 나는 분명히 주님이 달리신 그 십자가를 보았다. 감격하여 붙들고 애통하며 나의 모든 죄를 자복하였다. 나 위하여 피 흘리신 십자가밖에는 붙들 것이 없었던 것이었다.

"나를 위하여 부활하신 예수여, 살아 계신 주님이 위로를 주시옵소서." 하며 애쓸 때, 그는 나를 어루만져 주시며 천국으로 가자고 올라가시는 것이었다. 어디로 한없이 한없이 갔다. 한참 가다 보니 수정같이 맑은 요단강물이 흐르고 저편에서 화려하고 찬란한 천성이 보였다. 그런데 어디서 찬송소리가 들렸다.

갑자기 정신이 회복되며 온몸에서 식은땀이 쭉 쏟아졌다. 옆에서 식구들과 신도들이 찬송을 부르고 기도하며 함께 도왔다. 내 몸에서 쏟아진 땀으로 목욕한 것과 함께 내 정신과 육체도 깨끗이 나았다. 아프던 내 몸이 거짓말 같이 완전히 나았다.

그날 나는 아마 한 네 시간 동안 고통을 당한 것 같다. 그 고통이 지나니 영육이 새로워져서 그날 주일 저녁예배에서 간증설교를 했다. 바울 사도가 "몸 안에 있었는지 몸 밖에 있었는지 나는 모르나 3층천에 가보았다."고 한 것과 같이, 그 후로 항상 그 환상이 나의 신앙생활을 격려하여 주고, 소망 중에서 살게 하고, 현실보다 영원한 내세를 더욱 그리워하게 했다.

내 몸은 날아갈 것 같고

김응조 목사 / 한국교회 대표적인 신학자

내 몸은 날아갈 것 같고

위대한 재림의 환상

때는 1917년 9월 13일이다. 우리 일행은 일본의 부산현 복정시 약송 여관에 근거지를 정하고 전도하였다. 나는 그때까지 재림에 관한 신앙이나 지식이 없었다. 이날 여관방에서 자는데 나는 한복판에 누었다.

밤중에 비몽사몽간에 하늘이 별안간에 환해지면서 수많은 천사가 나팔을 불고 예수께서는 흰 구름을 타시고 영광스러운 광체의 몸으로 천사의 호위하에 강림하신다. 그때에 나는 너무나 기뻐서, "여러분 정신차리라. 예수가 재림하신다." 하면서 큰소리로 외치며 손을 흔들고 야단을 쳤다.

일본 사람들이 자다가 깨어 내게 정신차리라고 주의를 준다. 그 환상이 없어지면서 공중에서 소리가 있는데 "요한1서 3장 3절!" 하는지라, 아침에 일어나서 생각하니 그 광경과 그 음성이 역력히 기억난다. 일본 사람에게 그 성경을 읽어 달라 하였다. "주를 향하여 이 소망을 가진 자마다 그의 깨끗하심과 같이 자기도 깨끗하게 하느니라"(요일 3:3).

주님이 내게 재림의 광경을 보여주는 동시에 내게 성결하라고 암시하신 모양이다. 오늘 내가 재림의 주를 열심히 증거하는 것도 이때의 계시를 받은 때문이다. 주님이 내게 귀한 환상을 보여주신 것으로 믿었다.

나의 심령의 성결체험

나는 이때까지 성결이니 재림이니 하는 진리를 알지 못했다. 그 이유는 내가 신학교에 들어가던 즉시로 일본에 온 때문에 그러한 진리를 받을 기회가 없었던 것이다. 나는 이 같은 영광의 주님을 맞이하려면 내 심령이 '깨끗하여야' 하겠다는 결심으로 그 이튿날 밤에는 골방에 들어가서 기도하기를 시작했다.

서서히 그러나 어느 한순간에 내 마음에 빛이 임하면서 내 죄가 낱낱이 드러난다. 나는 눈물로 회개했다. 나는 지금까지 도덕상으로는 큰 죄라 할 만한 것이 별로 없었다. 그러나 심령이 더러운 것을 깨달았다.

꿈에 보던 주님의 영광과 내 심령을 대조해 보니 나는 지옥밖에 갈 자격이 못된다고 느껴졌다. 부지중 내 기도의 소리가 높아졌다.

"주여 내 죄를 용서하시고 나로 깨끗케 하여 주옵소서."

눈물과 기도가 교잡하였다. 주의 음성이 들렸다.

"내가 너를 깨끗케 하노라."

이 순간에 내 마음은 유리같이 맑아지고 마음에는 기쁨이 충만했다. 옳다. 지금은 영광의 주님을 맞이할 수 있다는 자신이 확실해진다. "주여 감사합니다." 하고 일어나니 시계는 12시 종을 친다. 나는 이 간증을 여러 곳에서 하였다. 동경 간다 홀리니스교회에서 할 때에는 수백 명 청중에게 큰 감동을 주었다. 이것은 일생 잊을 수 없는 체험이다.

신체 이상과 요양

북선(개성, 원산, 북청, 신의주 등을 일컬음 - 편집자주)에서의 동분서주 몰아(沒我)적 활동은 유한한 나의 육체에 이상을 주었다. 기침이 심해 폐에 염증이 생기더니 폐렴으로 진행한다. 그때 내 나이 34세이다. 1기에서 2기까지 침입한다. (이것은 내가 너무 무리하게 일했기 때문이다.) 부득이 북선에서 서울로 철수하니 유종의 미를 거두지 못한 것이 한스러웠다. 본부에서는 나를 동정하여 의사의 말대로 따뜻한 지방, 생선이 많은 지방, 맑은 공기를 따라서 목포로 임명한다. 교역이라는 것보다 휴양하라는 뜻이다. 나에게 대한 본부의 후의를 감사하였다.

목포교회 부임과 고민

당시 목포교회는 일년 전에 신개척한 교회인데, 초가집 셋방에 신자는 불과 10여 명이다. 한 시방의 책임자로서 활동하던 나에게는 눈에 차지 않는다. 그리고 주택은 단칸방에 5인 식구가 새우잠을 잔다. 그때도 한재가 심하여 기차로 물을 운반하는데 한 통에 그때 돈으로 15전이다.

수란(水難), 주택난, 생활난, 질병난 속에 매일 지내니 없는 병도 생길 판이다. 몸은 점점 쇠약하여 갖은 병이 생긴다. ① 신경쇠약 ② 소화불량 ③ 피풍(皮風) ④ 신경통 ⑤ 치질 ⑥ 폐렴 여섯 가지 질병이 나를 집중 공격한다. 그때에 내가 생각하기를 하루 빨리 죽는 것이 축복이요, 하루 더 사는 것은 저주라고 생각하였다. 나는 절망상태에 빠졌다.

유달산 기도와 또 다른 성령의 체험

질병의 공세에 몰린 나는 갈 데 올 데 없으니 하나님밖에 찾을 데가 없었다. 복잡한 도시나 가정을 떠나서 해발 2천 척이나 되는 유달산에 올라 아침 5시에서 7시까지 기도하기 시작했다. 내가 작정하기는 백 날을 계속하되 그동안에 하나님의 자비가 계시면 다행이요 그렇지 않으면 죽음을 각오하되 영혼이나 구원해 주시면 감사할 것뿐이다. 기도는 계속된다. 때는 1930년 9월 10일이다. 내가 기도한 장소는 넓은 바위 위다.

기도를 마치고 나니 몸이 노곤해지면서 잠이 든다. 비몽사몽 중에 내가 앉은 바위가 갈라진다. 내가 생각할 때에는 10여 길이나 깊은 것 같았다. 밑에서부터 옥백수 같은 생수가 구비구비 돌아서 올라온다. 필경 내가 앉은 자리까지 넘친다. 내가 물 위에 둥둥 뜬 것과 같았다. 그리고 다시 내 마음에 무엇이 꽉 찬다. 그리고 그 순간에 내 몸을 보여주시는데 내 몸이 유리알같이 맑아진다. 정신을 차려 깨어 보니 위대한 환상이다. 그때부터 내 마음과 몸에 큰 변화가 생긴다.

심신의 새로운 변화의 체험

마음에는 기쁨 사랑 능력 소망이 솟아오른다. 그리고 내 몸은 유리알처럼 맑으면서 날아갈 것같이 가볍다. 그때에 내가 말하였다. "주여 감사합니다. 나는 살았습니다." 일어서니 심신이 뜨거워진다. 뛰면서 찬송을 불렀다. "목마른 자들아 다 이리오라 이곳에 좋은 샘 흐르도다"(합동 239장). 내가 이 찬송을 몇 십 번 불렀는지 알 수 없다. 그때에 하나님이 완전케 하시므로 아무리 설교해도 목이 변하지 않은 것이 그때부터이다.

나의 체험과 나의 별호(別號)

산에서 내려오는데 몸이 날아갈 것같고 발이 땅에 붙지 않는 감이 생긴다. 여섯 가지 질병은 한꺼번에 물러갔다. 그때부터 오늘까지 39년 동안 병으로 인하여 고생해 보지 않고 건강하게 지내왔다. 내가 분명히 알기는 하나님이 내 심령과 육체를 새롭게 해주신 줄 믿는다.

이때부터 나의 별호를 영암(고전 10:4)이라고 지어서 기념하게 되었다. 돌이켜 생각하니 하나님이 내게 이 같은 은혜를 주시려고 여섯 가지 병으로 몰아서 하나님을 찾게 하신 섭리로 생각하고 감사하는 바이다.

수고하고 무거운 짐 진
나의 준경아

문준경 전도사 / 한국교회의 마더 테레사

수고하고 무거운 짐 진 나의 준경아

"어떻게 목포에서 이 먼 서울까지 공부하러 올 생각을 하셨지요? 연세도 꽤 많이 드신 것 같은데요."

경성성서학원 원장은 문 집사의 모습을 훑어보며 대답을 기다렸다.

"네, 전도사가 되고 싶어 근 2년간을 기도해 오던 중 마음에 확신이 생겨 상경했습니다. 그리고 전도사가 되려면 성경공부를 많이 해야 한다고 생각 했기 때문입니다."

"아, 그렇습니까! 그러면 구원의 확신은 받았나요? 그리고 일생을 주님 께 바칠 확실한 소명감을 갖고 계십니까?"

"네, 저는 1927년 3월에 전도를 받았으니 제가 예수를 영접한 지 만 4년 이 됩니다. 그리고 1927년 11월에 구원의 확신을 얻어 다음해 6월에 세례를 받았습니다. 원장님, 저는 전도사로서 일생을 주님을 위해 살고 싶습니다. 스데반 집사나 바울 사도와 같이 주님을 위해 목숨을 바친 그분들을 저는 매우 존경하고 있습니다. 또 전도 외에 그 밖의 딴 일엔 아무런 기쁨을 느끼지 못하고 있습니다."

"아, 그렇습니까? 정말 훌륭한 생각이시군요. 그럼 지금 맡고 있는 직분은 무엇인가요?"

"네, 집사입니다."

"음, 그러면 집사님, 전도사로서의 길이 얼마나 험준하고 어려운 일인지는 알고 계신지요?"

"원장님! 저는 이미 주님만을 위해 이 몸을 바치기로 결심한 사람입니다. 이제 와서 그 길이 험난하니, 어려우니 하는 것은 저에게 조금도 문제가 되지 않습니다. 다만 저는 아까도 말씀드린 바와 같이 성경에 있는 믿음의 대선배들처럼 목숨을 바쳐 헌신하고 싶은 생각뿐입니다."

문 집사의 말을 경청하고 있던 원장은 한 가지 더 질문을 했다.

"그럼 가족관계는 어찌 되십니까?"

"네, 저에게는 가족이란 한 사람도 없습니다. 물론 남편이 있긴 하지만 딴 살림을 하고 있기 때문에 저는 혼자나 마찬가지랍니다. 그런데 제가 혼자라는 것이 성경공부에 무슨 지장이라도 있는 건가요?"

"아닙니다. 혼자라면 매우 좋지요. 그런데 같이는 살지 않더라도 남편이 있다고 하니 좀 곤란한 문제로군요. 우리 학교의 규칙상 남편이 있는 부인은 받아줄 수 없게 되어 있답니다. 후에 졸업을 하게 되면 그때 혹시 남편의 마음이 변화되어 부인을 찾아올 경우가 있을지도 모르는데, 그렇게 되면 목회를 하는 데 지장이 있기 때문이지요. 그러니 유감스럽지만 집사님을 학생으로 받아줄 수가 없을 것 같군요. 정말 안됐습니다. 그러나 평신도로서 일생을 주님을 위해 봉사한 사람들도 많답니다. 그러니 실망하지 마시고 안녕히 돌아가시기 바랍니다."

문 집사는 정신이 아득해졌다. 원장의 말이 귓전으로 흘러 공중에서 맴도는 것 같았다. 주님은 자신의 기도를 들어주지 않으셨단 말인가 하는 의구심도 생겼다. 몇 초 동안에 수천 수만 가지의 상념들이 떠올랐다가 사라졌다. 그러나 문 집사는 여기까지 와서 포기할 수는 없다고 생각했다. 정중하게 다시 한 번 자신의 입장을 설명드리고는 조용히 원장의 대답을 기다렸다.

"집사님, 제가 집사님의 말씀을 들어보니 더 이상 만류할 수 없겠습니다. 그리고 하나님의 뜻이 어디에 있는지도 모르겠구요. 어디 한번 공부해 보십시다. 그렇지만 한 가지 조건이 있습니다. 규칙을 변경할 수는 없으니 집사님은 원입생이 아니라 청강생으로 공부할 수밖에 없군요. 그래도 열심히 공부하시면 기대했던 결과를 만족스럽게 얻을 수 있을 것입니다. 앞으로 열심히 공부해 보십시오."

문 집사는 청강생으로 공부해야 한다는 그 말도 너무나 고마웠다. 원장에게 수없이 감사하다는 말을 한 뒤 가벼운 발걸음으로 원장실 문을 나섰다. 그렇게 해서 문 집사는 그의 인생에서 더욱 새로운 장을 맞이하게 된 것이다.

수고하고 무거운 짐

청강생으로 뒷자리에 앉아 공부를 시작한 문 집사는 수업시간마다 부르는 출석 점검에 자신의 이름이 불려지지 않자 점차 청강생이라는 자신의 위치가 불안해지기 시작했다. 더군다나 기숙사에도 입사할 수 없었기 때문에 학비 외에 과외로 생활비가 너무 많이 들어서, 고향에서 가지고 온 돈이 거의 바닥이 날 지경이 되었다. 이렇게 공부하다기는 얼마 하지도 못하고 중도에 포기해야 하는 불상사가 일어날 것만 같았다. 그래서 문 집사는 고향에 돌아가 남편과 이혼을 해야겠다는 단호한 결심을 품게 되었다.

당시는 무슨 이유든지 간에 부인이 먼저 남편에게 이혼을 청한다는 것은 도저히 있을 수 없는 일이었다. 남편이 죽고 없어도 일평생 수절해야 했으며, 또한 그것을 지극히 당연하게 여기던 문 집사가 그러한 생각까지 하게 된 것은 정말 굉장한 사건이었다.

고향에 돌아온 문 집사는 우선 면사무소를 찾아가 남편 정근택 씨의 호적등본을 뗀 뒤 이혼에 대한 절차를 문의해 보았다. 물론 면사무소 직원들의 눈이 휘둥그레지는 것은 말할 나위도 없었다. 호적등본을 갖고 남편을 찾아가니 남편은 어느새 소문을 들었는지 만나는 것을 회피했다. 그래도 억지로 들어가서 자신의 사정을 설명한 뒤 이혼해 줄 것을 부탁하자 남편은 극구 반대를 하며 밖으로 나가 버렸다. 참으로 이상한 일이었다. 같이 산 날은 손을 꼽을 정도였는 데도 이혼은 절대 해줄 수가 없다는 것이다. 세 번째 찾아갔을 때는 아예 자취를 감추고 만나주지도 않았다.

시댁 가문에서도 난리가 났다. 시가인 정씨 문중에서는 회의까지 열었다. 호적을 파주면 문중의 질서가 문란해지니 절대로 허락할 수 없다고 결정하였다. 일이 예상했던 것보다 훨씬 심각해지자 문 집사는 할 수 없이 다시 서울로 돌아와야 했다. 그리고 또한 계속 청강생으로 공부할 수밖에 없게 되었다. 문 집사는 남은 돈을 가지고 우선 쌀 한 말을 샀다. 그것으로 먹을 수 있을 때까지 아껴 먹어서 식생활을 그럭저럭 해결하기로 했다.

이렇게 생활하며 공부를 하자니 굶주림의 고통은 말로 표현할 수 없을 정도였다. 굶주림이 너무 심해허기진 채 방안에 혼자 쓰러져 있으면, 이 사정을 아는 사람이 아무도 없기 때문에 하루 종일 아무것도 하지 못하고 쓰러져 있기만 할 때도 있었다. 그러다가 겨우 정신을 차려서 성서학원으로 기어 가다시피 해서 수업을 받은 적이 한두 번이 아니었다. 그럴 때는 칠판의 글씨와 선생님의 얼굴이 어릿어릿해서 잘 보이지도 않았다. 점점 기운이 빠져 그만 포기해 버리고 돌아갈까 하는 생각도 들었다. 그럴 때면 이를 악물고 종각 밑으로 들어가 "주여! 주여! 주여!" 하고 크게 세 번을 외쳤다. 그러면 이상하게도 금방 기운이 솟아나곤 했다.

창자가 뒤틀리는 것 같은 쓰라림의 고통이 있던 날, 문 집사는 용기를 내서 기숙사 식당을 찾아갔다. 그리고 학생들이 먹다 남긴 누룽지와 숭늉을 얻어먹고 정신을 차렸다. 그러나 사정을 해서 얻어먹는 것도 한두 번이지 횟수가 잦아지자 더 이상 염치가 없어 찾아갈 수가 없었다. 문 집사는 마지막 한 번만 원장을 더 찾아가 사정을 하기로 했다. 원장실의 문은 열려 있었다. 문 집사에 대해 익히 알고 있는 원장은 어떻게 왔느냐고 하며 반갑게 맞아주었다.

"원장님, 염치없는 부탁인지는 잘 압니다만 공부를 끝까지 하려면 이길밖에는 다른 도리가 없어서 이렇게 찾아왔습니다. 원장님, 저를 원입생으로 받아주십시오. 그렇게만 해주신다면 아무도 찾지 않는 저 벽지의 도서를 돌아다니며 불쌍한 영혼들을 전도하는 데 최선을 다하겠습니다. 이렇게 가다가는 전 공부를 끝마칠 수 없을 것 같아서 그럽니다. 기숙사 생활을 하며 공부를 하면 어느 정도는 숙식이 해결되니, 그러면 공부에 더 전력을 쏟을 수 있을 것입니다. 죄송합니다. 원장님, 염치없는 부탁만 자꾸 드려서."

"제가 집사님의 사정을 몰라서 그러는 것이 절대로 아닙니다. 그렇지만 규칙을 한번 어기면 이 다음에는 걷잡을 수 없게 되기 때문입니다. 죄송합니다. 잠시만 참고 공부하시면 이보다 더 좋은 해결책이 생길지도 모르니 우리함께 기도하며 기다려 보도록 하십시다."

통사정도 소용없이 원장은 규칙상 받아줄 수 없다는 것을 분명하게 재차 강조할 뿐이었다. 문 집사는 정말로 이젠 온몸에서 기운이 쑥 빠져버리는 것 같았다. 앉아 있던 의자에서 일어설 기운도 없었다. '이젠 더 이상 어찌할 도리가 없단 말인가. 이 자리에서 포기해야 한단 말인가. 그럴 수는 없는데...' 하는 생각을 하면서 어깨를 축 늘어뜨리고 문을 나오는 순간 눈에서 눈물이 주르르 흘러버렸다.

그런데 그때, 바로 문앞 벽에 걸려 있던 예수님의 초상화가 눈물 사이로 아련하게 비쳐 보였다. 양손을 펴시고 반가이 맞아주시는 인자한 모습의 예수님께서는 마치 이렇게 말씀하고 계시는 것 같았다. "수고하고 무거운 짐을 진 나의 준경아, 어서 내게로 오라. 내가 너를 편히 쉬게 하리라."

환상과 응답

쏟아지는 눈물을 감당치 못하여 문 집사는 곧바로 예배당으로 뛰어 들어갔다. 그리고 강단 앞에 꿇어 엎드려 쉬지 않고 흐느껴 울었다.

"주님! 어떻게 이다지도 힘든 고통을 저에게 내리십니까? 저는 호의호식하며 공부하기를 원하는 것이 아닙니다. 다만 계속 공부를 하고 싶은 마음뿐입니다. 이젠 갖고 온 돈도 다 떨어졌습니다. 앞으로 더 이상 어떻게 공부할 수 있겠습니까? 주여! 하루 빨리 저에게 이 어려운 상황을 탈피할 수 있는 해결책을 주십시오. 전 이제 더 이상 참기가 힘이 듭니다. 주여! 주여..."

자신의 고통을 낱낱이 아뢰며 간구하고 또 간구했다. 그러나 아무리 오랫동안 울며 기도를 해도 마음은 여전히 답답하기만 할 뿐이었다. 입에서는 기도대신 쉼 없는 한숨과 불평만 나왔고, 눈에서는 계속 눈물만 흘러나왔다.

그저 답답하고 암담하기만 했다.

그렇게 한참이나 아무 대책 없이 꿇어 엎드려 있을 때였다. 갑자기 예배당 밖에서 한 남학생이 부르는 찬송이 은은하게 문 집사의 귀에 와 닿았다. "울어도 못하네/ 눈물 많이 흘려도/ 겁을 없게 못하고/ 죄를 씻지 못하니/ 울어도 못하네/ 십자가에 달려서/ 예수 고난 보셨네/ 나를 구원하실 이/ 예수밖에 없네"

343장 1절 찬송이 작지만 또렷하게 들려와 문 집사의 마음속에 와 닿는 순간, 문 집사는 그만 그 가사에 꼼짝없이 매임을 당하는 것 같은 자신을 발견했다. 한 구절 두 구절 그 곡조를 따라 가사를 되뇌면서 문 집사는 차츰차츰 자신의 잘못을 깨닫기 시작했다. 그러다 갑자기 환상이 나타났는데 십자가에 못 박혀 피를 흘리며 괴로워하시는 예수님의 형상이 매우 선명하게 나타났다. 애절한 눈빛으로 자신을 쳐다보고 계시는 예수님의 형상이. 문 집사는 깜짝 놀랐다. 환상이 너무도 또렷하게 보였기 때문이다.

"주여! 이 죄인을 용서하여 주시옵소서. 오오! 나의 주님께선 이리도 비참한 모습으로 십자가에 달려 고통 중에 괴로워하고 계신데, 이 죄인은 한낱 배고픈 고통 하나를 못 참아 불평과 한숨 속에서 헤매고 있었군요. 주님은 한낱 미물에 지나지 않는 저의 죄를 위하여 십자가에 못 박혀 물과 피를 다 쏟았는데, 이 죄인은 주님의 일을 하겠다고 작정해 놓고도 배고픈 고통 하나 참지 못하고 괴로워했습니다. 주여! 주여! 이 죄인을 용서해 주옵소서. 그리고 나약한 이 마음에 힘과 용기를 부어주시옵소서. 아무리 어려운 시련이 닥치더라도 또 어떤 사탄의 유혹을 받더라도 능히 이길 수 있는 강한 믿음을 주시옵소서."

"하나님 아버지, 나의 주님이시여! 감사합니다. 비록 잠시였지만 나약했던 이 영혼에게 귀한 환상을 보여주심으로 저의 잘못을 깨닫게 해주신 은혜,

수고하고 무거운 짐 진 나의 준경아

진심으로 삼사드리옵나이다. 앞으로도 시시때때로 귀한 연단을 주시어서 이 죄인에게 놀라운 하늘의 은총이 임하게 하시옵소서. 감사합니다. 나의 하나님, 나의 주님이시여!"

한참 눈물과 콧물로 범벅이 된 채 기도를 드리고 나니 온몸이 땀으로 후줄근하게 젖어 있었다. 그런데 몸과 마음은 이상하리만치 개운하고 가뿐했다. 답답하고 막막하기만 했던 심정은 모두 없어지고 마음에는 놀라운 평안이 가득 차올랐다. 문 집사는 감사가 넘쳐흘러서 억제치 못할 정도가 되었다. 205장 찬송을 힘차게 부르니 은혜가 더욱 충만해졌다.

"예수 앞에 나오면/ 모든 죄 사하고/ 주의 품에 안기어/ 편히 쉬리라/ 우리 주만 믿으면/ 모두 구원 얻으며/ 영생복락 면류관/ 확실히 받겠네"

하나님의 계획

문준경 집사는 기도 중에 또 한 가지 귀중한 사실을 깨달았다. 지금까지 자신이 남편의 사랑을 받지 못하고 고통과 절망 속에서 방황했던 것은, 세상의 모든 일을 미리 아시는 전능의 주 하나님 아버지께서 일찍이 자신을 택하시어 하나님의 신실한 일꾼으로 삼기 위한 놀라운 계획 중의 일부였다는 것을 알게 된 것이다. 만일 문준경 집사가 남들처럼 남편과 함께 자식을 낳고 행복한 가정을 가졌더라면, 인간적인 사사로운 정 때문에 이렇게 단신으로 주님께 헌신하기가 매우 힘들었을 것은 뻔한 사실이기 때문이다.

정말 하나님의 지혜와 지식은 매우 깊고도 부요해서 그분의 판단은 인간의 머리로는 감히 측량치 못할 것이며, 그분의 길 또한 찾지 못하리라는 로마서 11:33 말씀의 뜻을 이제야 분명하게 깨달을 수 있었다. 그리고 또 인간의 방법과 하나님의 방법은 매우 다르다는 것을 깨닫게 되었다.

"육에 속한 사람은 하나님의 성령의 일을 받지 아니하나니 저에게는 미련하게 보임이요 또 깨닫지도 못하나니 이런 일은 영적으로라야 분변함이니라."(고전 2:14).

이렇게 모든 것을 밝히 알고 나니 문 집사는 정말로 성령이 충만해져서 택함을 받은 자신이 너무도 행복스러웠고 또 한편으로는 송구스럽기까지 했다. 마음이 한없이 맑고 순진한 문 집사는 겸손의 미덕까지 갖고 있었던 것이다. 아마도 하나님께서는 일찍이 그 아름다운 성품을 바탕으로 하여 그 위에 불같은 연단을 내리시어 더욱 훌륭한 일꾼으로 쓰시기 위함이셨던 것 같다.

문 집사는 화평한 마음으로 눈에는 광채를 띠고, 입가에는 환한 미소를 머금은 채 예배당 문을 나섰다. 그런데 바로 그 순간 문 집사는 자신의 눈을 의심했다. 저만치 성서학원 마당에서, 밝은 햇살 속으로 성령충만한 이성봉 목사가 자신에게 미소를 지으며 걸어오고 있었던 것이다. 너무도 갑작스러운 방문이셨기 때문에 문 집사는 자신의 모양새에 신경 쓸 겨를도 없이 반가운 마음으로 단숨에 달려 나가 맞이했다.

"여어! 문 집사는 오랜만이오. 그래 성서공부는 할만 합디까? 하기야 집사님 열심이라면 못할 일이 무엇이 있겠소만. 어쨌든 반갑소이다. 우리 저쪽으로 가서 그간의 안부나 나누어 봅시다."

문 집사는 자신이 기거하는 곳으로 모시고 싶었지만 목사님께서 자신의 어려운 생활을 알게 되면 누를 끼치게 될까봐 성서학원 벤치로 가서 나란히 앉았다.

"목사님 저는 이곳에서의 생활이 매우 행복하답니다. 솔직히 말씀드려서 바로 조금 전까지만 해도 저는 공부를 포기하고 고향으로 돌아가 버릴까 하는 생각을 품었지만요. 어쨌든 지금은 그렇지 않답니다."

문 집사는 자신이 기거하는 곳으로 모시고 싶었지만 목사님께서
자신의 어려운 생활을 알게 되면 누를 끼치게 될까봐 성서학원
벤치로 가서 나란히 앉았다.

수고하고 무거운 짐 진 나의 준경아

"아니, 집사님이 그런 생각을 다 했다니 그건 보통 일이 아닌데요. 무슨 곤란한 일이라도 있었습니까? 그러고 보니 안색이 매우 좋지 않군요. 낯선 서울 땅에 와서 병이라도 얻으신 것은 아닌지요?"

"아이구, 별 말씀을. 그런 것이 아닙니다. 제 마음속에 병이 들어서였지 육체적으로 아무렇지도 않답니다."

이렇게 시작된 대화는 문 집사가 지금까지 생활해 오던 중의 어려웠던 일이며, 또한 방금 전에 겪은 환상까지를 말하고 나서야 끝이 났다. 진지하게 이야기를 듣고 있던 이성봉 목사는 인자한 미소를 띠우고 문 집사를 쳐다보았다. 그러고는 잠깐만 여기에서 기다리라고 하고는 원장실로 들어갔다.

"원장님 계십니까?"

"아이고 이 목사님께서 어인 일이십니까? 어서 들어오십시오."

"그 동안 안녕하십니까?"

"예, 별일 없었습니다. 그런데 어인 일로 이렇게..."

"아, 예 별일이 아니고요. 우리 교회 교인이었던 문 집사가 얼마나 훌륭하게 공부를 잘하고 있나 서울에 온 김에 알아보려고 이렇게 왔습니다. 그런데 마침 요 앞에서 우리 문 집사를 만났는데 무슨 속상한 일이 있었는지 울어서 눈이 퉁퉁 부었더군요. 그래 무슨 나쁜 일이라도 있나 해서 얘기를 시켜봐도 통 사실을 말하지 않더군요."

"네, 사실은 그 집사님이 생활이 어려운가 봅니다. 아까 원입생이 되어 기숙사에 들어가 계속 공부를 하게 해달라고 하며 저에게 찾아왔었지요. 사정은 매우 딱합디다만은 그 집사님에겐 남편이 있어서 규칙상 원입생으로 받아들일 수가 없답니다. 정말 매우 안된 일입니다."

"원장님, 그러면 제 부탁 하나 들어주시겠습니까?"

"네? 무슨 부탁이 있습니까? 어서 말씀해 주십시오. 먼 길에 이렇게 오셨는데, 무슨 일이든지 힘써 보겠습니다."

지그시 다가앉은 이 목사는 작은 소리로 속삭이듯이 말했다. 매우 중요한 말인 것처럼 조심스럽게...

"원장님, 제가 책임지겠으니 우리 문 집사를 원입생으로 받아주십시오. 문 집사의 남편은 죽어도 문 집사를 찾지 않을 그런 사람이랍니다. 제가 그 사정을 잘 알지요. 원장님, 규칙에도 예외라는 것이 있지 않습니까? 더군다나 우리 하나님께서 쓰시려고 세운 훌륭한 여전도자의 앞길을 규칙 때문에 막을 수가 있겠습니까?"

원장은 이 목사의 말을 깊이 생각해 보더니 머리를 끄덕이며 허락했다. 그리고 두 사람은 마주보며 웃었다. 원장실을 나오며 커다란 너털웃음을 웃는 이 목사를 본 문 집사는 상황을 충분히 짐작하고도 남았다. 너무도 고마운 마음에 문 집사는 이 목사의 손을 잡은 채 말을 잇지 못했다. 이 목사는 다 안다는 듯이 커다란 손으로 문 집사의 등을 두드렸다.

이렇게 해서 문 집사는 기도드린 지 한 시간도 채 못 되어 놀라운 하나님의 응답을 받았다. 그리고 그 날부터 원입생으로 새로운 출발을 하게 되었다. 이때부터 문 집사는 그토록 염원하던 전도자, 곧 문 전도사라고 사람들에게 불리게 되었다.

나는 참으로
죄인입니다

이대준 목사 / 전주교회

나는 참으로 죄인입니다

한학 4년

나는 1917년에 이웃 동네에 있는 사립 부용학교에 입학하였다. 이 학교는 예수교장로회 제석장로교회에서 기독교 정신으로 세운 학교인데 많은 인재를 배출하였다. 그 당시 선생님으로는 대부분 기독학교인 평양 숭실학교를 나온 분들이 많았고 그 중 하나님의 종인 목사들도 많이 나와 가르치셨다. 필자가 목사가 된 것도 어려서 기독교 정신으로 교육을 받은 영향이 큰 줄로 생각한다.

나는 부용학교에서 6년간 공부하고 그 학교를 졸업하였다. 그때 동기 졸업생들은 다른 중학교에 진학을 하는데 나는 가세가 너무 빈한하여서 진학을 할 수 없었다. 그래서 부모님과 서로 부둥켜안고 많이 울었다. 그러나 부모님께서는 그와 같은 가난 중에서도 기어코 공부를 더 시키시려고 우리 전주이씨 가문에서 세운 사숙에서 한학 공부를 하도록 주선해 주셨다.

　나를 가르쳐주신 선생님은 한학의 이름난 유학자로서 많은 한학자를 배출한 분이었다. 나는 그와 같은 고명한 선생님을 만난 것을 행운으로 생각한다. 나는 그 선생님께 삼강오륜도 배우고 공자와 맹자 선생님의 말씀인 논어와 맹자를 배웠다. "하늘에 순종하는 자는 살고 거역하는 자는 망하니라." "하늘에 죄를 지으면 빌 곳도 없느니라." "삶도 알지 못하거늘 죽음을 어찌 알겠느냐." 등의 교훈은 나의 윤리관과 도덕관에 깊은 영향도 주었으며, 훗날 기독교의 복음이 다른 어떤 종교보다 우월하고 구원의 유일한 종교임을 깨닫게 하는 데 큰 도움이 되었을 뿐 아니라, 그리스도의 십자가의 보혈로 인한 속죄론과 내세관적 구원의 복음을 전하는 데 나에게 큰 도움이 되었다.

　그래서 나는 로마서 8:28 말씀에 기록된 "하나님을 사랑하는 자 그 뜻대로 부르심을 입은 자에게는 모든 일이 합력하여 선을 이루느니라."는 말씀을 실감하게 되었다.

나의 젊은 날의 꿈

　나는 어려서부터 부모님께서 너무나 빈곤한 살림에 자녀들의 양육을 위하여 고생하시는 것을 보았기에 어린 마음에 굳게 결심한 바가 있었다. '대부(大富)는 재천(在天)이요 소부(小富)는 재근(在勤)이라 하였으니 큰 부자는 내 마음대로 할 수 없지만 작은 부자는 근면하면 될 수 있다.'는 신념을 가지게 되었다. 낮에는 일하고 밤에는 공부한다 하여 주경야독이라는 말이 있는데 나는 낮에는 공부하고 밤에는 일을 했으니 주독야경한 셈이다. 당시 아버지께서는 고령의 몸으로 낮에는 박토전답의 농사짓는 일을 하시고 밤에는 금강 유역에서 나오는 갈대를 가지고 자리 엮는 일을 밤늦게까지 하여 생계를 유지해 나가셨다. 그래서 나는 낮에 서당에서 공부가 끝나면 다른 친구들과 같이 놀러가지 않고 곧바로 집으로 돌아와 밤이 늦도록 아버지의 자리 엮는 일을 손이 부르트다 못해 공이가 박히도록 도와드렸다. 그때 박힌 손마디의 공이는 86세가 된 오늘까지도 가시지 않고 그대로 남아 있다. 그래서 요사이 나는 복음을 전하면서도 손수 천막을 만들어 자기와 그 일행의 생활비를 자급자족했던 바울 사도의 손은 어떠했을까, 내 손과 비교해 볼 수 있었으면 하는 마음이 들기도 한다. 그뿐 아니라 새벽에는 아버지를 쉬시게 하기 위하여 분뇨통을 지고 밭에 거름을 주는 일을 대신하기도 하였다.

이렇게 어떠한 어려운 일도 기쁨으로 자원하여 아버지를 도와드렸기 때문에 부모님의 총애를 받았을 뿐 아니라, 이웃 어른들께서 말씀하시기를 대준이는 장차 산꼭대기에 던져 놓아도 혼자 살 수 있을 것이라는 칭찬을 듣기도 하였다. 자화자찬 같은 말이기는 하지만 어쩌면 나의 이러한 의지와 근면성이 훗날 평생을 통한 목회생활에서도 그대로 이어진 것이 아닌가 생각한다. 그리고 이러한 피나는 노력과 하나님의 도우심으로 젊은 날의 꿈이었던 '남에게 꾸어줄지언정 꾸지 않는' 축복된 삶도 얻게 되었다고 여겨진다.

아버님의 기독교 입신과 유언

내가 2세 되던 해에 아버님께서는 병환으로 신음하셨는데, 백약이 무효였다. 그때 제석장로교회 고 엄상섭 장로가 문병과 전도의 목적으로 찾아와 위급한 중에 신음하시는 아버님께 말하기를 "선생님이 병환에서 속히 회복하시기를 바랍니다. 그러나 만일 회복을 못하시고 세상을 떠나시게 된다면 어디로 가시겠습니까? 성경에 사람이 죽으면 천국과 지옥 둘 중의 하나로 간다고 하였습니다. 선생님, 지옥 가는 것이 좋을까요, 천국 가는 것이 좋을까요?"라고 물었다. 이때 아버님이 말하기를 "지옥보다 천국 가는 것이 좋지요. 그러나 나는 교회를 한 번도 나가지 못한 사람인데 어떻게 천국에 갈 수 있겠습니까?"라고 하니 그 장로님은 "그 동안 교회에 나오지 못하였어도 이 시간이라도 예수님만 믿으면 구원받아 천국에 들어갈 수 있습니다. 요한복음 5:24에 '내 말을 듣고 나를 보내신 이를 믿는 자는 영생을 얻었고 심판에 이르지 아니하나니 사망에서 생명으로 옮겼느니라.'고 하셨습니다. 또 예수님의 십자가 우편에 함께 십자가에 달렸던 살인강도도 형틀 위에서 죄를 회개하고 예수를 믿음으로 낙원에 갔습니다. 이것이 하나님의 사랑이요 기독교의 복음입니다. 예수 믿기로 작정하시고 구원받으시죠."라고 설명해 드렸다. 그 말씀을 들으시고 아버님은 성령의 감화와 감동의 역사로 그 즉석에서 예수를 믿기로 결심하셨다. 그 장로님은 너무나 기뻐하며 "나의 죄를 씻기는 예수의 피밖에 없네 나는 공로 없도다 예수의 피밖에 없네"라는 찬송(184장)을 여러 번 부른 후 하나님께 감사의 기도를 하셨다.

아버님은 일찍이 하나님을 믿지 못한 죄를 회개하신 다음 삼남매인 우리 자녀들에게 "애비의 의무를 다하지 못했으니 미안하다."라고 말씀하시는 등 철저한 회개를 하시었다. 그리고 구원의 확신을 갖게 된 후 크게 기뻐하셨다. 다음 날 자녀들을 불러 모으시고 "내가 너희들에게 마지막 유언으로 부탁하니 너희 모두 예수를 믿어라."고 간곡히 부탁하셨다. 그때 형님과 나는 좁은 소견에 믿지 아니하는 사람들의 핍박을 염려하여 말씀드리기를 "아버님 이제까지 믿지 않던 예수를 아버님 돌아가신 후에 바로 믿는 것보다 삼년상이라도 모신 후에 믿는 것이 좋겠습니다."라고 하였더니 심히 섭섭하게 생각하

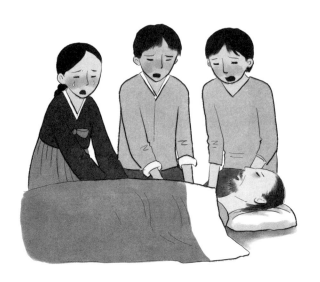

아버님은 일찍이 하나님을 믿지 못한 죄를 회개하신 다음 삼남매인
우리 자녀들에게 "애비의 의무를 다하지 못했으니 미안하다."라고
말씀하시는 등 철저한 회개를 하시었다.

시었다. 그러나 나의 누님은 우리들을 꾸짖으시며 "아버님의 유언을 왜 거역
하느냐. 우리 다 함께 예수를 믿어야 한다."고 하였다. 그때 아버님은 "네가
참으로 내 자식이다."라고 고마워하시며 눈물을 흘리셨다. 우리 형제는 "아
버님, 울지 마세요. 우리들도 이제부터 예수를 믿겠습니다."라고 하자 아버
님은 형님과 나의 손을 꼬옥 잡으시며 "고맙다." 하고 의식을 잃으셨다. 이때
누님은 손가락을 칼로 베어 피를 내어 아버지 입에 넣어드렸다. 아버지께서
는 다시 의식이 회복되시면서 "나는 지금 좋은 천국으로 가는데 왜 이런 일
을 하느냐. 속히 지혈을 시켜라."며 나무라셨다. 그럼에도 불구하고 형님은
이빨을 가루내어 드리면 회생한다는 말을 어디서 들었는지 생니를 빼려고
몸부림하였다. 그러나 아버님은 하나님의 크신 은혜로 평소보다 더 평안하
신 모습으로 눈을 고요히 감으시고 향년 60세로 영원한 천국으로 가셨다. 이

제 이 땅에서 다시는 아버지라고 부를 수도 없고 불러도 대답이 없으시게 되었으니 육적으로는 애석하기 그지없었다. 그러나 우리로 하여금 천국에서 다시 만날 수 있다는 소망을 주신 하나님께 감사를 드리는 바이다.

나의 기독교 입문과 제석장로교회

나는 3남매 중 막내로서 제일 총애를 받았으면서도 누님이나 형님과 같이 효도를 다하지 못한 불효를 생각하며 슬픔 중에 슬픔이 더하였다. 우리 삼남매는 유언을 따라 집안 어른들의 심한 꾸짖음과 핍박에도 불구하고 장례를 기독교식으로 거행하고, 다음날이 마침 주일이어서 온 가족이 함께 같은 동리에 있는 제석장로교회에 나가서 예배를 드렸으니, 이것이 나의 기독교 입문이었고 때는 1929년 3월 15일이었다. 한편 내가 처음 신앙의 발을 디디게 된 제석장로교회는 1906년에 송원규, 엄주환, 가진희, 강두희, 강문희 씨 등이 설립한 교회였다. 이분들은 당시 군산 구암리에 주재하며 인근에 복음을 전파하던 하위겸 선교사를 찾아가 은혜를 받고 예수 믿기로 결심한 다음 고향인 제석에 돌아와 교회를 세운 것이다. 그런데 개척 선구자 가운데 한 분이셨던 고 엄주환 씨의 아들 되시는 고 엄상섭 장로님이 나의 아버님께 전도하셨던 것이다. 이렇듯 나의 고향은 비록 빈촌 한적한 마을이었으나 개방적 선견지명을 가지신 어른들 덕에 일찍부터 기독교를 받아들여 다른 마을보다 문화적으로 교육적으로 기독교적으로 앞서가는 마을이 되었다. 나는 이런 고향에서 태어나게 된 것을 다행으로 생각하며 하나님께 감사하는 바이다.

나의 수세

나는 그 교회에 나간 이후 공예배는 물론 새벽예배에도 한 번도 빠지지 않고 열심히 다녔다. 그래서 1년 만에 미국 선교사 보이엘 목사님께 세례를 받았다. 세례를 받으며 나는 아버님을 임종 직전에 전도하여 구원받게 해주신 엄 장로님께 감사하였다. 나의 아버님이 금은보화보다 더 값지고 보배로운 믿음을 나에게 유산으로 물려주셔서 이 귀한 세례를 받게 됨을 눈물로 감사하였던 것이다.

나는 22세에 모교회인 제석장로교회 집사가 되었다. 나는 감격에 찬 심정으로 이 귀한 직분을 받았다. 그러나 하나님께서 주신 이 첫 직분에 나로 하여금 성직자로서 일평생을 살아가도록 운명의 방향을 결정하시는 하나님의 원대한 뜻이 있는 줄은 미처 깨닫지 못했다. 그 후부터 나는 성경공부를 하려고 장로교 전주 고등성경학교에 백여 리가 되는 먼 길을 종일토록 걸어가서 1개월씩 3년 동안 성경공부를 하였다. 또 배를 타고 칠십 리나 떨어진 군산장로교회에서 개최하는 동계성경학교에 가서도 2년간 말씀을 배웠다. 지금 와 생각해 보아도 그때 나의 하나님 말씀을 탐구하는 열이 대단했던 것 같다. 당시 나는 교역자가 없는 약한 교회에 가서 주일 설교할 것을 종종 부탁을 받았는데, 어린 집사의 신분이었지만 하나님의 명령으로 알고 순종하였고 그때마다 열심히 설교를 하였다. 회고하면 아직 거듭난 구원의 체험도 없이 다만 배우고 들은 말로만 설교를 하였으니 부끄러운 일이 아닐 수 없다.

내가 체험한 첫 기적의 은혜

내가 예수를 믿고 처음 집사의 임직을 받은 얼마 후의 일이다. 한번은 이웃 어린이의 실수로 우리 집에 큰 화재가 나게 되었다. 동네 사람들이 불을 끄려고 애를 썼으나 그 불은 인간의 힘으로는 도저히 끌 수 없음을 알고 나는 물통을 던져버리고 사람들 앞에서 기도를 하였다. "하나님 아버지, 인간의 힘으로 할 수 있는 것을 구하는 것이 아니옵고 인간의 힘으로는 할 수 없는 일이기에 구하오니 하나님께서 기적으로 이 불을 꺼주셔서 하나님의 살아계심을 모든 사람에게 보여주시기를 간구하옵나이다."라고 간곡히 기도를 드렸다. 이때 주위에서는 이를 비웃고 조롱하는 자들도 있었으나 하나님께서는 나의 연약한 믿음의 기도였지만 들어주셨으니, 갑자기 회오리바람이 거듭 거듭 세 차례 강하게 불어 마치 사람이 촛불을 불어 끄듯이 그 불을 꺼주셨다. 이때 사람들은 놀라면서 "이대준 집사가 믿는 하나님이 참으로 살아계신다."라고 하였다. 이 사건으로 전도가 되어 여러 사람이 교회에 나왔다. 이것이 내가 예수를 믿고 처음 경험한 기적이었다.

금마로 이사오다

아브라함을 고향 갈대아 우르에서 불러 하나님이 지시하시는 가나안 땅으로 소명하심에 앞서 하란에 얼마동안 정착케 하셨던(창 11:31) 하나님은, 내 나이 24세 되는 1933년도 이른 봄에 나와 나의 가족을 금마로 이주하게 하셨다. 내가 이사 오게 된 동기는 당시 익산군 내에서 갑부로 이름난 고 소병곤 씨라는 분의 토지관리인으로 선임되어 금마 토지관리 책임자의 임무를 부여받았기 때문이다. 그리고 아브라함의 이 첫 번째 피소가 그에게 있어 영적으로나 육적으로 하나님의 무궁한 축복을 받을 징조였듯이 이는 내가 예수를 믿은 후 하나님께서 나에게 주신 귀한 영육간에 받을 축복의 효시적 첫 선물이었다고 확신한다. 내가 금마로 올 때 형편을 말하면 나의 어머님과 나의 처 그리고 첫 딸 종선이를 데리고 두 발통 구루마 하나도 채우지 못할 정도의 초라한 이삿짐을 싣고 고향 제석에서 금마로 이사했다.

그런데 막상 금마에 와 보니 지주의 친척 되는 소씨가 많이 살고 있는 곳이어서 타성받이인 젊은이가 관리 책임을 수행한다는 것은 여간 힘들고 어려운 일이 아니었다. 그러나 나는 하나님이 여호수아에게 명하신 바 "오직 너는 마음을 강하게 하고 담대히 하여 나의 종 모세가 네게 명한 율법을 다 지켜 행하고 좌로나 우로나 치우치지 말라. 그리하면 어디로 가든지 형통하리니 네 하나님 여호와가 너와 함께 하느니라."(수 1:7-9)는 말씀에 의지하여 믿음으로 이 일에 담대히 임했다. 그랬더니 과연 그 약속의 말씀대로 모든 일이 만사형통하였다. 한편 나는 그리스도인으로서 빛 된 삶을 살기 위해 한 톨의 쌀도 속이지 않고 정직하게 그리고 근면하게 충성했다. 그랬더니 지주 소 선생이 말하기를 "그렇게 정직하게 관리하는 사람은 모든 관리인들 가운데 자네뿐일세."라고 하며 더욱 나를 신임하게 되었다. 그 후 세월이 흘러 나는 교역자가 되고 그분은 고령이 되어 나와 관계가 없어졌는데도 그가 임종을 맞게 되자 그 부인이 죽기 전에 누구를 꼭 만나보고 싶으냐고 하니 자기 자손들보다 먼저 나를 꼭 만나고 싶다고 하여 전주에서 서울까지 찾아보고 온 일도 있었다.

금마복음교회 집사 시절

내가 금마에 이사와 본즉 금마에는 복음교회밖에 없어 그 교회에 나갈 수밖에 없었다. 당시 감독은 고 최태용 목사이었는데 그때 그 교단에서는 술과 담배를 허용하는 개방적 신앙노선을 택하고 있었다. 나는 그런 신앙노선이 마음에 들지 않았으나 그 교회밖에 없어 복음교회에 출석하여 집사직과

수일학교 부장직까지 맡았다. 바로 그 즈음 금마교회 개척동지가 되며 목회 동역자가 될 김신환 원로목사가 자진 입교하여 만나게 되었다. 그 당시 나의 심령은 공허감에 차서 갈등을 하게 되었다. 그런데 내가 하나님께 깊이 기도하는 가운데 술과 담배 문제 이상의 큰 죄악이 나에게 있음을 발견하게 되었으니 마치 옛날 다윗이 고백하기를 "내 죄가 머리털보다 더 많고 무거운 짐과 같아서 감당할 수가 없나이다." 함과 같고, 또한 바울 사도가 말하기를 "나는 죄인 중의 괴수"(딤전 1:15)라고 함과 같이 나도 역시 죄인 중의 괴수임을 깨닫고 이 죄악에서 해방되기 위하여 산에 올라가서 풀포기를 거머쥐고 바윗돌을 쳐 손에 피멍이 들도록 기도하여 보았다. 그러나 "내가 원하는 바 선은 하지 아니하고 원치 아니하는 바 악은 행하는도다. 이 사망의 몸에서 누가 나를 건져내랴."(롬 7:19, 24)라고 호소하던 바울의 탄식이 바로 나의 탄식이 되었다. 나의 심령의 고통은 나날이 더해갔다.

거듭남의 은혜와 삼례성결교회

그때 마침 금마에서 20여 리 떨어진 삼례성결교회에서 심령부흥회가 있다는 소식을 듣고, 거기 참석하여 은혜받기로 결심했다. 그 당시는 자동차도 없고 자전거도 없어서 뛰어서 달려가 부흥회에 참석하였다. 입추의 여지가 없이 많은 사람들이 모인 가운데 좁은 틈에 끼어 앉아 은혜받기를 간절히 갈망하였다. 강단을 바라보니 강사님이 하늘에서 온 천사처럼 느껴졌다. 나는 "하나님 아버지여, 나를 불쌍히 여기사 금번 성회에 모든 죄에서 해방을 받아 거듭난 새 사람이 되는 은혜를 반드시 주옵소서."라고 마음속으로 기도한 다음, 마치 가문 하늘에 단비를 기다리듯 애타는 심령으로 간절하게 하나님 말씀을 기다렸다.

강사님은 간증설교로 자기가 예수 믿기 전에 공산당에 가담하여 많은 사람의 영혼을 죽인 죄인이며, 부모님과 아내에게도 못할 짓을 많이 한 악한 죄인이었지만 예수를 믿고 죄사함과 성령을 받고 새 사람이 되었을 뿐 아니라 부흥강사가 되어 이처럼 복음을 전하게 되었다는 설교를 하였다. 설교말씀을 듣는 중에 나 같은 죄인도 저 목사님 같이 구원받을 수 있다는 확신을 가지고 금번 성회를 통하여 반드시 거듭나는 확실한 은혜를 받지 않고는 집에 돌아가지 않겠다고 결심하고 시종 금식 철야기도를 하였다.

나흘째 되던 날 새벽 4시경에 마치 옛날 다메섹 도상에서 사울에게 주의 음성과 빛이 나타남과 같이 나에게도 주의 음성과 환상이 나타났다. 그때 나에게 들려주신 주님의 음성은 다음과 같은 것이었다.

"너는 참으로 죄인임을 깨달았느냐?"

"예. 나는 참으로 죄인입니다."

"네 죄를 네 힘으로 해결할 수 없음을 아느냐?"

"예, 울어도 힘써도 참아도 해결할 수 없습니다."

"그러기에 내가 네 죄를 위하여 십자가에 피 흘려 죽었으니 내 피를 믿으라."

더불어 양 손 양 발에 쇠못이 박히고 머리에 가시관과 옆구리 창자국에서 피가 흐르는 십자가상의 주님의 모습을 똑똑히 보여주셨다. 나는 그때서야 비로소 예수님께서 내 죄를 대신하여 십자가에 달려 죽으셨음을 확실히 믿게 되었다. 그 동안에는 배우고 듣고 아는 상식적인 믿음이어서 항상 반신반의의 신앙이었음을 회개하였다. 그때부터 모든 의심이 없어지고 모든 말씀이 믿어지게 되었다. 그리고 나의 마음에는 기쁨과 감사와 평강이 넘치게 되었고 입에서는 저절로 찬송이 터져 나왔다.

"내 영혼이 은총 입어 중한 죄 짐 벗고 보니
슬픔 많은 이 세상도 천국으로 화하도다
할렐루야 찬양하세 내 모든 죄 사함받고
주 예수와 동행하니 그 어디나 하늘나라."

이렇게 거듭남의 은혜를 받은 때는 1939년 3월 5일이었다. 나는 이 큰 구원을 받고 집으로 돌아가서 어머님께 그 동안 불효했던 모든 죄를 회개하고 아내에게도 남편으로서 그 동안 잘못한 모든 죄를 회개하였다. 그로 인해 지금까지 아내와의 막혔던 관계가 봄바람에 눈 녹듯 풀어졌으며 나의 가정은 평화가 깃든 새로운 관계가 정립되었다. 하나님과 가족과 그리고 이웃과 더불어 화친케 되니 내 마음과 온 세계가 천국으로 화하였다. 심지어는 새들의 지저귀는 소리, 시냇물 흐르는 소리까지 창조주 하나님을 찬미하는 소리로 들렸다. 아멘 할렐루야!

장로의 성직을 받다

금마교회를 개척하고 집사로 교회를 섬겨오던 만 4년 되던 해, 내 나이 33세 되던 1943년 5월 20일에 하나님은 나에게 금마성결교회 장로로 장립을 받는 귀한 은혜의 선물을 주셨다. 이 자리에서 나는 "주님의 일에 죽도록 충성하리라."는 요한계시록 2:10의 말씀을 평생 신앙생활의 좌우명으로 삼으리라 다짐했다. 그리고 하나님은 장로인 나에게 말씀의 은혜도 주셔서 각처에 하나님의 구원의 복음을 전하도록 부흥강사의 초청을 받게 하시는 은총의 선물을 주셨을 뿐 아니라, 더 감사한 것은 "화평케 하는 자는 하나님의 아들이라 일컬음을 받을 것이라."(마 5:8-9)고 하셨는데 부흥회에 가서 그 교회에 분쟁이나 파당적 분열이나 가정의 불화 등이 있을 때는 하나님은 나를 통해 그 가정과 그 교회를 사랑의 띠로 하나 되게 하며 화목케 하는 은사(약 3:18)도 주셨다.

일제에 의한 옥고

나는 장로장립을 받은 후 4일째 되던 1943년 5월 24일 일제의 탄압으로 전국에 있는 성결교단 목사와 장로 또는 교회 요직자를 전부 검거하라는 지령에 의하여 일본형사에게 끌려 이리경찰서에 수감되어 호된 문초를 받았다.

"하나님이 천지를 창조하였다는 것을 그대로 믿는가?"

"예, 나는 그대로 믿습니다."

"예수가 장차 재림하여 만왕의 왕이 된다고 하는 것을 그대로 믿는가?"

"예, 나는 그대로 믿습니다."

"예수를 믿으면 천국으로 가고, 믿지 않으면 지옥으로 간다고 하는 말을 그대로 믿는가?"

"예, 나는 그대로 믿습니다."

"대일본제국 천황폐하께서는 예수를 믿지 아니하시는데 어찌 되겠는가 말해보라."

이 질문은 참으로 대답하기 곤란한 질문이었다. 지옥간다고 하면 불경죄에 해당될 것이고 안 믿어도 지옥에 안 간다고 하면 하나님 말씀에 위배되는 대답이므로 입장이 곤란하였다. 나는 잠시 하나님께 기도를 드렸다. 그때 마태복음 10:18-20 예수님의 말씀이 생각났다. "너희가 나를 인하여 총독들과 임금들 앞에 끌려가리니 이는 저희와 이방인들에게 증거가 되게 하려 하심이라. 너희를 넘겨줄 때에 어떻게 또는 무엇을 말할까 염려치 말라. 그때에 무슨 말할 것을 주시리니 말하는 이는 너희가 아니라 너희 속에서 말씀하시는 자 곧 너희 아버지의 성령이시니라."

그 순간 나는 성령이 나의 속에서 말씀을 주시는 대로 "성경에 기록된 말씀대로 될 줄로 믿습니다."라고 대답했다. 이 답변은 내가 내 머리와 내 생각으로 연구하여 한 말이 아니고 성령께서 친히 주신 지혜로운 대답이었던 것이다. 이리하여 문초가 무사히 끝났다.

그 후 나의 유치장에서의 4개월 동안의 일과는 매일 성경 읽고 찬송하며 전도하며 기도하는 일이었다. 그곳에는 성경이 없었으나 옆방에 계신 고 이진우 목사(당시 이리성결교회 담임목사)가 매일같이 성경 10절씩을 쪽지에 기록하여 주었다. 그분의 은혜는 지금도 잊을 수가 없다. 찬송은 "산에든지 들에든지 초막에나 옥중에나 주 예수와 같이 사니 그 어디나 하늘나라"를 즐겨 불렀는데 이 찬송을 속으로 부르다 어떤 때는 나도 모르게 큰 소리로 부르고 말았다. 간수가 깜짝 놀라 "이 나쁜 자식, 누가 노래를 부르고 있느냐." 며 야단을 맞은 일이 여러 번 있었다.

나는 유치장 안에 있는 죄수들에게 전도를 하였는데 특별히 완악한 자 외에는 거의 눈물로 회개하고 나가서 예수를 믿겠다고 결심한 사람들이 많이 있었다.

남은 시간에 기도와 명상에 들어가면 배고픔도 괴로움도 다 잊어버리고 하나님과 깊은 영교의 시간을 가져 일제 옥고생활은 영적으로 좋은 수양의 기회가 되었다. 이는 하나님이 나의 신앙지조를 알아보시기 위하여 마치 다니엘과 그 세 친구를 사자굴에 넣고 풀무불에 넣었던 것과 같은 시련을 주셨

던 것이다. 4개월 만에 출옥한 후 집에 돌아와 보니 성결교단 전체는 해산령에 의하여 교회 문이 굳게 닫혀 있었다.

그러나 나는 내 가정에서 해방이 되는 날까지 한 주일도 빠짐없이 주일예배를 계속했다. 그리고 이 옥고 기간은 농촌에서는 제일 바쁜 파종과 추수가 겹친 기간이었는데, 농사일과 자녀를 보살핌의 중한 짐을 연약한 나의 처가 잘 감당해 주었음을 진심으로 감사하는 바이다. 한편 나는 해방되기 바로 전해에, 앞서 일본 사람에게 구입했던 교회 옆의 대지에 시골에서는 꽤 큰 편인 다섯 칸 겹집의 자택을 지었다. 그리고 기와로 지붕을 올리고 창문을 유리로 끼우기 위하여 모든 준비를 하고 있었다.

8.15 해방과 성전신축

교회가 폐쇄된 후 3년 되던 1945년 8월 15일 하나님의 긍휼로 우리나라는 해방을 맞이했다. 그래서 나는 굳게 닫혔던 교회 문을 다시 열고 하나님의 무너진 제단을 수축한 다음 이 소식을 흩어진 모든 성도들에게 전하였다. 그때에 하나 둘씩 성도들이 모이게 됨으로 교회는 다시 처음 개척했을 때의 활기찬 모습을 되찾게 되었다. 마치 바벨론의 포로로 잡혀갔던 이스라엘 백성들이 70년 만에 해방을 맞아 고국에 돌아와 무너진 옛 예루살렘 성전을 재건하던 때의 감격을 우리도 그대로 맛보게 된 것 같았다.

그리고 나는 다시 문을 연 성전에 들어가 강단 앞에서 무릎을 꿇고 기도하는 중, 하나님의 전은 초막으로 있는데 네 집은 대궐 같은 집에 기와로 이고 유리로 끼울 셈인가라는 양심의 가책을 받게 되었다. 그때에 나는 하나님께 눈물로 회개하고 초가집 성전을 헐고 내게 있는 모든 건축자재를 하나님께 드려 새 성전을 지어드리기로 서원한 다음, 이 사실을 성도들에게 간증하니 모든 성도들은 박수로 환영하고 눈물과 땀으로 합심 협력하여 성전을 신축하였으니, 착공한 지 3개월 만인 1946년 1월, 25평의 아름다운 성전을 완성하였다. 그리고 그 성전건축 기념으로 김응조 목사님을 모시고 부흥회를 개최하게 되었다.

동시에 해방 후 한국 기독교는 우후죽순과도 같이 하루가 다르게 비약적 발전을 거듭했다. 그것은 우리가 잘 아는 대로 초대 대통령이 신앙을 가진 분이었을 뿐 아니라 당시 세계 역사의 운명을 바꿔놓는 데 주역이 되었던 우리의 우방 미국이 기독교 국가였기 때문이다.

이런 시대적 풍조는 나의 목회 열의와 화합을 이루어 금마교회도 급성장하게 되었다. 지금와 생각해 보면 마치 오순절 성령의 세례를 받은 후 모든 사도들이 성령의 권능을 힘입어 말씀을 전할 때 3,000명씩이나 회개하고 주께 돌아왔을 뿐 아니라 기사와 이적을 체험도 하고 시행도 하였던 것같이, 내가 말씀을 전할 때 교회 안에서는 거듭남의 역사와 교회 밖에서는 수다한 사람들이 손들고 예수를 믿기로 결심을 하는 등 기기묘묘한 성령의 역사가 일어나 금마교회는 양적으로 질적으로 뜨겁게 성장하였다.

성령의 역사와 마귀의 항복

새로 건축한 교회에서의 부흥회는 나를 위시해서 모든 성도들의 심령에 오순절적 뜨거운 성령의 불을 붙이게 되어 "사도들로 인하여 기사와 표적이 많이 나타나 … 날마다 마음을 같이 하여 성전에 모이기를 힘쓰고 집에서 떡을 떼며 기쁨과 순전한 마음으로 음식을 먹고 하나님을 찬미하며 또 온 백성에게 칭송을 받으니 주께서 구원하는 사람을 날마다 더하게 하시니라."(행 2:43-47)고 하였듯이 온 교인이 사랑으로 하나 되고 많은 기사와 이적이 일어났다. 예를 들면 그의 어머니가 금마교회의 집사요 아버지가 금마의 유지였던 사람의 장남이 흉악한 마귀에 들려 3척 되는 큰 검으로 온 가족을 죽인다고 위협하고 있으니 빨리 와서 구하여 달라는 요청에 몇몇 집사들과 같이 가서 발악하는 그 청년을 육체로 싸우지 않고 오직 하나님의 전신갑주인 진리의 띠, 의의 흉배, 평안의 복음의 신, 믿음의 방패, 구원의 투구, 성령의 검곧 하나님의 말씀으로(엡 6:11-17) 굳게 무장을 하고 생명을 하나님께 맡기고 칼날 앞에서 눈을 감고 합심기도한 결과 다니엘을 사자굴에서 보호하시던 하나님이 우리를 지켜주셨을 뿐 아니라 마침내 마귀가 물러감으로 그 청년은 제정신으로 돌아왔다. 그는 떨리는 손으로 큰 칼을 내 앞에 내려놓으며 두 무릎을 꿇고 공손히 절을 하면서 "당신은 참으로 하나님의 종입니다."라고 하며 항복을 하였다. 이것이 내가 경험한 두 번째 기적이었다.

온 방에 불이 가득하고

임동선 목사 / 동양선교교회 원로목사

온 방에 불이 가득하고

회개로 새사람 되고

신학교에 입학하기 위해서는 세례를 받아야 했다. 그런데 아직까지 학습도 받지 않았으니 시험 볼 자격마저 갖추지 못했던 것이다. 나의 형님도 인천 송현성결교회 출신으로 그곳에서 신앙생활을 하다가 서울신학교로 갔다. 나는 하나님께 어떻게 해서라도 꼭 신학교에 가게 해달라고 졸랐다.

하루는 당회가 열렸다. 내 문제가 중점적으로 거론되었다. 학습도 받지 않은 사람에게 세례를 줄 수 있느냐는 문제였다. 반대하는 장로님도 계시고, 학습과 세례를 동시에 주자는 장로님들도 계셔서, 갑론을박으로 당회는 신중한 분위기였다. 표결 결과 학습과 세례를 한꺼번에 주자는 찬성 편이 승리하였다. 나는 학습과 세례를 힌꺼번에 받고 신학교에 가서 시험을 보았다. 물론 합격이었다.

서울신학교에는 전통적인 행사가 있었다. 입학식 후 곧바로 부흥회를 여는 것이다. 장장 6일간의 부흥회였다. 설교를 듣고 난 후 나는 몇 가지의 생각이 떠올랐다. 첫째, 야! 그 목사 말 잘한다. 둘째, 저렇게 떠들다가 목 쉬지 않을까? 셋째, 저렇게 땀을 흘리는데 몇 푼이나 받나? 넷째, 나 보고만 이야기하는 것 같다. 다섯째, 내 형님이 저분에게 내 과거를 다 일러 주었나 보다. 여섯째, 죄의식이 들어 두렵고 떨렸다. 닷새 동안 그 설교를 듣고 나니 감동이 되어서 죄의식 때문에 그 자리를 뜰 수가 없었다. 다른 학생들은 마당 끝에 있는 화장실에도 가고 4층에 있는 대강당 기숙사 방으로 들어가는데 나는 밖으로 나갈 수도 없고, 잘 수도 없고, 그 자리에서 그대로 엎드려 밤을 새워 기도하였다. 기도하는 밤중에 밝고 밝은 빛이 내 마음을 비추는데, 네 살 때 어머니가 우물로 물 길러 갈 때 데리고 가지 않는다고 울고 있던 일, 남의 밭에 가서 배, 밤 따먹은 일 등 오늘 이 시간까지 지은 작고 큰 죄가 하나도 숨김없이 모두가 적나라하게 스쳐 지나갔다.

그때까지 나는 자신을 양심적인 사람으로, 의롭고 열심 있는 애국청년으로 알았다. 그러나 그 밝은 빛에서 나는 천하에 더러운 죄수 중의 죄수임을 깨달았다. 이런 죄인을 하나님이 살려 주셨다고 생각하니 하염없이 눈물이 흘렀다. 눈물이 쏟아지고 콧물이 줄줄 나왔다. 닦아야겠다는 생각도 잊고 있었다. 회개를 하되 구체적으로 하나하나 회개하였다.

이윽고 새벽기도회 시간이 되었다. 강사 목사님은 새벽설교를 마친 후에 학생들에게 "회개치 못한 사람은 회개하시오."라고 하셨다. 성령의 감동을 받은 사람은 자기 죄를 고백하라고 말씀하시는 것이었다. 나는 부끄러워서 고백할 수가 없었다. 하나님께는 고백했으나 사람 앞에서는 어려웠다. 그때

온 방에 불이 가득하고

다른 학생들이 고백을 했다. "나는 책방에 가서 책을 훔쳤습니다." "나는 커닝을 하였습니다." "구제품을 제일 좋은 것으로 골라 입었습니다."

여러 가지 죄가 쏟아져 나왔다. 그때 나는 '죄인은 나만이 아니구나!' 하는 생각이 들어 용기를 얻어 과거를 회개했다. 교수와 학생 앞에서 과감히 나를 고발했던 것이다. 내가 회개를 했더니 강사 목사님이 오셔서 머리에 손을 얹고 기도를 해주셨다. 죄의 용서함을 받았다. 거듭났다. 이제는 새사람이 되었다. 의인이 되었다. 하나님의 후사다. 성령 충만하여 옛날 바울과 같이 훌륭한 일꾼이 되게 해달라고 기도하였다.

안수기도를 받고 나니 곧 마음에 평안이 찾아왔다. 뿐만 아니라 기쁨과 용기, 겸손, 사랑이 내 마음에 가득하였다. 기독교가 윤리적인 종교일 뿐 아니라 생명과 부활의 종교라는 것을 체험하게 되었다. 그 후 스스로 겸손해졌음을 느꼈다.

이후 내 삶이 변했다. 특별히 나는 사죄의 기쁨, 평안의 기쁨, 자유의 기쁨, 구원의 기쁨 때문에 전도를 하지 않고는 견딜 수가 없었다. 세상에서는 얻을 수 없는 기쁨이었다. 야곱이 벧엘에서 하늘 문이 열린 것을 본 것처럼 말이다. 옛날에는 성경을 들고 다니는 것이 부끄러워 옷 속에 넣고 다니고 심지어는 신문지에 싸가지고 다니던 내가 서울역, 네거리, 시장 등을 다니며 옥외전도를 하게 되었다.

오대산에서 내려진 성령충만

여름방학이 되었다. 한 한기만 있으면 졸업을 해야 하니 무엇보다도 더 많은 기도가 필요했다. 그래서 기숙사에 같이 있던 신학생들과 함께 기도하러 먼 길을 떠나기로 결심하였다. "내가 먼저 큰 불을 받자! 성령을 받자!" 이런 결심으로 나는 한 방의 신학생들과 함께 강원도 오대산으로 향했다. 먼저 진부령에 내려서 월정사를 지나 상원사로 갔다. 상원사는 깊은 산속 사찰로 유명하다.

주지를 만나 북쪽에 있는 암자 사용 허가를 받았다. 그곳에서 금식기도가 시작되었다. 금식기도가 시작된 지 3일째가 되자 몹시 참기 어려운 고통이 뒤따랐다. 그러나 쉬지 않고 기도를 계속했다. 갑자기 물을 갈아먹으니 살이 부어 올랐다. 마귀는 은혜받을 것을 알고 기도를 치우고 하산하라고 했다. 그러나 나는 계속 기도의 열기에 휩싸였다.

6일간의 시간이 흘렀다. 그런데 나에게 마귀가 유혹을 해오는 것이었다. 나의 눈동자가 선반 위로 향하였다. 그 선반 위에는 진부에서 올라올 때 교회 집사님들이 산기도 간다는 얘기를 듣고, 비상식량으로 준 미숫가루였다. 그 미숫가루가 바로 선반 위에 있는 것이다.

급하면 먹으라고 준 이 비상식량에 자꾸만 나의 시선이 쏠렸다. 나는 나를 억제하려고 했지만 나의 발걸음은 선반으로 향했고, 손은 미숫가루 봉지 속으로 들어가는 것이었다. 같이 갔던 형제는 밖에 나가 기도하고 있어서 방안에는 아무도 없었다. 나는 혹시 그에게 들킬까 싶어서 재빨리 수저로 떠서 입에 넣고야 말았다.

아! 그 순간 얼마나 기분이 좋은지 이루 말할 수가 없었다. 정말 생기가 도는 것 같았다. 그러나 그 순간 나에게는 하와가 선악과를 따먹은 것 같은 느낌이 뒤따랐다. 나의 전신은 아찔하여 벌벌 떨고 있었다. 양심의 가책 때문이었다. 금식을 하기 위해 머나먼 길을 떠나와서 6일 만에 금식을 중단케 되었기 때문이다. 그보다도 남몰래 훔쳐 먹었다는 이 사실이 마음을 짓눌렀다.

순간 나는 손가락을 입에 넣어 토해내 보려고 했다. 그러나 내장 속으로 들어가 버린 한 숟갈의 미숫가루는 끝내 나오지 않았다. 통분하여 눈물이 나

왔다. 인간의 나약성과 위선과 양심적 가책, 그리고 6일간의 금식기도가 헛되이 끝나자 말할 수 없는 눈물이 쏟아졌다. 얼마 후 나는 정신을 차렸다. 할 수 없는 노릇이다. 엎질러진 물은 다시 담을 수가 없는 노릇이었다.

나는 밖으로 뛰어나와 해맑은 공기를 마시며 위로 하늘을 향하여 울부짖 듯 외쳤다. "오, 주여! 나를 용납하소서! 나약한 이 몸입니다."

몸부림을 쳐봐도 별 수 없는 현실이다. 멍청하게 서 있는 나에게 나뭇가지 사이로 비쳐오는 달빛이 위로해주었다. 나는 한숨을 푹 쉬고 말았다. 그런데 잠시 후에 기쁨이 마음에 들어왔다. 정말 놀라운 기쁨이었다. 차라리 잘 먹었다는 생각이 들었다. 왜냐하면 만약에 미숫가루 봉지를 그냥 두고 40일을 금식하였다면, 나는 예수님보다 위대하고 교만하여 마귀자식 노릇밖에

할 수 없었을 터인데 6일 금식 후 더 참지 못하고 미숫가루를 먹음으로 나는 죄인이고, 예수님은 참 하나님이심을 다시 깨닫게 되었다.

눈물의 회개가 있은 후 나는 예수님의 신성과 참 하나님의 아들이시며 내 구주인 것을 확신케 되니 기도가 더 간절히 나오게 되었다. 성령을 받는 비결은 첫째, 말씀 충만이요, 둘째, 철저한 회개요, 셋째, 간절한 기도에 있다는 것을 깨닫고 체험하였다. 나는 방으로 들어와서 더욱 힘있는 기도를 드렸다.

그날 밤 기도를 하는데 온 방에 불이 가득하고 그 불이 힘있게 움직이며 돌아다니는 모습을 보았다. 아궁이에서 굴뚝으로 불이 이동하고 또 굴뚝에서 아궁이로 불이 이동하는 것이었다. 나는 불 속에서 한밤을 지냈다. 그런데 옷도 타지 않고 살도 타지 않았다. 오순절 다락방의 불임을 깨닫게 되었다. 너무나도 황홀한 환상이었으며 그 속에서 간절한 회개와 기도가 응답된 것을 확신했다.

33년 동안 내가 목회하고 전도한 힘은 그때 내가 받은 불의 힘이 아닌가 생각하고 있다.

졸업장 가지고
목회를 하겠는가?

김용은 목사 / 군산중동교회

김용은 목사

졸업장 가지고 목회를 하겠는가?*

신학교에 입학하다

"김 집사, 신학교에 가지 않겠습니까?"

어느 날 이시문 목사님이 불쑥 신학교에 가지 않겠느냐고 물으셨다.

"네?"

"어려운 때입니다. 우리나라는 각 분야에서 활동할 인재를 필요로 합니다. 나라의 장래는 인물을 키우느냐, 키우지 못하느냐에 달려 있습니다. 인물은 태어나는 것이 아니라 키워야 합니다. 특히 앞으로 이 민족의 미래를 위해 교회는 각 분야의 인물을 키워야 합니다."

"네, 그렇지요..."

목사님은 밀씀을 계속히셨다. "그리고 무엇보다 중요한 것은 하나님 나라의 복음을 전하는 일입니다. 우리나라가 잘되려면 하나님의 축복을 받아야 합니다. 나는 김 집사가 어느 영역에서든 우리 사회가 필요로 하는 일꾼이 될 줄 압니다. 그러나 우리 사회가 필요로 하는 사람이 되는 것보다 더 중요하고 의미 있는 것은, 하나님의 교회에서 일꾼이 세워져야 하는 일입니다. 좋은 지도자는 교회에서 나오기 때문이지요. 나는 김 집사가 신학을 공부해서 하나님의 종이 되었으면 좋겠습니다."

사실 목사님의 권고는 내겐 좀 뜻밖이었다. 솔직히 말하면, 그때 나는 정치에 관심이 좀 있었다. 나라의 힘을 키우고 국민들을 잘살게 하는 일이 중요하고 시급하다는 판단을 하고 있었던 때였다. 막연하긴 했지만, 새로 세워지는 나라를 위해 무언가 의미 있는 역할을 할 수 있기를 바라는 마음이 있었다. 하나님에 대한 믿음에는 흔들림이 없었지만, 신학 공부를 한다는 생각은 하지 않고 있었다. 하나님의 종이 된다는 일이 워낙 크고 엄청난 일이라고 생각되어서였다.

'하나님의 종은 아무나 되는 게 아니야. 하나님께로부터 특별한 부르심을 받아야 해. 나는 그럴 만한 자격이 없는 사람이야.' 그것은 두렵고 떨리는 일이었다. 그러나 목사님은 몇 차례나 반복했고, 그 말을 할 때는 어느 때보다 진지했다. 점점 나에게는 큰 부담이 되었다. 하나님의 부르심이 있는지 없는지 알아야 되겠다는 생각을 하게 되었다. 나는 교회에 나가 하나님 앞에 무릎을 꿇었다.

"아버지 하나님! 이건 제 인생에서 아주 중요한 문제입니다. 하나님! 저는 주님의 뜻을 따르며 살기를 원합니다. 주님의 뜻이 무엇입니까? 주님께서 저에게 원하시는 것이 무엇입니까? 제가 어떤 삶을 살아야 합니까?"

한참 기도하는데, 머릿속으로 몇 가지 일이 뚜렷이 떠올랐다. 그 하나는,

내가 열여덟 살 때, 교회에 나가고 얼마 되지 않아서 원로장로님이셨던 박영기 장로님이 김금주 집사님에게 용은 청년은 장차 큰 사람이 될 거라고 하셨다고 한다. 그 말은 기분 나쁘지 않았다. 그러나 나는 어른들이 듣기 좋으라고 하는 덕담 수준 이상의 말로는 생각하지 않으려고 했다. 우리는 흔히 어린이들이나 젊은이들에게 큰 사람이 되라는 뜻으로 그런 덕담을 하지 않는가. 그런데 그 순간, 문득 그 장로님의 그 말이 새삼스러운 무게를 가지고 떠올랐다. '큰 사람이 된다는 것은 무엇일까?'

이어서 떠오른 연상은 일본으로 가기 전에 내 앞에 나타났던 불이었다. 나뭇잎에 붙은 불, 그러나 타지 않는 불, 모세에게 나타났던 것과 유사한 불, 그 불은 나를 이끌고 항구로 데려갔던 것이었다!

어렵고 힘들 때마다 그 불을 떠올렸다. 일본에서 낮에 일하고 밤에 공부할 때, 흥남에서 일본인들의 간섭과 방해를 받으며 사업을 할 때, 고향으로 돌아와 일본인들에게 붙잡혀 죽음의 문턱을 넘나드는 고문을 받을 때, 쫓기며 만주를 하염없이 떠돌 때... 그때마다 나뭇잎에 붙어 타지 않던 그 불을 떠올렸다. 그런 뜻에서라면 그 불길이 그때까지 내 인생을 인도해 왔다고 할 수도 있었다. '모세에게 나타난 불이 나에게 나타났다면, 하나님께서는 내가 하나님의 종이 되기를 바라고 계신 것일까?'

참으로 큰 인물이란 이 땅의 지도자가 아니라 하나님 나라의 지도자, 영적인 지도자라는 사실이 깨달아졌다. 예수님은 자신의 나라가 이 땅에 있지 않다고 선언하셨다. 사람들은 예수님을 오해했다. 추종자들도 오해했고 박해자들도 오해했다. 그들은 예수가 땅에 속한 메시야, 정치적 구원자라고 생각했다는 점에서 한통속이다. 예수님은 자신의 왕국이 땅에 있지 않다고 했지만 사람들은 그 말을 바로 이해하지 못했다. 예수님은 땅에서는 실패하셨다. 그러나 그가 실패하지 않은 것은 그의 왕국이 보이는 땅이 아니라 보이지 않은 영의 왕국이 있기 때문이다.

그런 생각들이 내 눈을 뜨게 했다. 나는 땅의 왕국이 아니라 하늘의 왕국을 보았다. 나는 이 땅을 위해 일하는 것도 중요하지만, 하늘나라를 위해 일하는 것은 더욱 중요하다는 사실을 깨달았다. 하나님이 여기까지 나를 이끄신 것은 하늘나라를 위해 아주 작은 일이나마 무언가 할 일이 있기 때문이라는 사실도 깨달았다. '그래! 신학교에 가자!' 나는 기꺼이 신학교에 가기로 결심했다. 내가 평생을 살면서 했던 수많은 결정 가운데 가장 자랑스러운 결정이었다. 그 이후 나는 단 한 번도 그 결정을 후회해 본 적이 없었다.

신학교 시절 – 이명직, 이성봉 목사님에 대한 추억

신학교는 서울의 서대문 아현동 애오개 고개에 자리하고 있었다. 늦게 시작한 공부라 쉽지는 않았다. 그래도 공부를 할 때 나는 그 어느 때보다 활력이 솟았으며 보람을 느꼈다. 옛날부터 공부를 할 때면 의욕이 생기고 기분이 좋아졌다.

신학교에서 많은 은사들로부터 큰 배움을 입었다. 신학교의 선생님들은 학문만이 아니라 인격이나 신앙에서 훌륭한 본을 보이셨다. 그분들은 그리스도의 종으로 산다는 일의 보람과 인내를 알게 했다. 누구보다 신학교 시절, 이명직 목사님과 이성봉 목사님을 만난 것을 나는 내 일생에 있어서 매우 큰 축복으로 여기고 있다. 그분들을 만나 신학과 인격과 믿음에 대해 배우면서 깊은 존경심을 갖게 되었고, 그것은 이후 한 번도 내 마음에서 사라지지 않았다.

이명직 목사님은 청렴하고 깨끗한 생활을 하신 분이었다. 무엇보다도 교단에 대한 사랑이 깊어서, 성결교단을 성결의 복음으로 토대를 놓는 데 큰 공을 세우셨다. 우리가 그분을 성결교단의 사부로 부르는 것은 그런 이유에서 하는 말이다. 이성봉 목사님으로부터 나는 기도를 배웠다. 참으로 그분은 기도의 사람이었고, 또 인격자였다.

내가 섬겼던 군산 중동교회에는 명직기념관과 성봉기념관이 있다. 그것은 그 두 분에 대한 나와 중동교회 성도들의 존경의 표시이다. 나는 중동교회 성도들이 명직기념관과 성봉기념관을 드나들면서, 첫째는 성결신앙의 전통을 이어 성결한 삶을 살기를 바라고, 두 번째로는 기도와 복음전파에 힘쓰며 살아가도록 하기 위함이었다. 이명직 목사 기념사업위원회의 회장을 오랫동안 맡아 온 것이나 성봉선교회의 설립을 추진한 것들도 같은 이유에서이다. 나는 요즘도 기도할 때면, 이명직 목사님과 이성봉 목사님의 자손들을 위해 기도한다. 그것은 사랑을 받은 제자로서 두 어른의 사랑에 보답하고픈 마음에서이다.

졸업 전 특별기도회를 하다

시간이 흘러 졸업반이 되었다. 우리가 신학교를 다닌 시기는 사회적으로 혼란스럽고 불안정한 시기였다. 그러다 보니 시간이 빨리 흘러간 것 같았다. 만학도인 나로서는 학교 공부만이 아니라 신문사 지국을 운영하고 사상교육을 하러 다니는 등 사회적 활동을 하다 보니 더 그렇게 느껴졌다.

평생을 복음을 위해 바치겠다는 사명감을 가지고 신학교에 들어왔지만, 막상 졸업을 한다고 하니까 긴장이 되었다. 세상에 나가 정말로 주의 종으로 살 수 있을지 겁도 났다. 개인적으로는 사회적 활동에 대한 미련이 조금 남아 있는 상태였다. 예컨대 주님의 복음으로 무장하고 정치판에 뛰어들어보고 싶다는 열망이 희미하게나마 남아 있었다. 김 구 선생이 암살당한 후 많이 약해지긴 했지만, 완전히는 아니었다.

무언가 결단을 내려야 했다. 내 모습은 이것도 저것도 아니었다. 정치적 관심을 현실화하기에도 준비가 모자랐고, 주님의 종으로서 복음을 전하고 살기에도 충분히 훈련되지 않았다는 판단이었다. 이 상태로 졸업을 해버리면 어떻게 할 것인가? 마음이 불안했다. 졸업을 하기 전에 무언가 분명해져야 했다. 목회를 할지 말지도 확실하지 않았지만, 목회를 한다고 하더라도 그 일을 어떻게 감당해낼 수 있을지 자신이 생기지 않았다.

'졸업장을 가지고 하나님의 일을 하겠는가? 그럴 수 없다. 목회는 졸업장의 힘으로 하는 것이 아니라 성령의 능력으로 하는 것이다. 세상은 영의 전쟁터이다. 성령을 체험하지 않고 어떻게 전쟁터에 나가 싸우겠는가?'

나는 마음을 강하게 먹고 졸업 전에 40일 동안 특별기도회를 갖기로 작정했다. 기숙사에 있던 몇 명의 학생들에게 내 뜻을 전했다. "얼마 있지 않으면 우리는 졸업을 하게 된다. 졸업을 하면 복음을 들고 세상으로 나가야 한다. 우리가 졸업장을 가지고 목회를 하겠는가? 그것은 종이 조각에 불과한 것이 아니냐? 우리에게는 진정한 힘이 필요하다. 우리는 성령을 체험해야 한다. 나는 40일 동안 특별기도회를 할 생각인데, 나와 함께 기도할 사람이 없는가?"

처음에 나처럼 졸업을 앞둔 대여섯 명의 동료 학생이 뜻을 같이했다. 우리는 저녁에 모여 기도를 시작했다. 우리에게 하나님으로부터 오는 진정한 힘을 주십사고, 그 힘을 가지고 세상에 나가 승리하게 해주십사고 기도했다. 그날이 1950년 4월 1일이었다.

사흘쯤 지나자 우리가 기도하는 자리에 학생들이 찾아왔다. 그들 역시 뜨겁게 기도하며 성령을 구했다. 시간이 지나면서 기도회에 참석하는 학생들의 숫자가 조금씩 많아졌다. 나중에는 1, 2학년 학생들까지 합류했다. 소문이 퍼져 나가면서 거의 전교생이 기도회에 참석했다. 일주일쯤 남겨놓고

는 신학교의 전체 교수들이 참석한 채 수업을 중단하고 기도회를 열었다. 다섯 명 정도가 시작한 소규모의 합심기도가 요원의 불길처럼 타올라 신학교 전체를 태웠다. 합심기도는 눈물바다를 이루었다. 거의 모든 학생과 교수들이 회개하고 성령을 체험하는 놀라운 일이 일어났다. 이때 많은 회개의 역사가 일어났다.

그 뜨거운 용광로 속에서 나도 하나님께 눈물로 회개했다. 이상했다. 까맣게 잊고 있었던 어린 시절 한 토막이 선명하게 떠올랐다. 친구들과 능금밭에 들어가 주인 몰래 따 먹은 일이 생각났다. 또 남의 집에서 잔심부름을 하며 끼니를 해결하고 있던 무렵, 나는 그 집 마당에 떨어져 있던 50전짜리 돈을 주워서 몰래 써 버린 적이 있었다. 당시에는 양심이 뜨끔했지만, 곧 잊어버리고 지냈다. 그 이후 별로 양심의 가책 같은 것도 느끼지 못했다. 도둑질

을 한 것도 아니고, 누구에게 빼앗은 것도 아니었기 때문이었다. 그런데 성령이 충만해지고 가슴이 뜨거워지는 순간, 무슨 작용이었는지, 그때 일이 떠오르면서 눈물이 왈칵 쏟아졌다.

나는 당장 고향 마을에 살고 계시던 작은아버지께 그때 내가 쓴 돈의 다섯 배를 더하여 주고, 양동리의 옛날 주인집에 찾아가 갚게 했다. 그 집 주인으로서는 생각지도 못한 돈을 받은 셈이었다. 생각지도 않은 돈이 생긴 게 중요한 것이 아니라, 자기가 꾸지도 않고, 아무도 알지 못하는 과거의 일을 스스로 공개해 가며 돈을 보내온 사람의 처사가 참으로 인상적이었던가 보다. 주인은 그 돈을 쓰지 않고 가보로 간직하겠노라고 했다 한다. 성령은 우리가 기억조차 하지 못하는 죄를 기억나게 하여 회개하게 한다는 사실을 그때 깨달았다. 아마도 과거의 시간에 지은 죄의 짐을 진 채로 하나님의 일을 할 수는 없기 때문이었을 것이다.

또 하나, 그보다 더 무겁고 간절한 회개가 있었다. 하나님께 헌신하기로 해놓고 어정쩡하게 사회로 나가 정치적 활동을 해보고 싶다는 다른 마음을 품고 있었던 내 자신을 눈물로 회개했다. 아니, 그것은 내가 한 회개가 아니었다. 저절로 눈물이 나오고 회개가 나왔다. 성령이 나에게 회개를 시키는 것이라고 생각하지 않을 수 없었다. 그 자리에 성령은 나를 찾아오셨다. 그 뜨거운 용광로 속에서 나는 하나님 아버지께 약속했다.

"다시는 다른 마음을 먹지 않겠습니다. 다시는 다른 생각을 하지 않겠습니다. 저를 온전히 주님의 도구로 사용하십시오. 저는 오직 하나님 나라의 일꾼으로만 살겠습니다."

하나님의 종으로만 평생을 살겠다는 맹세를 그 순간에 했다. 정치에 대한 관심을 과감히 덮었다. 목회자로만 살겠다는 그 결심은 신학교를 가기로 했던 결심만큼 중요했다. 왜냐하면 그때의 성령 체험과 결단이 내 인생 전체를 완전히 헌신하여 목회자로 살도록 했기 때문이다.

그때 이후 나는 목회 외에 아무것도 하지 않았다. 나는 단지 목회자이기만을 원했고, 목회자로 만족했다. 후회는 없다. 나는 언제나 주어진 여건 안에서 최선을 다하고자 노력했다. 사람의 뜻보다는 하나님의 뜻을 먼저 묻고, 그 뜻에 따라 살려고 노력했다. 무엇이 되겠든가 무슨 업적을 이루겠든가 하는 욕심 같은 것에 휩쓸리지 않고 살았다. 나는 그저 하나님이 내게 맡기신 성도들과 교회만을 섬기고 봉사하며 살고자 했다. 나는 군산 중동교회를 개척한 후 은퇴할 때까지, 아니, 은퇴한 후에도 한 교회만을 섬기는 은총을 입었다.

내가 졸업을 앞둔 신학교에서의 40일간의 특별기도회를 잊을 수 없는 것은, 목회자로서의 내 삶이 그때 이미 정해졌기 때문이다. 이 기도를 놓고, 후에 성결교 제2부흥이라고도 말하는 사람도 있다.

저는 주님의
도구가 되겠습니다!

정진경 목사 / 신촌교회

저는 주님의 도구가 되겠습니다!

회개의 열매

신의주로 이사 온 뒤 다니게 된 동부성결교회에서 나는 세 분의 위대한 스승을 만났다. 첫 번째 스승은 한성과 목사님이었다. 나는 그에게서 학문하는 자세를 배웠다. 소년기에 훌륭한 목회자를 만난 나는 그의 일거수일투족을 여과 없이 받아들이며 존경하는 목자의 모습을 닮으려고 노력했다.

두 번째 부임한 김유연 목사님에게서는 따뜻한 목회자상을 배웠다. 김유연 목사님은 글도 잘 쓰고 인자한 선비 같은 목사님이었다.

그리고 세 번째 담임목사로 온 이성봉 목사님은 한국교회 역사에 가장 큰 획을 그은 대부흥사였다. 나는 이성봉 목사님에게서 철저한 소명의식과 구령운동, 성결한 삶과 넓고 큰 포용력을 본받는 것을 평생의 과제로 삼았다.

성결교단의 계보를 이어간 지도자들 밑에서 신앙지도를 받게 된 나는 자신이 특별한 은총을 받고 있음을 느끼게 되었다. 나는 세 분의 목사님이 나에게 심어 준 신앙적 자양분으로 평생의 목회지침을 세울 수 있었다.

동부성결교회는 성도들이 성결한 삶을 살도록 지도했다. 매주 토요일 저녁에는 토요집회가 열렸는데, 주일예배를 준비하는 모임이었다. 나는 총각 집사가 되어 직장에서 퇴근하면 교회에서 살다시피 했고 토요집회도 빠진 적이 없었다.

교회에 가면 성도들을 향한 담임목사님의 첫 번째 물음이 "죄 지은 일 있습니까?"였다.

이 질문 앞에서는 누구든 거짓을 말할 수 없었다.

"지은 죄 있으면 회개하십시오."라고 말하는 목사님의 명령은 하나님을 대언하는 지상명령이었다.

마음에 감동이 크고 깊었던 시절, 나는 내면의 조그마한 잘못도 숨길 수가 없었다. 이런 교훈은 자연스럽게 성결한 몸과 마음을 갖도록 하는 훈련이 되었다.

후에 신학을 공부하면서 나는, 웨슬리 역시 내가 교회에서 배웠던 신앙교육으로 철저하게 성도들을 양육하여 성도들이 자범죄를 고백하고 신앙의 열매를 크게 맺도록 이끌었음을 알게 되었다. 때로 나는 종이에 죄지은 사실을 낱낱이 기록하고, 기록한 사실을 한 자 한 자 짚어 가며 회개하고 기도했다. 그리고 그 회개의 고백록을 불살라 허공으로 날려 보내기도 했다.

나의 죄가 잿빛이 되어 허공으로 흔적 없이 사라지는 것을 보며 예수님의 십자가를 생각했고 죄 짐에서 자유를 얻는 희열을 맛보기도 했다. 잘못을 얼버무리거나 대충대충 기도하기보다, 아주 구체적으로 회개하고 그것에 대해 목사님의 기도를 받았다. 그렇게 스스로 지은 죄를 모두 회개했을 때, 내 앞에 펼쳐진 세상은 전혀 다른 세상이었다. 온 우주가 생동하는 아름다움으로 가득했다.

그 무렵 목사들은 이렇게 하나님 앞에 죄를 회개한 후 사람에게도 용서를 구해야 함을 강조했다. 그것은 즉 "사람 앞에 지은 죄는 사람에게 사죄하고 용서받아야 한다."는 것이었다. 나는 그것을 실천하기 위해 미워한 일, 괴롭힌 일, 이웃의 것을 지극히 조그마한 것이라도 훔쳤던 일이 생각나면 이 사람 저 사람을 찾아다니며 용서를 구했다. 그것은 참으로 면구스럽고 힘든 일이었다.

어떤 사람들은 실소하며 용서를 받아 줬고 어떤 이들은 어리둥절해하며 내가 사죄하는 일을 기억조차 못했다. 그런 나를 보고 정신 나간 학생 아니냐고 수군거리는 사람들도 있었다. 그러나 나는 진심을 다해 정중하고 공손하게 사과했다. 무색하기 이를 데 없는 행동이었지만 평생 죄의 짐을 지고 갈 수는 없다고 생각한 것이다. 나의 신앙에 결정적 영향을 끼치는 죄의 문제는 자유로 향해 가는 길을 가로막는 태산 같은 장벽이라고 생각했다.

한번은 열세 살 때 열두 살이라고 속이고 열차표를 반표로 산 일이 있었는데, 역장을 직접 찾아갈 용기가 나지 않아 편지를 썼다.

안주 역장님 귀하

저는 동부성결교회에 다니는 중학생입니다. 제가 하나님 앞에 죄지은 것을 모두 회개하는 중에 제 나이를 한 살 속여 반표를 끊었던 일이 생각났습니다. 저의 죄를 용서해 주시기 바랍니다. 그때 속인 반표값 차액을 보내드립니다.

얼마 되지 않아 일본인 역장에게서 답장이 왔다.

정진경 군에게

학생의 깨끗하고 정직한 마음에 먼저 경의를 표하네. 기독교
라는 종교가 어떤 것인지 잘 모르지만 놀라울 따름이야. 아무
튼 조선에 정진경 학생 같은 정직한 사람이 있다는 사실이 기
쁘고 감격스럽군. 그리고 보내 준 돈은 지금으로서는 어떻게
처리할 수 없어 다시 돌려보내니 학용품 사는 데 쓰게. 앞으
로 훌륭한 인물이 될 것으로 믿고 기대하겠네.

그때의 감격은 나의 생애 속에서 결코 잊지 못할 충격적 환희였다. 또한
날마다 나의 신앙을 새롭게 하는 신선한 성령체험이었다. 예수님의 십자가
사건이 2천년 전 아득한 날의 역사적 사건이 아닌 현실 속의 실체감으로 다
가왔다. 내 입에서는 기분 좋은 찬양과 감사가 절로 터져 나왔다.

체험적 신앙생활

나는 그런 교회 풍토에서 신앙생활을 했다. 평양 지역을 중심으로 대각
성운동이 놀라운 부흥을 일으켰고 누가 회개하자고 권면해서가 아니라 교파
를 초월한 자연스러운 회개운동이 성도들에게 누룩처럼 번져 나갔다. 교회
에서는 성스러운 성도 같으나 사회에 나가서는 온갖 못된 짓을 일삼는 신앙

인이란 있을 수 없었다. 성경의 말씀이 삶에 녹아들어, 살아 계신 그리스도를 증거하는 삶을 살아가려고 노력하고 실천하는 성도들이 그곳에 있었다. 예수님을 닮는 것이 삶의 목적이요 삶의 지표였다.

성도들은 모이면 기도했다. 교회에서의 철야기도는 물론, 산과 들과 바위와 냇가에 모여 합심해서 자주독립과 민족의 영혼구원을 위해 기도했다. 이런 기도를 통해 영적각성운동이 요원(燎原)의 불길처럼 퍼져 나갔던 것이다. 한편 교회에서는 사경회라고 불리는 성경공부 모임을 많이 가졌다. 성경을 많이 읽고 배우는 동안 신앙훈련이 됐고 거기서 성경의 원리대로 전도폭발운동이 일어났다. "가서 제자 삼으라" 는 성경말씀을 실천하게 된 것이다. 전도할 때 신앙고백적인 전도를 요구한 시대였다. 새신자가 교회에 등록하면 목회자가 이렇게 물었다.

"예수님을 사랑하십니까?"

"사랑합니다."

"어떻게 사랑하십니까?"

이런 물음에 새신자가 어리둥절하여 선뜻 대답을 못하면, 목회자는 "증거를 보이십시오. 주님을 모르는 사람을 예수님에게 인도하셔서 예수님을 사랑한다는 증거를 보이셔야 합니다."라고 말했다. 이렇듯 교회에서는 신앙고백적 전도를 훈련시켰다.

그 시절 교회에 가면 성도들은 무조건 무릎 꿇고 기도하고 회개하며 열심히 봉사하고 전도했다. 성도들은 입으로만 회개하며 주님을 부르는 그런 겉핥기식 신앙생활을 하지 않았다. 회개의 열매를 맺는 생활을 했다.

"저 사람 순 망나니였는데 예수 믿고 완전히 새사람 됐어. 별일도 다 있지!"

"저 형편없는 별종이 어떻게 딴사람처럼 착해졌지?"

성도들은 이웃 사람들에게 새롭게 변화된 모습으로 살아가는 것을 보여주어 삶으로 전도했다. 그래서 일제에 수탈당하며 살던 지독한 가난 속에서도 은혜받은 많은 이들은 감사한 마음으로 형편에 넘치게 연보하였다. 하루하루 신앙의 열매를 충실히 맺어 가는 모습들은 참 아름답고 귀했다.

저는 주님의 도구가 되겠습니다!

성도들은 이웃 사람들에게 새롭게 변화된 모습으로 살아가는 것을 보여주어 삶으로 전도했다. 그래서 일제에 수탈당하며 살던 지독한 가난 속에서도 은혜받은 많은 이들은 감사한 마음으로 형편에 넘치게 연보하였다. 하루하루 신앙의 열매를 충실히 맺어 가는 모습들은 참 아름답고 귀했다.

나 역시 순전한 믿음으로 주님을 바라보며 체험적 신앙생활을 했다. 산에 가서 기도하던 중, 어느 날은 한밤중에 기도하다가 큰 돌이 떨어져 죽을 뻔하기도 했고, 호랑이가 나타나 혼비백산한 적도 있다. 특별한 은혜체험을 한 나는 신앙간증을 많이 했다. 나이가 어린 내가 간증을 하고 나면 성도들은 내 간증을 통해 크게 은혜를 받았다며 격려를 아끼지 않았다. "저 젊은이 앞으로 훌륭한 목회자 감이다." 하며 어른들은 나를 대견해했다.

그러나 나는 그런 말을 들을 때마다 말도 안되는 소리라고 일축했다. 그것은 예수가 누군지도 모르는 가족들에게 가당치도 않은 일이었으며 나는 외교관이나 사업가가 되어 부자로 살고 싶었다. 멍에처럼 지워진 지긋지긋한 가난을 면하는 것이 나의 소원이었다. 나는 부자가 되고 싶다는 기도를 하고 싶었지만 자신을 위한 욕심 같아서 차마 그런 기도는 하지 못했다. 오직 죄를 짓지 말게 해 달라는 것과, 나라와 민족과, 나의 부모형제의 구원과, 친구들의 영혼과, 내가 가르치는 주일학교 어린이들을 위해 간곡한 기도를 드렸다.

야곱의 씨름

신의주 동부교회에서 아이들을 신앙의 사람으로 성장시키기 위해 애를 쓰고 있던 그 시절, 내게 예기치 못한 검은 구름이 덮쳐 왔다. 폐결핵과 늑막염이 겹쳐 그만 쓰러지고 만 것이다. 하나님은 살아 계시고 어떤 역경에서도 우리를 도우신다는 것을 가르쳐 왔건만, 막상 나 자신이 하나님께 외면당하는 것 같아 부끄럽고 억울하고 괴로웠다.

그 시절 폐결핵 환자들은 꼬챙이처럼 마르는가 하면 심한 기침을 하며 각혈을 하다가 죽어 버리는 것이 예사였다. 살 소망이 사라지자 하나님을 향한 열망의 빛이 가득했던 내 마음이 조각조각 허공에서 부서져 내렸다. 아무것도 믿을 수가 없었다. 세상의 모든 것이 허무하게 여겨졌고 삶에 대한 열정도 없어졌다. 특히 신앙에 대한 회의가 물밀듯이 밀려와 내 영혼을 냉소로 채워 갔다. 나는 하나님 앞에 벌 받을 일을 하지 않았다고 마음속으로 항변했다.

그러다가 문득, 목회자가 되라는 주위의 권고를 대수롭지 않게 여겼던 것을 깨달았다. 나는 학교를 졸업하자 무진회사(은행)에 취직했는데 열여덟이라는 젊음을 바쳐 성실하게 일했다. 그러나 일을 열심히 하다가 불현듯 '이 길이 정말 내 길일까?'라고 자문하면서 "주의 종이 되라."는 주위 분들의 말을 떠올리기도 했다. 앞날에 대한 불확실과 혼란에 힘겨워하던 어느 날엔 업무 중에 주판을 집어던지고 교회로 달려가 기도하면서 내가 갈 길을 바르게 인도해 달라고 하나님에게 매달린 적도 있었다.

당시 나는 가족의 생계를 짊어지고 있었다. 생활 능력이 없는 아버지와 어머니 그리고 누나들을 부양해야 하는 책임이 내게 고스란히 지워져 있던 것이다. 그런 상황에서 병이 들게 되자 죽음은 관념으로서가 아닌 현실로 파고들었다. 병이 심해지자 직장도 나갈 수가 없었다. 성정이 과격하여 별로 정이 가지 않던 어머니가 말할 수 없이 비통한 모습으로 정화수를 떠놓고 장독대에서 비는 것을 보고, 나는 어머니에게서 처음으로 모정을 느끼기도 했다. 어머니에게 씻을 수 없는 불효를 하고 있다는 생각이 미치자 하나님이 쓰시고자 하신다면 그대로 순종해야 하는데 그러지 못했다는 깨달음이 세차게 뇌리를 쳤다. 하나님의 목적을 거스르고 죽어 버린다는 것은 용서받을 수 없는 중죄요 불경이라는 깨달음이 맘속에서 솟구쳐 올랐다.

하직인사를 하는 나를 보시고 아버지는 한숨을 내쉬며 입술만 달싹거릴 뿐 말을 잇지 못했다. 어머니의 눈물 어린 만류도 나의 고집을 꺾을 수는 없었다. 휘청거리는 몸을 간신히 가누며 나는 비장한 각오로 먹을 양식을 등에 짊어지고 집을 나섰다. 정주에 있는 석봉 약수터까지 올라갔을 때 초라한 움막 한 채를 발견했다. 나는 그곳에 기거하면서 나중에 죽어도 결코 후회가 없도록 하나님께 마지막 도움을 청하며, 기도와 성경읽기로 매일의 시간을 보냈다. 그리고 간절하게 부르짖었다. "주님, 주님의 뜻이 있다면 저를 살려 주십시오. 살려 주시면 오직 주님만을 위해서 헌신하겠습니다."

함정을 파 놓고 시련을 주고 가혹하게 훈련시키시는 하나님의 뜻이 어디에 있는지 나는 깊이 생각하지 않을 수 없었다. 독수리가 천 길 낭떠러지로 새끼를 떨어뜨리며 훈련시키듯 혹독한 고문으로 나를 연단하는 것이 바로 하나님의 사랑이라고 믿고 싶었다.

깊고 부드러운 숲 냄새 속에서, 날이 밝으면 푸른 아침빛이 숲의 물결 위를 일렁였다. 밤이 되면 어둠과 나무들과 고요한 하늘만이 주위를 감쌌다. 그러한 밤낮이 계속되었다. 무섭도록 고요한 산속에서 주님과 단독으로 마주하며 지내는 동안, 때로는 주님의 존재가 아득히 멀어서 가물거리다 사라지는 것 같기도 했고 때로는 목숨이 붙어 있는 모든 것들을 사랑으로 품으시듯 살며시 나를 품고 계시는 주님의 사랑을 느낄 때도 있었다.

나의 내면에 온화한 푸른 공기가 모락모락 피어나며 살고 싶은 갈망이 온몸을 끈질기게 뒤흔들다가도, 어느 순간엔 자신의 뜻과 상관없이 피를 토하다가 죽을 것 같은 공포심에 몸을 떨었다. 살든지 죽든지 주님의 뜻에 맡기자 하면서도 죽는 것이 싫었고 무서웠다. 천국에 대한 소망을 갖고는 있었지만 세상에서의 삶에 대한 미련이 시독할 징도로 강했다.

나는 기침할 때마다 피를 토하지 않으려고 손으로 입을 막고 안간힘을 썼다. 그러나 쏟아져 나오는 피는 좀처럼 멈춰지지 않았다. 피를 쏟고 나면 전신의 힘이 다 소진되어 한참을 널브러져 있곤 했다. 죽음은 예고 없이 갑자기 다가오는 것이라 하지만, 나는 매순간 죽음과 맞닥뜨리며 혈투를 벌이고 있었다.

어느 날 새벽, 기도하는 가운데 나는 질고의 어둠 속에서 날마다 초췌해 가는 육신을 지탱해 주는 무엇인가가 나의 의지와 상관없이 강열하게 작용하고 있음을 느꼈다. 살고 싶은 열망을 짓누르고, 죽음을 향해 파괴되어 가는 세포를 멈추게 하고, 동맥에서 힘차게 흐르는 핏줄의 힘을 느끼게 하는 그 무엇이 나를 사로잡고 있음을 확신했다. 나는 출애굽기 15:26 말씀을 읽으며 소스라치듯 하나의 깨달음을 얻게 되었다. "모든 질병 중 하나도 너희에게 내리지 아니하리니 나는 너희를 치료하는 여호와임이라."

그래, 치료하시는 하나님! 이 말씀이 나의 가슴 밑바닥에서부터 창조적인 힘을 솟구치게 했다. 또 "내가 너를 모태에서 택했다." "환란 날에 나를 부르라. 내가 너를 건지리니 네가 나를 영화롭게 하리라." 이런 성경구절들이 우렁찬 노랫소리처럼 나의 뇌수를 진동시켰고 날카로운 화살처럼 가슴에 꽂혔다. 동시에 죽지 않고 살았다는 승리감이 내 안에 용솟음치면서 기쁨이 넘쳐났다. 나는 인생에서 가장 어두웠던 기나긴 터널을 빠져나와 있음을 확신했다.

두 달여를 칩거하며 육체와 영혼의 고통에 시달렸던 나는 죽음과 직면하여 바람 한 잎에도 쓸려갈 것 같은 나약함에 떨었다. 그러나 그날 아침은 주님의 사랑과 진실이 눈앞에 있음을 실감했다. 살 수 있다는 확신의 말씀에서 소생의 아침을 맞이한 나는 남루한 움막을 뒤로 하고 산을 내려오기 시작했다. 산을 올라올 때의 뼈가 허물어지는 듯했던 느낌은 씻은 듯이 사라졌다. 나는 비로소 나를 짓누르고 있던 마음속의 감옥에서 찬송의 날개를 달고 눈부시게 비상하는, 내 소명의 길을 바라보게 되었다. "하나님! 주님께서 저를 택하시고 부르시는 뜻대로 살겠습니다. 저는 주님의 도구가 되겠습니다!" 이렇게 고백하고 나자 보이지 않는 힘에 의해 온몸에서 자신감이 저절로 우러났다. 맥박은 천둥치듯 뛰고 있었다.

좌절 속에 피는 소망

아현동 로터리에 있는 서울신학대학교를 찾아간 나는 당시 교장이었던 이명직 목사님을 만났다.

"신의주 동부성결교회에 다니는 정진경이라고 합니다. 폐결핵에 걸려 죽게 되었었는데 주님께서 치료해 주셨습니다. 주의 종으로 헌신하겠다고 서원했습니다. 입학을 허락해 주시기 바랍니다."

창백한 얼굴의 청년을 물끄러미 바라보던 이명직 목사님이 조용히 입을 열었다. "자네, 건강이 몹시 나빠 보이는데 우선 진찰부터 받아 보게나." 그러고는 근처 병원으로 나를 안내했다. 청진기를 내려놓으며 의사가 말했다. "지금 이 상태로는 공부하기 어렵습니다. 건강 상태가 너무 나쁩니다. 공기가 맑은 곳에서 한 3년 정양(靜養)하면서 치료받지 않으면 생명을 잃을 수도 있습니다. 무엇보다 충분히 휴식을 취하고 영양보충을 잘해야 합니다."

의사의 말을 듣는 순간 시간이 얼어붙은 것 같았고 마음이 막막해져 왔다. 나는 죽지 않을 것이라는 확신이 있었다. 그 증거로 각혈이 멎었던 것이다. 나의 헌신을 기쁘게 받아 줄 것으로 믿고 서둘러 서울까지 온 것이다. 그

"하나님! 주님께서 저를 택하시고 부르시는 뜻대로 살겠습니다. 저는 주님의 도구가 되겠습니다!" 이렇게 고백하고 나자 보이지 않는 힘에 의해 온몸에서 자신감이 저절로 우러났다. 맥박은 천둥치듯 뛰고 있었다.

저는 주님의 도구가 되겠습니다!

런데 신학을 할 수 없다니! 꿈에도 예상치 못했던 결론 앞에서 나의 절망감과 낭패감은 이루 말할 수 없었다.

폐부 깊은 곳에서 목숨을 갉아먹어 가는 병균과 싸워 순종의 제사로 승리한 나를 버리시면 나는 어찌해야 하느냐고 울부짖고 싶었다. 맨주먹으로라도 서울만 가면 신학교에 입학할 수 있을 것이라는 믿음 하나 가지고 무모하게 달려온 발걸음이 한없이 후회스러웠다.

"자네 뜻과 용기는 귀하지만 몸이 이렇게 약하니 어쩌겠나? 기도하면서 정양한 후 건강이 회복되면 그때 다시 오게나. 내 약속하지! 건강해져 다시 오면 입학을 허락하겠네." 이명직 목사님은 말없이 눈물을 쏟고 있는 나를 달래며 훗날을 기약해 줬다. 나는 목사님의 그 말이 건강이 회복되지 않으면 신학을 할 수 없다는 말로 들려 야속하기도 했다. 그러나 더 정양하지 않으면 목숨을 부지할 수 없다는 의사의 말을 들은 터에 내게는 다른 어떤 길도 없었다.

"하나님! 당신께서 제 병을 고쳐 주셔서 제가 주님의 종이 되고자 하는데 왜 길을 막으십니까?"

나는 한탄하며 기도했으나 마음은 천길 나락으로 곤두박질쳤다. 신의주로 돌아갈 여비도 없었다. 아는 사람 하나 없는 서울은 황량한 무인도와 같았다. 어찌해야 할지 전전긍긍하던 와중에 문득 동부성결교회에서 시무하다가 서울로 올라온 김유연 목사님이 무교동 어느 교회에서 시무하고 있다는 데에 생각이 미쳤다.

캄캄한 어둠 속에서 실낱같은 빛을 향해 가듯 나는 무교동에 있는 성결교회를 묻고 또 물어 찾아갔다. 인자한 김 목사님은 나를 보자 깜짝 놀라며 반가워했다. 나 역시 오래 헤어져 있던 육친을 만난 것보다 더 큰 감동으로 울컥 솟는 눈물을 감출 수 없었다.

"진경 군, 어쨌든 나를 찾아 줘서 고맙네. 나는 자네가 반드시 목사가 될 것이라고 믿고 있었네. 이렇게 신학을 공부할 결심을 한 자네를 보니 기쁘기 그지없네. 그러나 인간에게 있어 산다는 것은 권리가 아니고 신성한 의무일세. 그런 면에서 건강은 가장 우선시되는 관리 대상이지. 또 자신의 형상대로 지으신 하나님의 뜻에 순종하는 것이기도 하네. 입학이 안됐다고 너무 실망하지 말게. 주님은 자네 같은 청년을 그냥 버려 두지 않으실 걸세."

나는 나의 선망의 대상이던 김 목사님의 성스러운 모습과 따뜻한 위로의 말을 듣자 답답했던 가슴이 풀리고 기분이 환해졌다. 그날 밤 김 목사님은 사택으로 같이 가자고 했지만 나는 교회의 긴 나무 의자에 엎드려 기도했다. 그리고 욥기를 밤새워 읽었다. 다 읽지 않으면 마치 욥의 고난과 같은 상황이 또 내게 덮쳐 올 것 같아 마지막장까지 읽으며 욥의 고난과 축복을 깊이 묵상했다. 성경의 불가사의한 감동에 나는 새삼 놀랐다. 각혈은 멎었지만 신열이 오르락내리락하던 신체적 증상이 있던 나는, 그날 밤 그마저도 씻은 듯이 없어져 홀가분했다.

세상의 모든 것은 사라져도 예수님의 말씀은 영원히 없어지지 않는다는 희망찬 말씀을 마음판에 새겼다. 그리고 김 목사님이 사랑을 담아 마련해 준 여비를 받아 신의주행 열차를 탔다. 내 전 생애를 위한 새로운 도전과 목표를 다져 나갈 귀향길로 생각되어 용기가 샘솟았다.

40일 굶고서 사람이
어떻게 사느냐!

이만신 목사 / 중앙교회 원로목사

40일 굶고서 사람이 어떻게 사느냐!

회개는 회개를 낳고

"학생들이여, 회개하시오! 회개하시오!" 신학교 시절 이명직, 김응조 목사님은 마룻바닥을 힘차게 발로 구르며 회개를 촉구하셨다. 많은 학생들이 눈물의 회개를 하며 하나님의 용서와 은혜를 구했다. 난 별다른 회개거리가 없었지만, 내 마음속의 티끌만한 죄 하나까지도 하나님 앞에 모두 내어놓고 용서를 구하고 싶었다.

그렇게 열심히 기도하던 중 고교 졸업반 때의 잘못이 떠올랐다. 당시 반장을 맡았는데, 그때 행한 졸업비 처리가 아무래도 맘에 걸리는 것이었다. 당시 반장으로서 나는 반 전체 학생의 졸업비를 거뒀는데, 아무래도 액수가 좀 많아 부담이 되었다. 그래서 당시 내가 다니던 목포 북교동교회의 회계 집사님께 맡겨 놓고, 필요할 때마다 조금씩 찾아다 쓰곤 했다. 그 회계 집사님께서 관리를 잘해 주셨지만, 물론 나도 꼼꼼히 회계장부를 기록하며 조금도 차질이 없도록 애썼다.

졸업이 임박한 무렵 나는 회계 집사님께 마지막 남은 돈 1만 원을 찾으러 갔더니, 그 집사님은 2만 원이 남았다며 2만 원을 돌려주는 것이었다. 집에 돌아와서 아무리 계산해 보아도 내 계산으로는 분명 1만 원이었고, 장부의 잔액도 1만 원으로 되어 있었다. 고민하다가 나는 내가 잘못한 것도 아니고 일부러 훔친 것도 아닌 게 분명해서 당시엔 아무런 부담 없이 남은 그 1만 원을 내 개인적으로 써버렸다.

신학교 부흥회 때 바로 그 일이 기억이 난 것이다. 난 이때로부터 마음에 짐이 되어서 견딜 수가 없었다. 그래서 방학이 되자마자 그 동안 바늘장사를 해서 번 돈 중에서 1만 원을 곱게 봉투에 넣어 목포에 사시는 그 회계 집사님을 찾아뵈었다.

"집사님, 제가 큰 죄를 지었습니다. 전혀 모르고 있었는데 금번에 부흥회를 통해 성령님께서 깨닫게 해 주셨습니다. 그때의 돈 1만 원을 지금이나마 돌려드리니 부디 용서해 주세요. 이미 하나님께는 제 죄를 고하고 회개하며 용서를 구했습니다."

"아니, 이군 무슨 소리야. 내 지금도 기억하지만, 그때는 분명 잔액이 2만 원이었다고. 내가 그렇게 인정했는데, 이군이 무슨 잘못을 했고 또 무슨 용서를 구할 일이 있겠나. 오히려 이런 일 갖고 회개하고 멀리 부산에서 목포까지 찾아온 자네를 보니, 오히려 내가 부끄러워지는구먼. 난 하나님 앞에 죄를 지은 게 너무 많아. 회개하고 용서 구할 일이 너무도 많다네."

결국 우리는 그 자리에서 다시 한 번 하나님께 회개기도를 드리며 하나

"내 영혼이 은총 입어 중한 죄짐 벗고 보니
슬픔 많은 이 세상도 천국으로 화하도다
할렐루야 찬양하세 내 모든 죄 사함 받고
주 예수와 동행하니 그 어디나 하늘나라."

40일 굶고서 사람이 어떻게 사느냐!

님의 용서와 은혜를 구했나. 나로 인해 그 회계 집사님마저 회개의 기회를 갖게 되는 걸 보고 난 하나님 앞에선 회개도 전염이 된다는 것을 느꼈다. 그때에 회개하고 하나님께 용서받은 내 마음이 어떻게 평안한지 찬송이 절로 나왔다.

"내 영혼이 은총 입어 중한 죄짐 벗고 보니 슬픔 많은 이 세상도 천국으로 화하도다 할렐루야 찬양하세 내 모든 죄 사함 받고 주 예수와 동행하니 그 어디나 하늘나라."

영적 진보를 갈구하다

부평신촌교회에 부임해서 그곳에서 목사안수를 받았다. 그리고 더 훌륭한 목사가 되고자 숭실대에 입학하였다. 지식적으로 많은 진보가 있었다. 그러나 지식이 교회 부흥을 인도하는 것은 아니었다. 이런 저런 방법으로 노력하며 7년 목회를 했는데도 신도수가 120명을 한계로 그 이상을 성장하지 않았다. 자연히 새벽기도회 참석 인원도 적었는데, 우리 내외와 몇몇 권사님과 집사님뿐이었다.

어느 겨울, 눈 오는 새벽이었다. 나는 당시 2km 가량 걸어서 부평시장에 있는 집에서 부평동 신촌교회를 다녔다. 교회에 당도할 무렵은 이미 눈이 소복이 쌓여 온 세상이 하얗게 변해 있었다. 그런데 이게 웬일인가? 새벽기도회 오는 길에 보니 이웃의 중앙장로교회와 삼릉감리교회로 가는 발자국은 많은데, 우리 교회로는 강아지 새끼 한 마리도 들어가지 않은 듯 마냥 깨끗한 것이 아닌가. 남들이 볼까 부끄러웠다. 그래서 급한 김에 내가 직접 큰길에서 교회 현관까지 열댓 번 왔다 갔다 하며 눈 위에 발자국을 만들어 놓았다. 그렇게라도 하여 '이 교회도 새벽기도회에 많은 사람들이 오는구나' 하는 생각이 들도록 하기 위함이었다.

이때 나는 정말 부끄러워 고개를 들 수 없었다. 참담했다. '그래, 목사가 되어서 진정한 부흥은 못시키고 남이 볼까 두려워 거짓 발자국이나 만들고… 그런다고 무엇이 해결되는가. 사람은 속일지언정 하나님은 속일 수 없지 않은가. 그래, 문제는 교회도 교인도 아니고 바로 내게 있는 것이다.'

그래서 나는 다시 내 자신을 돌아보며 회개하고 마음을 새롭게 하기로 결심했다. "힘으로 안되고 능으로도 안되나 오직 나의 신으로 된다."는 말씀에 힘을 얻어 전국의 유명한 기도원을 다 찾아다니며 기도를 하기 시작하였다.

그러던 중 1962년 겨울 나는 천안에서 특별한 영적 부흥회가 있다는 소식을 듣고 한걸음에 달려가 참석했다. 처음엔 맨 뒷자리에 앉아서 구경꾼 식으로 예배를 드렸다. 한 부흥강사께서 뜨거운 말씀을 선포하셨다. "하나님께서는 예수님을 통해 우리의 모든 죄를 용서하십니다. 하나님께서는 우리를 용서하는 표시로 당신의 아들인 예수를 십자가에 달리게 하셨습니다."

누구나 다 아는 단순한 내용의 설교였지만, 나는 무척 큰 감동을 받았다. 이 말씀을 듣는 순간 내 죄가 다 사라져 버리는 것 같았다. 내 죄가 완전히 용서받았다는 확신이 드는데, 너무나 큰 확신이었다. 어떻게 기쁜지 그 많은 참석자 가운데 나 혼자만 구원받은 것 같은 생각이 들었다. 숭실대 철학과 시절 안병욱 교수님이 스피노자를 강의하면서 "스피노자는 철학자 이전에 철인이었다."고 말씀하시곤 했는데, 나는 "스피노자가 제아무리 훌륭해도 구원받은 나만은 못하다."라는 생각이 들면서 구원받은 기쁨을 만끽할 수 있었다.

이렇게 은혜를 받은 후 목회에 더욱 열심을 내었다. 더욱이 하나님의 사랑하심과 치유하심을 통해, 그 동안 줄곧 괴롭혀 온 늑막염에서도 깨끗이 해방되었다. 그래서 하나님께 감사하며 더욱 영력 있고 실력 있는 목회자가 되기 위해 삼각산, 계룡산, 용문산 집회 등 유명하다는 부흥집회는 다 찾아다니며 계속 은혜를 사모하게 되었다.

가정 분란으로 양심에 가책 느껴

교회도 차츰 부흥이 되어 가고 아내의 조산원도 날로 번창됨에 따라 우리 집안의 경제생활도 어느 정도 안정을 찾게 되었다. 그래서 우리 부부는 고향 섬에 홀로 계신 어머니를 먼저 모셔 왔다. 그리고 뒤이어 당시 홀로 된 형수와 조카, 친동생(이종신 장로), 누이동생 등이 우리 집에서 함께 기거하게 되었다. 여기다가 사촌동생들, 고향 친척 아주머니 등까지 합류하게 되면서 대가족을 이루게 되었다. 우리 내외와 2남 2녀의 자식들을 합해 자그마치 13식구가 한 집에 살게 된 것이다. 이 대식구를 형님이 일찍 돌아가시는 바람에 졸지에 맏며느리가 된 나의 아내가 당시 운영하던 조산원 수입으로 전부 책임져야 했다.

이렇게 13명의 대가족이 한 집에서 부대끼다 보니 가정이 평안할 때가 없었다. 그 많은 식구의 생활비며 학비 대는 건 고사하고 하다못해 양말이나 내복 하나라도 사려면 식구수대로 13개 모두를 준비해야만 아무 탈이 없었다. 그래도 이쪽 신경 쓰다 보면 저쪽이 서운해 하고, 이쪽 막으면 저쪽이 터지고… 우리 내외가 아무리 잘하려 해도 크고 작은 불평과 불만이 끊이질 않았다.

그러던 중 한번은 결정적인 큰 다툼이 일어나고 말았다. 당시 ROTC 군복무 중이던 남동생이 제대 전 마지막 휴가를 나왔는데, 웬일인지 잔뜩 화가 나서 와서는 마치 무엇에 씌운 것처럼 생트집을 잡으며 큰 난리를 치는 것이었다. 별 말썽 없이 착하기만 하던 동생이 군대에서 무슨 일이 있었는지, 그날은 완전히 제 정신이 아니었다. 전혀 딴사람이 되어 집안 살림까지 내던지며 온갖 난동을 다 부리는 것이었다.

참다못한 내가 야단을 치니 형인 내게도 거칠게 대들었다. 나는 너무 화가 나 집안 현관의 유리창을 주먹으로 깨 박살내고 말았다. 내가 비록 목사로서 구원의 확신을 갖고 또 그렇게 구령사업에 임했지만, 당시는 아직 성령체험을 하지 못했던 시절이었다. 따라서 비록 목사요 또 믿음으로 구원은 받았어도 인간적 성질이 다 죽은 건 아니었다. 결국 집안은 깨진 유리 파편처럼 엉망이 되고 말았다.

그 다툼이 일어난 날이 월요일이었는데, 그 다음날 새벽기도를 갈 수가 없었다. 가정의 분란이 양심에 가책이 되어 도저히 교인들 앞에서 설교할 자신이 없었던 것이다. 예수님의 가르침인 화목과 겸손과 용서가 모두 다 내게 해당되는 말이었다. 부끄러웠다. 참담했다. 원래 신학교 시절부터 단 하루도 빠짐없이 새벽기도를 해왔다. 그런데 화요일이 지난 수요일이 되어도 교회에 갈 수가 없었다. 다행히 교회와 우리 집은 거리가 멀어 교인들이 목사 가정의 분란을 알 수가 없었다. 그래도 내 양심에 거리끼어 집 밖으로 한 발도 뗄 수가 없었다.

마침내 수요일 저녁예배 시간이 닥쳐오는데 아무리 마음을 가다듬고 기도하며 설교를 준비하려 해도 도통 되질 않았다. 성경말씀을 찾아봐도 다 내게 해당되는 말뿐이니, 어떻게 교인들을 위해 설교를 준비하겠는가. 예배시간인 저녁 7시가 다가오고 있었다.

'그래, 이건 아니다. 내 자신의 감정도 못 누르는 사람이 어떻게 목사라고 할 수 있는가. 그런 사람이 어떻게 교인들 앞에 서며 하나님의 말씀을 전할 자격이 있겠는가. 나부터 변해야 된다. 교인을, 교회를 변화시키려면 내

가 먼저 변하지 않으면 안된다. 그래, 사생결단의 자세로 주님께 매달리자. 정녕 죽으면 죽으리라.'

나는 교회의 수석 장로님 앞으로 비장의 편지를 썼다. "제가 부임 7년째인데도 교회 부흥이 답보를 면치 못하는 것은 모두 제 책임입니다. 제가 하나님 앞에 제대로 변화되지 못해서입니다. 많은 회개를 한 끝에 금번에 사생결단의 각오로 40일 금식기도에 임하기로 결정했습니다. 안식년대신 산에 가서 40일 금식기도를 하고 오겠으니, 죄송하지만 그때까지만 장로님께서 대신 사역을 맡아 주셨으면 합니다."

이렇게 쓰고 나서 나는 곧바로 부평역으로 달려가서 서울로 가는 기차에 몸을 실었다. 서울역에 도착했지만, 이미 시간이 너무 늦어져 그날 밤은 서울 아는 분의 집에 가서 신세를 졌다. 1963년 7월 31일 수요일 밤이었다.

죽으면 죽으리라

그 다음날 아침 일찍 세검정 삼각산으로 향했다. 40일 금식기도를 감행해 은혜받으면 목회하고, 그렇지 못하면 죽든지 목회를 그만두겠다는 결심을 하고서 산을 향해 한 걸음 한 걸음 발걸음을 옮겼다.

한편으로 참 서글픈 생각이 들었다. 속설에 남자는 이레, 여자는 아흐레 굶으면 죽는다는데, 내가 죽으면 먼저 아내가 과부, 그리고 자식들이 고아가 된다는 생각이 들었다. 또 늙으신 어머니보다 먼저 죽는 불효를 저지른다는 생각도 들었다. 그러나 할 수 없었다. 이미 사생결단하고 나선 일이었다. 내가 은혜 못 받으면 목회를 할 수 없기에 어쩔 수 없었다.

그 당시 한국에서 40일 금식기도에 성공한 사람은 다섯 사람 정도 꼽을 정도였는데, 이용도, 박재봉, 양도천, 방병덕 목사 등이었다. 40일 금식기도 하다 실패해 건강을 해치거나 심지어 목숨을 잃는 사례도 발생하곤 했다. 흐트러지려는 마음을 다잡기 위해 나는 순교자 주기철 목사님께서 가사를 붙여 부르셨던 찬양을 목청껏 부르며 산을 올랐다.

"눈물 없이 못 가는 길 피 없이 못 가는 길/ 골고다의 언덕길은 주님 가신 길이로다/ 주님 제자 베드로는 거꾸로도 갔사오니/ 가리이다 가리이다/ 나도 그 길 가리이다."

40일 금식기도에 돌입

1963년 8월 1일 아침. 나는 비장한 결심을 하고서 주기철 목사님의 '주님 가신 길'을 계속 찬양하는 가운데 마침내 삼각산 정상에 올랐다. 정상에 오르니 그곳 기도의 용사들인 장세각 전도사님과 박애린 권사님께서 반갑게 맞아 주셨다. 그분들의 도우심 아래 드디어 40일 금식기도에 들어갔다. 기도는 진실봉, 영주봉, 통일봉, 이렇게 세 군데서 할 수 있었다. 장 전도사님이 진실봉에 1인용 천막을 쳐 주셨다. 우선 거기에서 10일간 기도하기로 했다. 정기적인 기도순서를 4시 새벽기도, 9시 오전기도, 12시 정오기도, 3시 오후기도, 7시 저녁기도 등으로 정했다. 각 정해진 시간마다 기도에 임하고, 기도 끝나고는 성경읽기, 또 시간이 되면 다시 기도, 또 성경읽기 식으로 끊임없이 진행했다.

집중적인 기도를 하기 위해 단계별로 제목을 정해서 기도하였다. 첫 단계는 진실봉에서 자아완성을 위해 기도했다. 우선 내 자신이 철저히 회개한 뒤 남을 위해 기도할 수 있는 자격자, 설교할 수 있는 자격자가 되기 위해 기도했다. 두 번째 단계는 영주봉으로 천막을 옮겨서 10일간은 교회부흥을 위해서 기도했다. 마지막 세 번째 단계는 통일봉에서 10일간 나라와 민족을 위해 기도했다.

이렇게 기도하는 중에 서서히 육체적 고통이 심해져 갔다. 기도를 시작한 지 사흘 후부터 몸에 힘이 하나도 없고 소변도 빨갛게 변했다. 금식기도는 열흘이 고비라는데, 이 고비를 넘어서서는 먹은 것도 같고 먹지 않은 것도 같은 상태가 계속됐다. 20일을 넘어서면서 갑자기 배가 몹시 아팠는데 먹은 게 없으니까 뱃속의 회충이 넘어오느라고 그런 것이었다. 먹은 게 전혀 없어 40일 동안 대변은 한두 번 보았을 뿐이다.

한번은 군산 구암장로교회의 한용운 목사 내외가 방문을 했는데, 사모님이 미숫가루는 밥이 아니니 좀 마시라고 권했지만, 내가 크게 마음 먹고 기도하는 중이니 유혹하지 말라고 물리쳤다. 사실 40일 금식기도는 매일 규칙적인 생활 때문에 견딜 수 있었다. 매일 새벽기도 후엔 성경을 읽고 나서 기도처에서 40-50m 정도 떨어진 산봉우리 너머까지 걸어가 가벼운 운동을 규칙적으로 했다. 오후 3시 기도 후엔 시도 쓰고 찬송도 하고 설교문도 썼다.

금식기도 20일째부터 어머님이 내 수발을 들어 주시러 오셨다. 직접 물을 날라 주시고 같이 기도도 하셨다. 이 당시 어머님도 기도하시는 중에 흰 구름이 온 산을 덮는 환상을 보셨다고 했다.

금식기도 마지막 단계인 35일부터 40일까지는 정말이지 무척 힘들었다. 늘 해 오던 대로 아침마다 소금 양치질을 하고 맨손체조도 했지만, 이 기간에는 정말 거동조차 하기 싫고 누워만 있고 싶을 정도로 힘들었다. 거의 사경에 이르렀다고 해도 과언이 아니다. 물을 날라다 주시는 어머님도 혹시 간밤에 아들이 죽지나 않았을까 하고 늘 노심초사하셨다. 그래서 어머님이 오시는 기척이 들리면 나는 헛기침으로 인기척을 내어 어머님을 안심시켜 드렸다. 그러면 어머님께서는 "아이고, 하나님! 감사합니다. 감사합니다." 하시곤 했다.

　　사실 당시 내 형상은 도저히 살아 있는 사람이랄 수가 없었다. 뼈에다

사실 당시 내 형상은 도저히 살아 있는 사람이랄 수가 없었다.
뼈에다 간신히 가죽만 입혀 놓은 몰골이었다.
금식이 그렇게 힘든 것인 줄 몰랐다.

40일 굶고서 사람이 어떻게 사느냐!

간신히 가죽만 입혀 놓은 몰골이었다. 금식이 그렇게 힘든 것인 줄 몰랐다. 육체적 고통도 고통이지만, 정신적 고통은 더했다. 정신 집중이 조금만 떨어지면 눈앞에 음식이 아른거렸는데, 특히 옛날 심방 가서 먹었던 달콤한 오렌지 주스, 귀한 손님이 오면 모시고 가 함께 먹었던 부평 부흥옥의 우족탕, 미군부대에서 나온 파인애플 통조림, 그리고 옛날 고향에서 맛있게 먹었던 참외 등이 그림처럼 보이다가 사라지곤 했다. 예수님의 광야 시험 중 40일 금식 후 사탄이 찾아와 "네가 만일 하나님의 아들이어든 명하여 이 돌들이 떡덩이가 되게 하라."는 시험이 그렇게 실감날 수가 없었다.

난 기도 중에 받은 은혜와 떠오르는 단상 등을 시로 표현하곤 했다. 여름이어도 산꼭대기라 새벽에 몸이 으슬으슬 추울 때는 두터운 솜이불을 덮고 눕고 싶은 생각이 간절했는데, 기도 중에는 마치 날개도 같고 보드라운 털 같은 것이 나를 감싸주는 느낌을 받곤 했다. 꼭 주님의 품처럼 느껴졌는데, 그때의 느낌을 시로 지은 것이 있다.

〈주님의 품속〉

1. 내 주의 품속은 참 따뜻하도다
   주님의 품에 안긴 자 추운 줄 모른다
   (후렴) 내가 주 앞에 지금 있으니
   　그 사랑의 품속에 꼭 안아 줍소서

2. 내 주의 품속은 참 힘이 되도다
   주님의 품에 안긴 자 두려울 것 없도다
3. 내 주의 품속은 참 평화롭도다

주님의 품에 안긴 자 불안을 모른다

4. 내 주의 품속은 참 만족하도다
   언제나 나를 품고서 버리지 않는다

이 시를 찬송가 186장 '내 주의 보혈'이란 곡에 붙여서 자주 부르곤 했다. 이 외에도 기도 중에 가정을 위한 노래, 교회를 위한 노래, 민족을 위한 노래 등을 많이 지어 노트에 기록하기도 했다.

승리의 찬양 – 내 영혼이 은총 입어

마침내 40일 금식기도의 마지막 날인 9월 9일이 도래했다. 나는 몸과 마음을 단정히 하고서 마지막 기도에 임했다. 의외로 마음이 고요해졌다. 기도에만 열중했다.

어느덧 해가 지고 밤이 되었다. 곧 12시가 지나면 마침내 성공한다는 생각에 마음이 다급해졌다. 먹었던 물이 역류를 해서 위액과 함께 올라왔다. 물한 모금 마시는 것조차 너무 힘들었다. 교회에서 청장년 12명이 나를 모셔 가겠다고 몰려왔다. 40일 금식기도의 마지막 기도처였던 통일봉의 민족제단은 우리나라 지도 모양으로 생긴 바위인데, 마지막 밤을 그곳에서 함께 돌아가면서 기도하고 찬송하였다.

그러던 중 내 머리에서부터 시작해 무엇과도 비교할 수 없는 뜨거운 불이 목으로 또 등으로 번지면서 온몸에 임하는 것을 체험했다. 머리에서 발끝까지 온통 불로 태워지는 것만 같았다. 그러면서 이제로부터 영원까지 성령께서 나와 함께 하신다는, 무너질 수 없는 쇠기둥 같은 믿음이 불뚝불뚝 용솟음쳤다. 성령께서 내게 뜨겁게 임재하셨다. 할렐루야!

마침내 자정 12시를 넘어섰다. 나와 아내, 어머니, 또 교인들은 뜨겁게 감사기도를 드렸다. 나를 통해 승리하신 하나님을 소리 높여 찬양했다.

동이 터 올 무렵 처음으로 좁쌀로 끓여 낸 고운 미음을 조금 마시자 그 전까지 위로 계속 올라오던 토악질이 그쳐졌다. 아내가 준비해 온 하얀 한복으로 갈아입고 내려갈 채비를 하였다. 교회 청년들은 피골이 상접한 내가 걱정이 되었는지 나를 앞뒤로 끈을 매어서 붙잡고 내려가겠다고 하였다. 그러나 그러고 싶지가 않았다.

"성의는 고맙지만, 그렇게 하지 않겠습니다. 승리자인데, 왜 죄수 같은 형상으로 내려갑니까? 나는 넉넉히 내 힘으로 내려갈 수 있습니다. 금식기도 40일 동안 우리 주님께서 눈동자처럼 보호해 주셨으니, 조금도 걱정하지 마십시오. 청년 여러분이 앞장서십시오. 우리 함께 승리의 주님을 찬양하며 내려가십시다."

내려가는 발걸음이 그렇게 가벼울 수 없었다. 마치 구름 위를 사뿐히 지르밟고 가는 기분이었다. 마음 깊은 곳에서 우러나오는 만족감, 승리감은 이루 형언할 수가 없었다. 길가의 꽃이 마치 나를 향해 웃는 것 같고, 나뭇잎도 나를 위해 춤추고, 하늘의 새도 나를 위해 노래를 부르는 것만 같았다. 눈에 보이는 모든 것, 하나님이 창조하신 세상 모든 것이 그렇게 아름다울 수가 없었다. "내 영혼이 은총 입어" 찬송이 저절로, 또 너무도 실감나게 불려졌다.

삼각산 입구인 세검정에 당도해서 간단하게 이발과 면도를 한 뒤 부평의 교회에 도착했다. 교인들이 구름같이 모여 있었다. 너무나 반가웠다. 인사를 드리고 간단히 간증을 하고, 하나님의 은혜를 함께 찬양했다. 교인들이 목사님 건강 회복하시라고 너도 나도 닭들을 가져오는 바람에 마당 한편에 닭장까지 지어야 했다. 그렇지만 절대 무리하지 않고 한동안 음식조절을 조심스럽게 했다.

그 이튿날 새벽기도회에 나가 보니 평소에 4-5명밖에 모이지 않던 신도가 교회당 가득 60-70명이나 모였다. 그때 전체 교인이 120명 정도였는데 "어떻게 이렇게 많이 모였느냐? 내가 왔다고 이렇게 모였느냐?"고 물어보자, 전도사님 하는 말이 "목사님은 산에서 금식기도 하시는데, 우리는 편하게 밥 먹고 잠자면서 새벽기도도 못하느냐?"고 독려했더니, 너도나도 새벽기도회에 모이게 되었다고 한다. 그러니까 내가 산에서 40일 금식기도 하는 동안 우리 교인들도 기꺼이 새벽기도로 동참했던 것이다. 정말 고마운 교인들이 아닐 수 없었다.

사실, 장로님께 급하게 올린 편지 한 장 외에는 집이나 교회에 아무 말 하지 않고 조용히 기도하러 간다고만 하고 그냥 나왔다. 일주일 후에 아내와 전도사님이 찾아와서야 내가 40일 작정 금식기도 하는 것을 제대로 알게 된 것이다. 그때 두 사람은 교회나 집안 걱정은 조금도 하지 말고 기도에만 전념하라고 격려했다.

산에 올라갈 때는 한편으로 서글픈 생각도 들었다. 우연찮게도 그 얼마 전에 잘 아는 목사님 한 분이 당신 아들이 보험회사 다닌다며 보험을 들라고 해서, 이왕 들려면 제일 큰 걸 들자 하고 당시 500만 원짜리 가장 큰 것을 들은 일이 있었다. 그래서였는지 산에 올라가면서 '내가 죽을 줄 알고 하나님께서 보험을 들게 하셨구나. 그래, 내가 죽으면 우리 처자가 그 보험금이라도 탈 수 있겠지.'하는 비장한 생각도 들었다. 그러나 하나님께서는 무사히 40일 금식기도를 마치게 하셨고, 나를 죽이는 게 아니라 새롭게 살려 내셨던 것이다.

그리고 산에서 내려올 때 내가 40일 기도를 막 끝낸 것을 알고 박애린 권사님을 통해 삼리교 교인 힌 분이 안수해 달라고 찾아왔었다. 그렇지만 나는 첫 안수기도는 우리 교회가서 해야 한다며 정중히 거절했다. 그래서 산에서 내려와 우리 교회 첫 새벽기도회 때 안수기도를 난생 처음으로 하게 되었다. 하나님께서 함께하셔서 참석한 신도 모두가 성령받는 것을 보았다. 그때 살아 역사하는 안수기도의 효과를 체험하면서 그후부터는 부흥회 갈 때마다 안수기도를 한 번씩 해주게 되었다.

이렇게 금식기도 후에 성령체험을 받고 나니 목회하는 데 큰 힘이 되었다. 동네 믿지 않는 사람들 사이에서는 "40일 굶고서 사람이 어떻게 사느냐?"고 화제가 되면서 싸움까지 간 적도 있었다고 한다. 그때 내 나이 35세에 불과했는데, 마치 성자가 다 된 것 같은 기분이었다. 기도와 설교에도 힘이 넘쳐 바위라도 깨뜨릴 것 같았다. 흰 두루마기 입고서 은혜받은 자신감으로 심방을 다니니까 너무 좋았다.

이후로 교회가 부흥되기 시작하는데, 어떤 때는 10명, 20명씩 무더기로 새로 나오곤 했다. 어느새 교회는 넘쳐나는 교인들로 꼭 차게 되었다. 그래서 당시 30평이던 교회를 뒤편을 늘려서 40평으로 증축했는데, 얼마 안 있어 1년 만에 다시 또 꼭 차게 되어서 이번에는 건물을 옆으로 늘려 60평으로 증축해야 했다.

나는 춤추고 싶었다

이병돈 목사 / 은평교회 원로목사

나는 춤추고 싶었다

내가 중학교 3학년 때의 일이다. 내가 다니던 은산교회는 농촌교회이고 남자 성도가 몇 명 안되기 때문에 중학생이던 나는 주일학교 반사로 임명을 받게 되었다. 교사가 되고 나서 두 번째 교회학교 예배에 참석했을 때, 갑자기 사회자가 "이병돈 선생 기도하시오."라며 내게 기도를 시켰다. 나는 그때까지 대표기도를 해본 경험이 전혀 없었다. 이렇게 대표기도를 해야 한다는 것을 알았다면 교사직을 맡지도 않았을 것이다.

그러나 나는 기도 못한다라고 차마 말을 할 수가 없어서 엉겁결에 기도를 시작했다. "하나님 예수님 주여..." 이렇게 세 마디를 하고는 기도가 중단이 되었고 30초 이상 끙끙대며 가슴이 뛰고 정신이 오락가락 하는 가운데 기도를 잇지 못했다. 더 이상 시간을 끌 수 없어서 그 세 마디하고 한참 있다가

"예수님 이름으로 기도합니다." 하며 기도를 마치게 되었다.

이때 부끄러움은 너무 컸고 망신스러워서 교회에 더 이상 앉아 있을 수가 없을 정도였다. 그러나 학생들을 맡았기 때문에 그 기도 이후에 출석을 부르고 공과를 가르쳤는데 내 정신이 아니었다. 글자가 둘 셋으로 보일 만큼 내 마음은 기도를 잘못한 실수 때문에 엉망이 되었다. 결국 나는 공과를 마치고 예배가 끝나기도 전에 집으로 도망쳐버리고 말았다. 그때는 믿음이 어려서 하나님 앞에 죄송한 것은 생각지 않고, 여선생들이 나를 어떻게 볼까 하는 것이 가장 큰 문제였다. 그리고 더 큰 내 마음의 문제는 나를 기도시킨 그 부장이 원수처럼 밉게 되었고 그 사람이 용서가 되지 않았다. 이것이 큰 실수도 되었고 시험도 되었다.

참회를 통해 열린 기도의 문

내게 기도를 시켰던 부장이 그렇게 용서가 안되었던 것은, 주일날 기도를 부탁한다고 며칠 전에 미리 말하지 않고 기도를 시켰기 때문이었다. 대표 기도를 제대로 못했던 나는 그가 지독하게 미울 수밖에 없었다. 그 날은 온종일 내 마음이 불편해서 집으로 돌아와서도 안절부절 못하고 괴로워했다. 그런데 오후 3시경, 그 부장이 미안했던지 내게 사과를 하러 찾아왔다. 그러나 그때도 섭섭한 것은, 사과를 하려면 혼자 와야지 주일학교 교사 네 명을 데리고 온 것이다.

나는 "사람을 망신시키고 무엇 하러 왔느냐? 그만 돌아가라."며 퉁명스럽게 쏘아붙이고는 손님이 방으로 들어와 앉았는데도 앉지 않고 서 있었다. 그러자 이 교회학교 부장이 내 두 다리를 끌어안으면서 정말 미안하다고 사과를 하며, "제발 앉자."고 나를 끌어 내렸다. 그러면서 용서해 달라고 내게 빌었고 "앞으로 이병돈 선생은 절대 기도를 안 시키겠으니 반을 맡아 학생들을 보살피는 교사직만은 계속 해달라."고 사정하는 것이었다. 그제서야 나도 마음을 풀고 그 부장 선생님에 대해 섭섭했던 마음을 풀어 버렸다.

나는 그때 일을 생각하면 부끄럽기도 하지만, 공예배나 어떤 순서에 기도를 부탁하는 일에 대해 큰 교훈을 받게 되었다. 대표기도를 할 수 없는 사람에게 대표기도를 지명하는 일은 정말 삼가야 한다. 그것이 얼마나 당사자에게 큰 상처가 되는가를 알아야 한다. 작은 모임이나 성경공부, 구역예배 등에서도 생각 없이 기도를 부탁하는 일은 없어야 한다. 작은 모임이라도 기도를 부탁할 때에는 한번 생각하고 맡겨야 한다. 그러므로 예배 사회자는 대표기도의 경험이 있는 사람을 잘 기억해 두었다가 갑자기 기도를 시켜야 할 상황이 되면 부탁해서 시험에 들지 않게 해야 한다.

이러한 사건을 겪은 뒤로 기도를 은혜롭게 하는 사람을 보면 나는 그렇게 부러울 수가 없었다. 또한 큰 은혜의 체험이나 성령세례를 받은 사람도 정말 부러웠다. 그 사람들의 영적인 상태나 은혜를 받은 체험에 대해 빼앗고 싶을 정도로 영적인 욕심이 생기게 되었다. 그러면서 기도에 대해서나 하나님의 은혜에 대해서 크게 사모하게 되었고 갈급한 마음의 소원으로 삼게 되었다.

그런데 마침 그 해 겨울에 교회에 부흥회가 있게 되어 그 부흥회 기간을 내가 은혜받고 기도의 사람이 되고 신앙생활에 큰 변화를 경험하는 기회로 삼기로 하였다. 그래서 서투른 기도이지만 계속 같은 말을 되풀이하는 기도의 열정을 갖게 되었다. 그래서인지 그 부흥회는 나에게 남다른 부흥회가 되었고 많은 기대를 갖고 사모하게 되었다.

부흥회가 시작되자 사모하기 때문에 새벽, 낮, 밤 집회에 제일 먼저 참석하게 되었다. 늘 앞자리에 앉았으며 첫날 저녁부터 중학생답지 않게 하나님의 체험을 간구하게 되었디. 결국 내게도 은혜의 시간이 찾아왔다. 목요일 새벽이었다. 강사 목사님이 오늘 아침에는 우리 모두가 회개하는 아침으로 삼자고 강조하였다. 목사도 회개하고 장로도 회개하고 평신도도 회개하라고 권하셨다.

20년 믿은 사람은 그 신앙의 수준에서 회개할 수 있고 1년 믿은 사람은 1년 믿은 신앙에서 회개할 수 있으며 믿은 지 몇 개월 안되는 초신자도 초신자의 입장에서 회개할 수 있다고 강조하면서 다 회개하라고 외치셨다. 그러고는 통성기도를 시키면서 계속 회개를 강조하셨다. 그러자 기도가 시작된 지 3분도 되지 않았는데 내 뒤의 여기저기서 큰 울음소리가 들렸다. 또한 복받치는 회개로 고성으로 울면서 회개하는 기도 소리들과 함께 그날 아침 온 교회가 눈물바다가 될 만큼 큰 회개를 경험하는 새벽기도회가 되었다.

나도 예외가 아니었다. 통성기도가 시작된 지 5분쯤 되었을 때부터, 이마 속에 눈물주머니가 있는 것처럼 눈물이 주룩주룩 쏟아지기 시작했다. 순진한 중학생이기 때문에 그렇게 큰 죄가 아닌데도 그 순간 깨달아진 잘못에 대해서 아주 심각한 죄책감과 함께 정말 통곡하는 회개를 드리게 되었다.

30분이 지나도 회개가 그칠 줄을 몰랐다. 과일밭에서 과일을 서리했던 일과, 땅콩밭에서 땅콩을 한 가방씩 뽑아 구워먹던 일, 주일을 범한 일, 부모에게 불효했던 일, 친구에게 명곡집을 빌려 왔는데 친구가 빌려 준 것을 잊어버리자 친구의 이름을 지워버리고 내 이름을 써서 내 것으로 삼아 책꽂이에 꽂았던 일, 옆집에서 펜치를 빌려왔는데 주인이 빌려준 것을 모르자 2년 동안이나 내 것으로 삼아 사용했던 일들이 깨달아지면서 부끄러운 줄 모르고 계속 울면서 고백하게 되었다. 회개하고 나서 명곡집은 친구에게, 펜치는 옆집에게 돌려주었고, 주인을 찾아줄 수 없는 것은 회개헌금으로 하나님께 드렸는데 그때의 감격스러움은 잊을 수가 없다.

이후 10분 이상 기도할 수 있는 사람으로 기도의 문이 열리게 되었다. 그 때부터 대표기도든 개인기도든 가리지 않고 자유롭게 기도할 수 있게 되었다. 그날 아침 새벽기도를 마치고 집으로 돌아가는 나는 마치 날아가는 사람 같았고 그렇게 행복한 감정을 느껴본 적이 없었다. 온 세상과 모든 만물이 나를 축하하는 것과 같이 감격스러운 아침이었다.

거듭날 때 따르는 은혜

신앙생활 속에서 첫 번째 큰 회개를 통해 거듭나는 경험을 갖는다는 것은 놀라운 은혜가 아닐 수 없다. 학생이든 청년이든 장년이든 노년이든 반드시 이 과정을 겪어야 한다. 왜냐하면 우리 자신이 거듭났다는 표현 그대로 다시 지음 받는 하나님의 은혜를 입는 사건이기 때문이다. 또한 하나님의 자녀로서 분명한 소속감은 물론이고 영적인 사람으로 신앙생활에 대한 모든 은혜가 가능해졌다는 데 큰 의미가 있다. 거듭나는 사건은 반복되는 것이 아니다. 한 번으로 족하다. 물론 거듭난 후에도 죄 짓고 실수할 수 있지만 발 씻는 것과 같이 그때그때 회개하면 해결할 수 있다.

나는 이 부흥회를 통해 거듭나는 체험과 함께 죄사함의 확신을 갖는 은혜를 경험하게 되었다. 예수님을 영접함으로 구원받아 하나님의 자녀가 되는 소속변화가 일어난다. 물론 그 전에도 틀림없이 하나님의 자녀이다. 그러나 거듭난 하나님의 자녀는 아니다.

그러한 면에서 거듭나는 은혜가 우리에게 허락하는 많은 변화를 깨닫게 되었다. 우선 설교를 들어도 영감이 다르고 깨달음의 깊이가 달랐다. 성경을 읽어도 성경말씀에 대한 이해력이 생기고 그 말씀이 밝아오는 것을 학생인데도 느낄 수 있었다.

물론 말씀에 대한 영적 깨달음은 그 수준이 다 다르지만 학생으로서 이 깨달음을 경험했다는 것이 형용할 수 없이 기뻤다. 또한 기도의 깊이가 달라지고 중학생이지만 중보 기도에 많은 시간을 할애하게 되었다. 거듭난 은혜를 체험한 이후에 얼마 동안은 그렇게 기도하고 싶었고 또 기도시간을 계획적으로 마련하고 기도에 집중하는 은혜도 경험할 수 있었다.

얼마나 기도가 하고 싶던지 친구들을 만나는 것을 의도적으로 피했고 또 열심히 기도하다 보면 내 힘으로 기도하는 것이 아니라 어떤 힘이 나를 돕고 있는 것을 깨닫게 되었다. 그때부터는 전혀 기도가 힘들지 않았다. 내가 이러한 경험을 담임목사님에게 이야기하자 목사님은 그것이 성령세례라고 하시며 함께 기뻐하셨다.

한번은 가까운 산에 올라가서 편안한 곳에 자리를 잡고 열심히 기도를 드렸다. 그때에 갑자기 눈물이 쏟아지면서 나도 이해하기 힘든 영적인 분위기에 이끌리게 되었고 기도를 마친 후 눈물을 흘리며 찬송을 부르게 되었다. 이때 부른 찬송이 지금 186장인 '내 주의 보혈은'이라는 찬송으로 그 가사 하나하나가 그렇게 마음에 와 닿았고, 회개하는 마음으로 40여 번을 불렀다. 4시간에서 5시간 가까이 한자리에 앉아서 찬송과 기도로 보냈지만 한 시간도 안 걸린 것처럼 짧게 느껴졌다. 하나님이 나를 부르시고 나에게 성령으로 인을 치시는 것 같은 은혜로운 시간이었다. 그때까지는 전혀 목회자가 될 마음이 없었고 신학 공부를 할 마음도 전혀 없었지만 지금 생각하면 하나님이 그때 나를 영적으로 사로잡은 시간이었던 것같이 깨달아진다.

소명을 받고

나는 고등학교 2학년 때 소명을 받고 신학대학에 들어갈 결심을 하게 되었다. 그러나 하나님은 중학생 때부터 나의 영적인 방향을 인도하고 계셨고, 나는 못 느꼈지만 하나님은 하나님의 사역자로서 나를 세워 가시고 있었다. 이렇게 영적인 감동과 감화에 이끌리게 되자 그 해 겨울에 신약성경만 15번을 읽으며 말씀에 흠뻑 빠지기도 하였다.

학교에 가서 교실에서도 틈틈이 성경을 읽자 옆에 앉은 친구 중에 비웃는 사람도 있었지만 주변의 믿는 학생들은 부러워하기도 하였다. 나는 학생회 규율부장이었기 때문에 학생들이 나를 함부로 대할 수 없었던 것이 그런 분위기에 도움이 되었는지도 모른다. 모든 믿는 성도는 거듭나야 하고 거듭나는 과정을 반드시 거쳐야 한다.

거듭나는 은혜를 통해 기도가 자리잡히고 기도하는 사람으로 바뀌는 영적 변화도 경험할 수 있다. 또한 성경을 읽기가 그렇게 힘들었는데, 성경을 읽을 수 있고 말씀을 가까이 할 수 있는 은혜도 거듭난 뒤의 일이었다. 예수님이 말씀하신 것처럼 물과 성령으로 거듭날 때 그리스도인으로 갖추어야 할 것을 갖추게 되고 제 자리를 찾게 되는 것을 깨닫게 된다.

성결의 영이 임하니

신학교 시절이다. 어느 날 기숙사 방에서 친구들끼리 신학토론이 자연스럽게 이루어졌다. 토론 중 나는 예지예정을 주장했고 나와 가장 가까웠던 강신찬 목사는 예정론을 주장하게 되었다. 그런데 서로 양보하지 않고 자기가 옳다고 주장하다가 말다툼이 되었고, 화가 난 강 목사가 갑자기 슬리퍼로 나를 치면서 "너 잘났다."고 소리쳤다. 그때 나도 반사적으로 의자를 들어 강 목사에게 던지려하자 친구들이 모두 일어나서 우리를 만류하여 싸움은 끝났지만 감정은 풀리지 않았다. 그러나 이 일로 인해서 고등학교를 갓 나온 신학생들의 혈기를 깨닫고 하나님께 크게 회개하는 기회가 되었다. 이 사건이 사감 교수님에게 알려졌다면 퇴학 감이었다.

그날 밤 나는 자책감 때문에 가까운 인왕산에 올라가서 통회하며 회개하고 있었다. 그런데 이상하게도 내가 앉아 기도하는 가까운 거리에서 나와 똑같이 눈물로 기도하는 소리가 들렸는데, 강 목사의 음성이었다. 그래서 기도하다 말고 뛰어가 보니 강 목사도 같은 산에 올라와 기도드리고 있었다. 얼굴을 서로 분명히 알아볼 수 있었던 것을 보면 달빛이 환하게 비치는 밤이었던 것 같다. 산에서 만나 둘이 서로 울며 끌어안고 기도한 그 기쁨은 정말 감격스러웠다. 서로가 "내가 잘못했다."고 하면서 끌어안고 놓을 줄을 모르며 "하나님 앞에 훌륭한 종이 되자."고 다짐하면서 함께 긴 이야기를 나누었다.

강 목사는 아버지가 연세대학교에 입학하라고 원서를 내고 시험장까지 데려다 주었는데, 공교롭게도 서울신학교와 시험이 같은 날이어서 아버지 몰래 시험장을 빠져 나와 서울신학교로 와서 시험을 보고 들어오게 되었다는 이야기를 들려주었다. 나도 우리 아버지의 힘든 반대를 기어이 극복하고 열 번이나 빌어 허락을 받아 서울신학교에 입학했다는 이야기를 나누면서, 우리는 무엇인지 모르는 힘이 서로를 강하게 묶어놓는 느낌을 받게 되었다. 강 목사는 의리도 있고 경제적인 여유도 있어서 구제도 많이 하고 어려운 친구의 등록금을 대신 내줄 정도로 훌륭한 친구였다. 우리는 그날 이후 지금까지 아주 가까운 친구로 서로 격려하고 기도해주고 있다.

신학교 2학년 2학기에도 학기초에 부흥회가 열렸다. 둘째 날 새벽에 이명직 목사님의 설교 말씀이 내게 강하게 부딪히면서 큰 회개의 시간을 갖게 되었다. 목사님의 말씀은 성결에 대한 것으로, 성결에 대하여 세밀하게 짚어 주셨다. "성결한 사람이 되고 성결한 생활을 가져야 하나님의 종이 될 수 있고 복음이 막히지 않는다."고 말씀하시면서, "행동의 죄, 마음의 죄, 양심의 죄, 성령을 거스른 죄"와 같은 내용들을 구체적으로 지적하며 성결한 사람이 되라고 계속 강조하셨다. 그때에 내 모습과 내 행위와 내 죄가 깨달아지면서 큰 통회가 일어나게 되었다. 중·고등학생 때에도 몇 차례 회개하는 통회가 있었지만, 이 날 아침은 좀 달리 표현한다면 하나의 통곡이었다. 사람은 한두 번 깨지고 회개한 것으로 영적인 사람이 될 수 없음을 깨닫게 되었다. 또 깨지고 또 깨지는 경험이 계속되어야 하는 것처럼 회개의 내용과 깊이는 다르지만 계속 회개하며 사는 것이 하나님의 사람이다.

그날 새벽의 회개는 아침까지 이어지고 낮 집회까지 이어졌다. 새벽집회를 다 마친 뒤에도 나는 늦게까지 강대상 앞에 깔린 다다미 위에 앉아서 계속 울면서 기도하고 있었는데, 이명직 목사님이 내 등을 치면서 "그만 울어도 돼. 하나님이 다 들으셨다."고 하시며 지나가셨다. 그런데도 계속 울면서 회개하고 있었더니, 환상 중에 예수님이 나타나셨다. 성화에서 본 것과 같은 흰 옷을 입으시고 손을 펴고 서서, "내가 네 죄를 사했다. 내가 네 죄를 사했다. 내가 네 죄를 사했다."라며 세 번 확실하게 전해주는 음성을 듣게 되었다. 이때의 영적 감동은 이루 형언할 수 없이 컸던 것을 지금까지 생생하게 기억하고 있다.

나는 기숙사를 돌며 춤을 추고 싶었고 어딘지 모르게 한없이 뛰고 달리고 싶은 그러한 감정이었다. 나는 눈물로 감사기도를 마치고 기숙사로 올라왔는데, 친구들이 모두 식사하러 내려가서 아무도 방에 없었다. 그래서 나는 찬송을 부르며 계속 감사기도를 드리면서 그날 아침을 금식하고 성경을 읽다가 낮 집회에 참석하게 되었다. 그러나 새벽에 있었던 영적인 체험은 내 마음을 떠나지 않았고, 집회시간에 부르는 찬송이나 대표기도나 목사님의 설교도 전부 나를 위해 주신 하나님의 은혜로 느껴졌다.

또 다른 성령충만의 경험

은산교회는 세 번째 맡은 교회이지만 젊은 전도사로서 목회하였기 때문에 힘에 겨운 느낌을 받았다. 특히 다양한 은혜체험과 성령체험 등 많은 것을 요구하는 영적인 성향에 대해 교역자로서 자신의 빈곤함을 느끼게 되었다는 것이다. 그들을 자신 있고 자유롭게 보살피는 데 부족함을 느낄 때마다 송구한 생각이 들었고, 하나님 앞에도 부끄러운 마음을 갖게 되었다.

그때부터 조급한 마음이 들어서 목적기도를 드리게 되었고, 영적 큰 부흥을 체험하는 성령 충만한 은혜를 집중적으로 사모하게 되었다. 기도의 제목도 기도의 내용도 오직 성령 충만이었다. 새벽기도는 물론이고 아침기도나 낮기도, 성도들과 함께 모인 저녁기도에서도 큰 은혜를 갈망하게 되었다. 다급해진 나는 속한 은혜 체험을 위해 마음이 바빴고, 늦은 감이 있는 것 같아 후회도 되었다.

그때는 주일 낮 예배와 저녁예배, 새벽예배를 인도하며 자연스럽게 말씀을 전하고 심방도 했지만, 마음속으로는 일구월심 큰 성령체험을 사모하는 간절한 마음이 지배하고 있었다. 그래서 칠보산기도원이나 교역자수련회, 오순절집회나 산기도 모임 등 가리지 않고 쫓아다녔고, 집회에 가면 은혜를 사모하는 간절한 기도가 복받치곤 하였다. 사모하는 마음으로 기도할 때마다 눈물이 앞섰고 한 시간이나 한 시간 반 정도의 기도는 예사로 했고, 때로는 두 시간 이상 기도하곤 하였다. 다른 사람들이 모두 숙소로 물러간 뒤에 두세 사람이 남아서 간절히 기도하다 보면 무슨 문제가 있어서 기도하는 사람같이 다른 사람에게 비쳐지는 느낌도 있었다.

그러던 중 1963년도에 교역자의 영적 부흥을 목표로 한 큰 집회가 계룡산에서 있었다. 정말 뜨거운 집회였다. 그런데 집회 중에 갑자기 폭우가 쏟아지기 시작했고 빗물이 계룡산을 뒤덮어 천막이 쓰러지고 산에서 흘러내린 물이 발목 위까지 차오르게 되었다. 할 수 없이 집회가 중단되었고 숙소나 집회장소에 사람이 머무를 수 없게 되어 다 보따리를 들고 하산하게 되었다. 모든 사람들이 내려갔지만 나는 혼자 산에 남았다. 그때가 오전 10시경이었다. 나는 한 바위를 정하고 그 자리에 앉아 특별한 각오로 기도하기 시작했다. 비에 젖은 보따리를 옆에 놓고 바위 위에서 시작한 그 기도는 정말 탄원하는 기도였다. 물론 계속 비가 쏟아지고 있어서 온몸이 젖었고, 내가 기도하던 곳은 경사진 곳이었는데 산 전체를 흘러내리는 물이 무서울 정도였다. 그러나 야곱이 브니엘에서 기도했던 것과 같은 심정으로 뜨거운 기도를 하나님 앞에 드렸다. 은혜를 주시지 아니하면 내려갈 수 없다는 마음의 다짐을 갖고 시작한 기도는 그 폭우 속에서 네 시간이 지나도록 계속되었다. 다른 방법을 취할 수 없는 여건에서 기도를 했기 때문에 정말 온 힘을 쏟는 열정의 기도였다. 신기하게도 기도 중에 힘이 솟는 영력 있는 기도가 나왔고 전혀 잡념이 없이 하나님의 은혜를 사모하는 진지한 기도를 드릴 수 있었다.

　전도사가 목회를 위해 영적 능력을 갖고자 목숨을 건 간절한 기도를 드렸더니 하나님의 임재를 느낄 수 있었다. 온몸이 뜨거워지면서 내 자신이 내 몸의 중량을 느끼지 못할 정도로 영적인 영감에 사로잡히게 되었고, 몸에 진동을 느꼈지만 바위에 앉아 있어도 전혀 몸이 상하지 않는 성령의 강력한 임재를 경험할 수 있었다. 그뿐 아니라 나 자신의 상태를 내가 보게 되어 하나님 앞에 내 마음이 우는 영적 체험도 하게 되었다. 나는 요엘 2:13에 나오는 "옷을 찢지 말고 마음을 찢고 하나님께 돌아오라"는 말씀이 분명하게 이해되는 영적인 통곡을 하였다.

전도사가 목회를 위해 영적 능력을 갖고자 목숨을 건 간절한 기도를
드렸더니 하나님의 임재를 느낄 수 있었다. 온몸이 뜨거워지면서 내
자신이 내 몸의 중량을 느끼지 못할 정도로 영적인 영감에 사로잡히게
되었고, 몸에 진동을 느꼈지만 바위에 앉아 있어도 전혀 몸이 상하지
않는 성령의 강력한 임재를 경험할 수 있었다.

나는 춤추고 싶었다

한동안 다리와 무릎을 바위에 짓찧는 진동이 있었는 데도 아무 데도 상처가 나지 않았다. 오후 4시에 그 바위에서 일어났으니 6시간을 기도한 것이다. 그 기도를 통해 성령체험을 분명히 경험할 수 있었고, 성령세례와 거듭나는 은혜는 전혀 다른 하나님의 역사인 것을 깨닫게 되었다. 그 이전에도 성령의 역사를 몇 차례 경험했지만, 이번같이 성령이 충만한 내면적인 감격이나 기쁨 그리고 영적인 자신감을 갖게 된 것은 처음이었다. 한 사람의 영적 변화를 위해 하나님이 베푸시는 소중한 은혜를 경험한 그 감격은 헤아릴 수 없었다. 일어나서 두 손을 들고 하나님 앞에 부른 찬송은 정말 감격스러워서 드리는 감사의 찬양이었다. 또한 사죄의 은혜를 경험한 과거에도 집에 돌아올 때 천지가 환영하는 것 같은 은혜를 경험했지만, 이번에는 그보다 몇 갑절이나 더 산과 나무, 하늘이 나를 축하해 주는 것과 같은 하나님의 큰 사랑을 입게 되었다.

바울사도는 '해산의 수고'라는 표현을 성도들을 양육하는 방법으로 사용했다. 그러나 우리 개인이 성령체험을 통해 영적인 사람으로 바뀌는 것도 해산의 수고를 거치게 된다는 것을 알게 되었다. 성령체험을 원하는 마음이 어떠한 조건으로든지 먼저 일어나야 하고, 사람에 따라 다르지만 성령충만의 첫 경험을 갖기까지 어떤 과정을 거치게 된다. 이러한 수고로운 노력을 통해 분명한 성령과의 연합을 경험하면 천하를 얻은 기쁨과 큰 보화를 얻은 감격과 같은 영적인 은혜를 경험하게 된다. 구원받고 하나님의 자녀가 되었다면 누구든지 반드시 이 축복을 경험하도록 권하고 싶다. 한 번 성령충만으로 평생을 보장할 수 없지만 성령과 연합하는 첫 번째 사건이 그 개인의 신앙에 주는 영향이 크기 때문이다. 성령세례나 성령충만을 경험한 사람은 이 은혜를 반복적으로 누릴 수 있는 영적으로 자리잡힌 사람이 된다. 그리스도인은 구원도 하나님의 은혜요 거듭나는 사건도 하나님의 은혜이며 성령의 사람이 되는 것도 하나님의 은혜이다.

또한 신앙적인 삶이나 모든 헌신과 사역도 성령의 도움이 아니고는 불가능하기 때문에 어차피 성령의 사람이 되어야 한다. 그럴 바에는 성령세례의 체험이 빠를수록 좋고 성령과의 연합된 삶은 익숙할수록 유익하다. 성령으로 다스림 받고 성령으로 이끌리고 성령과 동행하는 훈련이 잘 갖추어진 성령으로 길들여진 사람이 되자.

전도사 때에 성령세례의 경험을 가진 것이 늦은 감이 있다고 느꼈고 부끄럽기도 하였다. 그러나 여러 차례의 회개와 통곡과 같은 참회의 과정을 거친 뒤에 이 은혜를 받았기에 나에게는 더욱 소중한 체험이 되었다. 그뿐 아니라 상담이나 설교나 성경공부 등 크고 작은 모든 집회에 자신감을 갖게 되었고 하나님을 의지하는 마음의 깊이가 깊어져서 더 힘이 되었다.

항상 성령의 임재를 느끼기 때문에 하나님의 표적이나 영적인 감화나 나와 함께 모인 사람들의 마음을 움직이고 그 마음속에서 역사하는 성령의 사역이 믿어질 뿐 아니라 성령의 갖가지 표현을 알게 되었다. 이러한 영적인 은혜가 갖추어진다는 것이 너무나 큰 하나님의 선물이요 하나님의 축복이 아닐 수 없다.

3부
그 순간, 성결체험기 리뷰

Special Ⅰ

그 유별난 성결이란
도대체 무엇인가?

박훈용 목사 / 전주교회

그 유별난 성결이란 도대체 무엇인가?

성결교회의 정체성은 성결이다. 이명직 목사는 성결교회가 이 땅에 들어온 목적은 사람들에게 성결의 복음을 전하여 그들로 하여금 성결의 은혜를 체험하게 하고 성결한 삶을 살아가게 하기 위함이라고 하였다. 성결교회가 주창하는 사중복음 즉 중생, 성결, 신유, 재림도 그 중심은 성결이라고 하였다. 중생은 성결의 시작이요, 신유는 성결의 결과요, 재림은 성결이 지향하는 바라는 것이다. 그리하여 성결교회 교단지 활천은 초기부터 성결의 신학과 교리, 그 은혜를 체험한 간증, 그리고 그 은혜의 삶을 크게 강조하여 자주 소개하였다.

성결교회 임직식에서 묻는 질문 가운데는 "중생하고 성결의 은혜를 체험

하였느뇨?"라고 묻는 항목도 있다. 목사, 장로, 권사, 안수집사 임직을 받는
사람들은 모두가 다 이 질문을 받고 '예'로 대답하여야 한다. 성결의 은혜를
받음이 임직받는 자의 자격기준이요, 필수조건임을 알 수 있게 한다. 그러나
요즘 임직식에 가서 보면 그 질문을 빼고 질문하는 경우도 있고 대답도 흐지
부지 얼버무려 답하는 경우도 있다. 성결의 은혜가 부담스럽다는 뜻으로 해
석이 되기도 하고, 성결의 은혜를 받았는지 확신이 서지 않는 상태에서 임직
을 받는다는 뜻으로 해석이 된다.

사실 오늘날 성결교회는 성결의 은혜를 많이 잊고, 이 은혜를 희석시키
고 있음이 사실이다. 성결교회는 그 정체성을 상실해 가고 있거나, 그 정체
성이 점점 더 희미해져 가고 있다는 것이다. 그래서 뜻있는 성결인들은 성결
교회 내에 성결의 은혜를 다시 찾아야 하고 성결성을 회복해야 한다고 목소
리를 높인다. 이것이 오늘날 성결교회의 현실이요 현주소다.

성결교회 교단지 활천은 창간 초기부터 성결교회의 정체성 즉 성결을 크
게 강조하여 주창하여 왔고, 그 전통을 잘 이어받아 성결을 신학적으로 혹은
교리적으로 그리고 성경적으로 잘 정리하여 소개하면서, 성결교인들에게 성
결교회의 정체성을 잘 지켜 갈 것을 호소, 설득, 교훈, 주창하여 오고 있다.
이런 역사적 맥락을 잇는 차원에서 지난 2008년 1월호부터 지금까지 "그 순
간 – 성결체험기" 코너를 마련하여 매호마다 성결 은혜를 체험한 교인들을
찾아 그 체험 간증을 소개하는 작업을 해오고 있다. 이제는 한 걸음 더 나아
가 이 성결 은혜의 체험기를 선별하여 단행본으로 출판하여 성결교회 앞에
내놓으려고 계획하고 추진하고 있는 것으로 안다. 참으로 훌륭한 발상이요,
기념비적인 작업이 될 것이라 생각한다.

본 기고자는 단행본으로 출간할 내용을 읽고 그 리뷰를 여기에 적고자 한다. 양해를 구할 것은 본 기고자가 성결의 은혜에 대한 신학적이고 교리적인 그리고 성경적인 전이해를 가지고 읽고 정리한 것이어서, 기고자의 전이해가 각자가 체험한 성결의 은혜의 다양성을 다 품어내지 못하는 오류를 범하게 되지 않을까 조심스러운 생각이 든다는 것이다.

그러면 그 유별난 성결이란 도대체 무엇인가

1. 이명직 목사는 성결체험 간증에서 "성결은 은혜"라고 적고 있다. 중생이 하나님의 은혜인 것과 같이 성결도 하나님의 전적인 은혜라는 것이다. 이것은 구원이 오직 하나님의 은혜라는 성결교회의 신학적 입장을 더욱 확실하게 정리해 준다고 볼 수가 있다. 그러나 이 은혜는 제2의 은혜인 것을 여기 성결의 은혜 체험기들은 말하고 있다. 박훈용 목사는 성결의 은혜를 체험하고 나서 "또 다른 은혜를 받다"라고 적고 있다. 이것은 중생의 은혜를 전제로 한 간증으로 보아진다. 이 은혜는 한번 받고 마는 것이 아니라 계속 유지하는 일이 절대로 필요하다. 그리하여 박광훈 목사는 "그 은혜 힘입어 나 살겠네"라고 고백하고 있다. 오직 하나님의 은혜로 성결의 은혜를 잘 유지해 가겠다는 고백인 것 같다.

물론 이 은혜는 열매가 따른다. 성결한 삶이 따른다는 것이다. 예수님은 나무가 좋으면 열매가 좋다고 하였으며 그 열매를 보면 그 나무를 안다고 하셨다. 성결의 은혜는 반드시 성결한 삶의 열매를 맺는다. 그러기 때문에 성결의 열매가 없으면 그가 체험했다고 말하는 성결의 은혜가 성결의 은혜가 아니라는 말이 된다. 그리하여 이강천 목사는 성결의 은혜를 받고 성결한 생활을 열매로 맺는다고 간증한다. 그의 간증은 이 세상에서 구별되게는 살아도 분리되지는 않을 것이며, 적응하면서는 살아도 동화되지는 않겠다는 의지로 읽혀진다.

물론 성결의 은혜가 제2의 은혜라는 것에 대하여 이견을 말하는 이들도 있다. 그들은 성결의 은혜를 중생의 은혜와 동시에 받았다고 간증한다. 여기 "성결체험기"의 간증들을 보면 세 분이나 같은 내용의 간증을 하고 있다. 그 분들은 중생의 은혜와 성결의 은혜를 동시에 받았다는 것이다. 이것은 성결교회 신학의 뿌리를 제공한 요한 웨슬리의 올더스게이트 체험을 예로 들어, 그 근거를 댄다고 말할 수 있다. 요한 웨슬리가 올더스게이트에서 중생의 체험과 성결의 체험을 동시에 하였다는 것이다.

그러나 성결의 은혜가 중생의 은혜와 다른 제2의 은혜라고 말하는 이들은 요한 웨슬리가 올더스게이트 경험 후 1739년 1월 1일 새벽 3시 런던 페터레인(Fetter Lane)에서 강력한 성령의 역사를 경험한 것을 그 근거로 제시한다. 사실 요한 웨슬리는 그의 일기에 페터레인에서의 경험을 이렇게 쓰고 있다. "60명의 신앙 동지들과 철야기도회 시 우리가 자유 기도를 드리고 있을 때 성령의 능력이 우리에게 임하여 여러 사람이 쓰러졌다." 이것을 근거로 하여 성결교회는 성결의 은혜를 중생의 은혜와 동시에 받기보다 제2차적으로 받는다는 신학적 입장을 취하는 것 같다.

그러면 중생의 은혜와 성결의 은혜를 동시에 받았다는 그들의 간증은 무엇인가? 여기 대해서 이명직 목사는 활천 초기자료에서 명쾌한 답을 하고 있다. "성결의 은혜는 중생의 은혜와 동시에 받을 수도 있다." 성결은 중생의 은혜를 받은 다음 두 번째로 받는 은혜이지만, 이 두 은혜를 동시에 받을 수도 있다는 말이 된다. 그러나 이 두 은혜는 분명히 다른 은혜인 것을 그는 밝히고 있다.

2. 임동선 목사는 성결의 은혜를 체험한 간증을 하면서 온 방에 불이 가득했다고 적고 있다. 이것은 무엇인가? 여기서 불은 성령을 상징한다. 그렇기 때문에 성결의 은혜는 곧 성령세례라는 것이다. 성결교회 헌법에 보면 "성결은 곧 성령세례이며"라고 적고 있다. 신자가 중생의 은혜를 받으면 구원을 받는 것이지만 마음에 원죄의 부패성이 남는다. 성결교회는 이것을 가리켜 쓴 뿌리라고 말한다. 이것은 죄의 경향성이다. 이것 때문에 신자는 자주 넘어지고 쓰러지고 죄를 범하기도 한다. 그래서 바울은 로마서 7장 마지막 부분에서 "오호라. 나는 곤고한 사람이로다. 이 사망의 몸에서 누가 나를 건져내랴. 한 마음은 죄의 법을 한 마음은 하나님의 법을 내가 섬기노라."라고 절규하였다. 바울이 여기서 말하는 죄의 법은 원죄의 부패성, 쓴 뿌리, 죄의 경향성, 두 마음이다. 그런데 바울은 로마서 8:2에서 "생명과 성령의 법이 죄와 사망의 법에서 나를 해방하였음이라."라고 적고 있다. 이 말씀을 근거로 하여 성결교회는, 성령세례는 중생한 신자에게 남아 있는 죄의 부패성, 쓴 뿌리, 죄의 경향성을 깨끗이 씻는다고 믿는다. 야고보서 4:8에도 보면 "두 마음을 품은 자들아 마음을 성결케 하라."고 말하고 있다.

성결교회는 성령께서 마음에 임해 오서서 십자가의 피로 중생한 자에게 남아 있는 원죄의 부패성, 쓴 뿌리, 죄의 경향성을 정결하게 씻어준다고 믿는다. 이런 이유 때문에 이성봉 목사는 성결의 은혜를 받을 때 하늘로부터 나타난 십자가를 보았다고 간증하는 것 같다. 성령을 통하여 십자가의 피로 원죄의 부패성을 씻음 받게 되면 비로소 원죄의 부패성, 쓴 뿌리를 제거한 마음, 즉 성결한 마음을 이룬다는 것이다. 이것이 성결교회가 말하는 성결의 은혜이다.

　이 책의 간증자들이 체험한 성결의 은혜는 다 이 범주 안에 들어 있음을 확인하였다. 이대준 목사의 "나는 참으로 죄인입니다."라는 고백은 사실은 바울이 말한 로마서 7장 마지막 부분의 고백이요, 문준경 전도사의 "무거운 짐"도 사실 원죄의 부패성, 죄의 경향성이었던 것이다. 그래서 김용은 목사는 중생의 영적 상태에 머물러 있어서 "졸업장 가지고 목회를 하겠는가." 그런 책망의 말씀을 들었고, 배본철 목사는 "나를 완전히 죽여 주옵소서."라고 무릎을 꿇었다. 그런데 아직 다 죽지 못한 중생의 상태, 즉 두 마음에서 성령 세례로 자유하게 되고 성결의 은혜를 받게 되니 김응조 목사의 고백 "내 몸은 날아갈 것 같았고"의 탄성이 나오게 되며, "나는 주님의 도구가 되겠습니다."라는 정진경 목사의 고백이 나오게 되고, 신학철 목사는 "나를 위해 전도해 주지 않겠니?"라는 주님의 음성을 들을 수 있었던 것이다. 여기 기록한 여러분의 간증을 보면 성결의 은혜를 받아야 비로소 참 헌신자로서 하나님 앞에 설 수 있게 됨을 알 수 있게 된다.

　3. 성결의 은혜는 순간에 받는 은혜라고 신성철 목사는 간증하고 있다. 그것도 날짜와 시간까지 정확하게 기억하면서, 성결의 은혜는 순간에 받는다고 말하고 있다. 이러한 입장은 잘못하면 "구원받은 시간을 순간까지 기억해야 구원이 확실한 것이다."라고 말하는 구원파의 입장에 기울어질 경향성이 다분히 있는 것이 사실이지만, 성결교회의 입장은 성결의 은혜를 체험한 날짜와 시간을 반드시 기억하고 있어야 한다는 말이 아니고, 성결의 은혜는

받는 그 시간의 정점이 반드시 있다는 것이다. 그 시간의 정점을 순간으로 말한다. 최현호 목사는 팔을 들고 기도하면서 너무 팔이 아프지만 그래도 차라리 팔이 떨어져 죽자는 마음으로 기도하는데 갑자기 성령의 불길이 임해 왔다고 간증하고 있다. 물론 성결의 은혜를 받기까지 준비과정은 있다. 성결의 은혜, 즉 성령세례를 받기 원해서 성결의 은혜와 성령세례에 대한 말씀을 붙잡고 금식하며 철야하면서 기도하는 기간이 있다는 것이다.

여기에 간증하고 있는 모든 분들이 다 그런 과정을 거친 것이 사실이다. 이만신 목사는 40일을 금식하며 기도하는 과정을 거쳤다. 그러나 그 성결의 은혜를 순간에 받았음도 사실이다. 마가 요한의 다락방에서 120명의 제자들이 성령세례 받을 때도 10일 동안 전혀 기도에 힘을 쓰고 성령세례를 순간에 받았다. 여기 간증자들이 받은 성령세례가 앞에서 밝힌 바와 같이 성결의 은혜인 것이다. 물론 성결의 은혜는 순간에 받지만 그러나 그리스도의 장성한 분량이 충만한 데 이르기까지, 죽어서 영화될 때까지 계속 자라야 되는 것 또한 사실이다. 이 과정을 가리켜 점진적 성장이라고 성결교회는 말한다. 점진적 성장은 중생 후 성결의 은혜를 받을 때까지 자라는 점진적 성화와 확실하게 구별이 된다.

여기서 성결의 은혜를 체험한 간증기를 실례로 들면서 정리하는 것이 독자들에게 성결에 대한 이해, 성결의 은혜에 대한 감동, 그리고 성결의 은혜를 체험하고자 하는 갈망을 일으키는 데 도움이 될 것 같다. 본 기고자는 성결교회 교부로 알려져 있는 이명직 목사와 성령운동 연구가인 배본철 교수의 간증을 비교 조망해 보면서, 앞서 정리한 성결의 이해를 더 표면적으로 드러내고자 한다. 먼저 이명직 목사의 간증을 정리하고자 한다.

이명직 목사는 성결의 은혜를 받기 전 중생의 은혜를 받은 것이 확실하다. 그 은혜를 가리켜 이명직 목사는 다른 사람들이 경험하지 못한 은혜를 받았다고 말한다. 그러나 그 은혜가 전부가 아니고 온전한 은혜도 아닌 것을 경험한다. 마음과 삶의 이중성이 그것이라고 하였다. 이런 그에게 성결의 은혜가 임했다.

"골방 문을 닫고서 주를 붙잡고 씨름하기를 시작하였다. 말은 많이 하지 않았다. 나에게 성결을 주시든지 사명을 거두어 가시든지 하소서. 나는 주의 뜻을 이루는 교역자가 되기를 원하나이다. 하룻밤을 세웠지만 별로 신기한 일이 없고 이틀 밤을 세웠지만 응답이 없었다. 그러나 주의 말씀은 거짓이 없는 것을 믿고 다만 언약만 붙잡고 사흘 밤에도 여전히 기도하는 중 할렐루야 주의 음성이 임하였다. 주의 거룩함을 보게 되었다. 아 그때 그 순간의 성신의 역사는 말할 수 없었다. 나는 그때에 성신이 충만하게 되었다. 새 능력에 포위되게 되었다. 이것은 내가 세상에 태어난 후 처음 하는 영적 경험이다. 한참 동안 울고, 한참 동안 웃고 춤추고, 취한 사람이 아니면 미친 사람처럼 행동하였다."그 후 그는 비로소 본격적인 사명의 길로 들어선다.

다음은 배본철 교수의 체험을 정리하고자 한다. 그는 중생의 은혜를 체험한 후의 영적 상태를 이렇게 적고 있다. "하지만 그렇게 새로워진 나에게도 종종 우울함과 죄책감을 만들어 주는 요인이 사라지지 않고 있었던 것이 사실이다. 그 요인은... 바로 내 안에 도사리고 있는 죄의 문제였다. 그것은 하나님을 즐겨 섬기기를 원하는 나에게 또 하나의 힘, 즉 이전의 죄스런 유혹으로 이끌려 가려는 힘이 있었던 것이다." 그는 자기 집 다락방에 들어가 "주님, 여기가 제가 죽을 장소입니다. 나를 완전히 죽여주옵소서. 이 가증스런 죄악에 끌려가는 일이 다시는 없도록 저를 성령의 불로 태워주옵소서."
회개하며 기도하였다.

"이러기를 얼마나 지났을까. 나도 모르게 통회와 회개의 눈물대신 가슴
속에서부터 북받쳐 오르는 감사와 희열의 눈물을 주체할 수 없었다. 하나님
의 임재하심이 그 어두운 다락방을 환히 밝혀주는 것만 같았다. 내 영혼을 관
통하는 듯한 쏟아지는 빛줄기와도 같은 감동의 전율이 온몸을 휘감고 있었
다. 나는 터져 나오는 영광스런 기쁨의 감동 속에서 큰 소리로 울며 웃으며
하나님을 예배하였다... 주님 이제는 죽어도 좋습니다. 정욕과 죄악에 매여
살던 삶은 이제 다 지나갔습니다. 나의 영혼을 죄로부터 정결케 해 주셨으니
이제 나는 온전히 주님만을 위해 살겠습니다. 성령으로 충만하게 하셨으니
감사합니다. 나의 삶을 온전히 받아 주시고 나를 복음전도자의 삶으로 사용
해 주옵소서."라고 간증하고 있다.

이 두 분의 영적 체험 과정은 공통적인 부분이 있다. 먼저, 중생의 체험
을 한 후 성결의 은혜를 체험하기까지 영혼의 고뇌가 있었고, 중생의 체험 후
에 성결의 은혜 체험을 하였다는 것이다.

둘째, 회개의 단계를 거쳐 성령세례의 체험을 하였는데 이것을 성결의
은혜라고 말하고 있다는 것이다. 두 분 다 성령의 세례가 마음의 정결과 능
력(purity and power)을 가져온다고 간증하고 있다. 여기서 마음의 정결이
성결이다. 이명직 목사는 이 은혜를 거룩하신 하나님을 뵈었다고 표현하고
있다.

셋째, 성결의 은혜를 순간에 받았고 그 순산 말로 표현이 불가능한 기쁨과 감격이 넘쳐났다는 것이다. 그 은혜가 계속해서 사명으로 이어지고 있다고 두 분은 입을 모은다. 사명을 감당하며 나아가는 이 일은 성결의 은혜 후 영화를 향하여 나아가는 신자의 점진적인 성장인 것이다.

그 유별난 성결이란 도대체 무엇인가? 첫째는 중생 후에 받는 제2의 은혜이다. 둘째 성령세례이다. 셋째 순간에 받는 은혜이다. 본 기고자는 여기 간증집의 내용을 성결의 은혜와 연결하여 다 정리하지 못하는 아쉬움을 남긴다. 물론 여기 간증들이 성결의 은혜를 다 담아내고 있지는 못할 것이다. 성결의 은혜란 너무도 다양하게 나타나기 때문이다. 그러나 큰 흐름으로 말하면 성결의 은혜란 위의 세 가지 정리로 대변할 수 있을 것이다.

이제 이 성결의 은혜를 보편화시켜야 한다. 모든 성결가족이 다 성결의 은혜를 받고 성결한 삶을 살 수 있도록 운동을 벌여야 한다. 그래야 성결교회의 정체성을 확고히 세울 수 있을 것이다. 이런 면에서 '활천'이 벌이는 성결성 회복을 위한 일련의 작업들은 높이 평가를 받아야 할 것이다.

Special 2

성서적이며 웨슬리적인
우리의 성결 교리

한영태 교수 / 서울신학대학교 전총장, 조직신학

성서적이며 웨슬리적인 우리의 성결 교리

웨슬리는 자신은 "참되고 성서적이며 체험적인 기독교"를 증거하기를 원한다고 하면서, 설교나 신학사상을 언제나 성서에서 시작하여 신앙체험에 의지하여 호소하였다. 웨슬리는 체험의 역할을 크게 세 가지로 보았다.

첫째, 계시의 중개역할이다.
둘째, 진리를 확증한다.
셋째, 성서를 해석한다.

기독교 신앙에서 체험의 중요성을 강조한 이런 웨슬리의 태도는 자신의 영적 체험으로부터 기인한다. 즉 1738년 5월 24일 저녁 8시 45분경 "이상하게 가슴이 뜨거워지는" 제험을 한 뒤부터, 그는 체험의 역할과 가치를 강조하게 되었으며, '체험의 신학자'로 불리게 되었다.

성결(성화, 기독자 완전)의 체험에 대하여 웨슬리는 "기독자 완전을 체험했다고 고백하는 사람들을 믿지 않는 것은 결국 기독자 완전 자체를 부정하는 것이라고 나는 생각한다. 왜냐하면, 우리가 20년 동안 설교한 것에 대한 산 증거가 없다면, 나는 더 이상 그 교리를 설교할 수도 없고 감히 설교하지도 않을 것이다."라고 말하였다. 웨슬리의 말처럼 성결은 성서적이고 체험적이다.

2008년 1월호부터 활천에 연재되어온 "그 순간 – 성결체험기"는 웨슬리가 강조한 성결에 대한 생생한 체험을 잘 간증하고 있다. 이러한 체험과 체험자가 있기 때문에 성결교회는 성결을 더욱 확신 있게 외칠 수 있으며, 우리의 성결 유산이 성서적이며 체험적인 진리임을 확신할 수 있다. "성결체험기"를 읽어 보면 그들의 체험이 성서적이며 웨슬리 신학적인 참된 경험임을 알 수 있다.

성결교회의 성결 이해

우리 교회의 헌법 제2장 제18조에는 성결을 다음과 같이 정의하고 있다.

"성결이라 함은 그리스도로 말미암아 성신의 세례를 받음이니 곧 거듭난 후에 신앙으로 순간에 받을 경험이다. 이 은혜는 원죄에서 정결하게 씻음과 그 사람을 성별하여 하나님을 봉사하기에 현저한 능력을 주심이다. 사람이 의롭다 함을 얻음에 신앙이 유일의 조건 됨같이 성결도 오직 신앙으로 얻는 은혜이다."

이 정의는 몇 가지 특징적인 용어로 요약될 수 있다. 즉 성령세례(성령충만), 중생 후에(이차적), 순간적 경험, 원죄에서 씻음, 성별(구분됨), 능력 주심, 그리고 신앙으로 얻는 은혜라는 것이다. 이러한 용어들은 성결의 개념과 함께 성결케 되는 방법 등을 보여주는데, 18세기 웨슬리와 19세기 성결-부흥운동에서 가르치고 강조한 것들이다.

우리 교회의 성결에 대한 정의는 물론 웨슬리 신학적이지만, 성결에 대한 모든 것을 다 설명하고 있지는 않다. 예를 들면 성결의 본질이라 할 수 있는 '사랑'에 대한 언급이 전혀 없고, 또한 점진적 성화에 대한 내용이 없다. 웨슬리는 성결에 대하여 다양한 용어 또는 개념으로 설명하였으며, 그 후 성결 신학자들은 더욱 다양하게 성결을 설명하였다. 이는 성결이라는 진리가 너무나 깊고 넓기 때문에 한두 마디로는 설명할 수가 없기 때문이다.

이제 활천에 기록된 간증들을 성결에 대한 웨슬리의 가르침과 웨슬리안 학자들의 설명 그리고 헌법에 나타난 설명에 따라 분석하려고 한다. 이러한 작업을 통해 우리의 성결 유산이 성서적이고 경험적인 참된 기독교 진리임을 확증하게 될 것이며, 또한 우리의 신학이 웨슬리 신학에 터 잡고 있음을 분명히 보여줄 것이다. 신학적 분석 끝에는 거기에 해당하는 분들의 이름을 적었으니, 독자들은 참고하기 바란다.

그 순간 – 성결체험기에 대한 신학적 분석

1. 성결체험에 대한 간증들

① 성령세례(불세례, 성령충만): 이는 "은혜기"에 가장 많이 나타난 용어이며, 헌법에 나타난 대표적 용어이다. 성령세례는 성결케 되는 방법이다. 즉 어떻게 성결해지느냐는 물음에 대하여, 성령의 세례를 받음으로 성결해진다는 것이다. 성령은 거룩한 영이기에 성령이며, 또 거룩하게 하는 영이기에 성령이다. 우리 안에서 우리를 성결케 하는 행위자는 성령 하나님이시다.

성령세례와 성령충만은 동의어이지만, 강조점의 차이는 성령세례는 성결케 되는 방법이고, 성령충만은 성결을 유지하는 방법이다. '오순절', '불(불세례)', '불덩어리'도 성령세례와 동의어로 보아야 한다. (이명직, 임동선, 김용은, 이만신, 박광훈, 박훈용, 최현호, 배본철)

② 이차적 은혜: 구원이란 가장 기본적인 의미에서 죄로부터의 구원을 의미한다. 죄는 원죄와 자범죄가 있다. 자범죄는 내가 구체적으로 잘못한 것(내적 외적으로 결단한 행동)이며, 원죄는 타고난 나의 죄 된 상태 즉 부패성, 죄성이며 유전죄이다. 내가 잘못한 것(자범죄)은 용서받으면 되지만(칭의, 중생), 부패된 나의 본성(원죄)은 변화되어야 한다.

이 변화가 성화이다. 그러므로 칭의, 중생 후에 이차적인 은혜로 성화될 필요가 있다. 즉 물세례 후에 성령세례를 받아야 한다는 것이다. (이명직, 이성봉, 이대준, 임동선, 이만신, 이병돈, 박광훈, 박훈용, 신만교, 신성철, 배본철, 도주환, 신학철)

③ 순간적 경험: 웨슬리는 순간적 성화와 점진적 성화 둘 다 가르쳤지만, 강조점은 순간적 성화에 있었다. 중생하면 성화가 시작되며(초기의 성화), 점점 성화되어 가는 중에(점진적 성화), 성령에 의해 순간적으로 완전성화의 은혜를 체험하게 된다(성령세례). 이 점에서 완전성화는 '점진적으로 성장하다가 순간적으로 얻는 것'이라고 할 수 있다. 성서에서 성결은 언제나 헬라어 부정과거(aorist) 시제로 기술되는데, 이는 순간적으로 완결된 동작을 의미한다. 우리 교회는 순간적인 면을 강조하면서 점진적인 면을 전혀 언급하지 않고 있는데, 앞서 언급한 대로 '사랑'과 함께 보완되어야 할 부분이다. (이명직, 이성봉, 김응조, 이대준, 이만신, 신성철, 최현호, 배본철, 도주환, 신학철)

④ 믿음으로 얻는 은혜: 성결에 대한 오해 가운데 하나가 성결은 신자들의 윤리적 삶이라는 견해이다. 그러나 기본적으로 성결은 기독교의 구원론에 속한다. 구원은 오직 '은혜로' '믿음으로' 받는다. 이는 인간적인 모든 노력과 업적(공로)을 부인하는 것이다. 믿음으로 자범죄에서 용서받은 다음에 또한 믿음으로 남아 있는 죄성(원죄, 유전죄)에서 씻김받는(변화, 성화) 은혜가 성결이다. (모든 간증자들이 이 점을 말하고 있다.)

⑤ 예수 그리스도를 통하여: 우리 교회는 성결을 성령론적으로만 설명하고 있다(성령세례, 불세례, 성령충만). 이는 19세기 후반 미국에서 일어난 성결-부흥운동의 영향이다. 부흥운동은 당연히 성령을 강조하게 되며, 성결도 자연히 성령론 중심으로 설명되었다.

그런데 웨슬리는 기독론 중심으로 성결을 설명한다. 즉 예수님을 믿음으로 성결해지며, 예수님의 마음을 가지는 것이 성결한 마음이며, 예수님의 삶의 발자취를 따라 사는 것이 성결한 삶이며, 예수님의 인격을 닮는 것이 성결이요 성결인이라고 가르쳤다. 그렇다고 성령론 중심의 성결론이 웨슬리로부터의 이탈이나 변질이 아니라, 신학적인 발전이며 확대된 정립이다. (많은 분들 중에 대표적으로 이성봉, 이대준, 신성철, 도주환, 신학철)

2. 성결체험 후의 상태에 대한 간증들

① 사랑: 이는 성결의 본질, 내용, 진수, 그리고 총체를 표현하는 용어이다. 웨슬리는 완전한 그리스도인 즉 성결한 그리스도인은 "마음과 뜻과 목숨을 다하여 하나님을 사랑하고 있는 바로 그 상태"라고 하였으며, "사랑은 그리스도인의 성화의 전부이다."라고 하였다.

하나님을 향한 사랑은 자연히 이웃 사랑으로 연결되며, 죄를 물리치는 힘이 된다. 따라서 성결은 "사랑으로 역사하는 믿음"(갈 5:6)이다. "한 마음"도 온전한 사랑을 의미하는 용어이다. (김응조, 김용은, 이병돈, 이강천, 신성철)

② 정결: 구약에서 성결의 대표적 어원인 '카도쉬'는 광휘(광채), 성결, 그리고 정결의 의미를 가진다. 광휘는 하나님께만 해당되며, 성별은 하나님을 위하여 구분된 것을 말하며, 인간은 물론 모든 사물이 포함된다. 정결은 인간만 해당되는 개념이다. 즉 인간은 구별되어 거룩할 뿐 아니라 마음의 변화를 받아 깨끗해져야 한다. 마음의 변화란 위에서 말한 죄성의 변화를 말한다. 결국 이차적 은혜는 죄성으로부터의 정결을 의미한다. 이렇게 정결케 된 빈 마음을 하나님이 사랑으로 가득 채워주시는 것이 성결이다. (이성봉, 김응

조, 이만신, 이강천, 박훈용, 신성철, 최현호, 배본철)

③ 한 마음: "두 마음을 품은 자들아 마음을 성결케 하라."(약 4:8). 여기서 두 마음은 중생 후에 아직도 남아 있는 옛 본성을 말한다. 중생하면 새 본성이 나를 지배하고 다스리지만, 아직도 옛 본성이 남아서 나를 괴롭히고 틈을 노린다. 이런 마음이 새 본성만으로의 한 마음으로 변화되는 것이 성결이다. 웨슬리는 이것을 "의도의 순수성"이라고 하였다. 즉 "온 마음을 다 하나님께 바쳐, 한 소원과 한 의도만이 우리의 기질 전체를 지배하는 것"이라고 하였다. 가장 순수한(정결한) 한 마음은 곧 사랑이다. (김용은, 신만교, 이외에도 정결과 사랑을 말씀하신 분들도 같은 개념임)

④ 능력 받음: 성결은 원죄에서 순간적으로 정결함을 얻는 은혜이며, 성령세례를 통하여 믿음으로 능력을 받음이라 할 수 있다. "오직 성령이 너희에게 임하시면 너희가 권능을 받고 예루살렘과 온 유대와 사마리아와 땅 끝까지 이르러 내 증인이 되리라 하시니라."(행 1:8). 이 능력은 복음을 증거할 수 있는 증인의 능력이며(전도능력), 유혹을 물리치고 죄를 짓지 않을 수 있는 능력이며(소극적 성결), 나아가 사랑을 실천할 수 있는 능력(적극적 성결)이다. (김응조, 정진경, 박광훈, 박훈용, 신성철, 배본철)

⑤ 전적(온전한) 헌신, 산 제물: 한 마음과 비슷한 개념이다. 웨슬리는 "절반의 크리스천은 불가능하다." "내 생애 일부분만이 아니라, 전부가 하나님께 대한 제물이 되든가, 그렇지 않으면 자신에게 대한 제물 곧 결국에 가서는 마귀에게 대한 제물이 되는 것이다."라고 하였다. 사랑으로 한 마음 된 성결인은 사랑의 실천 곧 헌신을 자연스럽게 하게 된다. 하나님 사랑과 이웃

사랑에 자신을 불태우는 산 제물로 바치게 된다. 싱령의 능력을 받음으로 이 사랑의 실천이 가능해진다. (이강천, 박문석, 최현호, 배본철)

⑥ 행복(기쁨, 평안): 성결은 그리스도인의 참된 행복이다. 웨슬리는 성결과 행복은 사실상 하나의 경험과 실재라고 보았다. 그는 "사랑 안에는 완전한 영광과 행복이 있습니다... 여러분에게 제안할 행복도 하나뿐입니다. 그것은 영혼을 지으신 분과 연합하는 것이요, '성부와 성자로 더불어 사귐을 갖는 것이며'(요일 1:3), 한 성령 안에서 주와 연합하는 것입니다."라고 하였다. 또 그는 "왜 행복하지 못한가라는 질문에는 오직 한 가지 해답이 있다. 가장 기본적 이유는 당신이 성결하지 않기 때문이다."라고 하였다. 참된 행복은 창조주를 알고, 사랑하며, 그의 뜻을 행하며 사는 삶이다. 이것이 성결인의 마음이요, 삶이다. (이명직, 김응조, 이대준, 이병돈, 신성철, 도주환)

⑦ 생활의 성결(외적 성결): 성결은 마음의 성결(내적 성결)과 생활의 성결(외적 성결)이 있다. 먼저 마음이 성결해지면 동시에 외적으로, 생활로 거룩이 나타나게 된다. 이는 등불이 켜지면 그 빛이 주변에 퍼져나가는 것처럼 자연스런 결과이다. 사랑은 죄를 이기는 힘이 되고, 동시에 선을 행하는 힘이 된다. 사랑으로 가득 찬 성결한 마음은 저절로 율법과 선행을 이루게 된다. 왜냐하면 사랑은 언제나 동적이고 관계적이기 때문이다. (정진경, 문준경, 이강천)

마치면서

"성결체험기"에 나타난 간증들을 다양한 주제로 분류하여 설명하였으나, 그 외에도 성결에 대한 설명이나 분류는 많이 있다. 그리고 간증 내용에는 있으나, 분류에서 빠진 항목도 있으리라 생각한다. 독자들이 찾아보기를 권한다.

여기서 명심해야 할 것은 성결체험의 다양성이다. 우리 교회는 성령세례(성령충만)를 성결의 경험으로 강조하는데, 성령세례도 반드시 불세례만은 아니다. 성령의 나타나심은 불, 바람, 물, 비둘기, 이슬 등으로 표현된다. 이는 성령의 나타나심과 사역의 다양성을 보여준다. 우리 교회의 성결론이 성령론 중심으로만 설명되어 있는 것은 우리의 장점이자 동시에 약점(제한성)이다. 성결에 대한 삼위일체론적인 해석이 필요하다.

그리고 경험을 강조하는 우리 교회의 전통 또한 우리의 장점이자 동시에 약점이 될 수 있다. 경험만을 강조하다 보면 경험주의에 빠지거나, 신학적 편협에 빠질 위험이 있다. 이론(신학)의 뒷받침이 없으면 무질서한 주장이 난무하게 되고, 열광주의나 신비주의에 빠질 위험이 있다. 건전한 신학의 바탕 위에 건전한 체험이 있어야 하며, 나아가 건전한 실천이 있어야 한다.

Special 3

성결체험:성결교회
신앙의 보석

박명수 교수 / 서울신학대학교 교회사, 현대기독교역사연구소장

성결체험: 성결교회 신앙의 보석

간증과 복음주의 성결운동

필자가 활천을 읽을 때, 가장 감명 깊은 것이 간증란이다. 초기 활천에는 여러 분야의 글들이 실려 있었다. 교리, 성서강해, 설교 등이 그것이다. 그러나 여기에 항상 덧붙여 있는 것이 간증이었다. 물론 간증에는 신유의 체험도 있었지만 더 중요한 것은 어떻게 중생을 경험하고, 성결을 체험했는가를 간증하는 내용이었다. 간증이중요한 이유는 이것이 바로 한국성결교회의 신앙이기 때문이다. 아무리 주옥 같은 사상이라고 할지라도 그것이 실질적인 삶에서 구체적으로 나타나지 않는다면, 그 가치는 반감될 것이 분명하다.

간증은 웨슬리안 전통에서 매우 중요한 요소이다. 웨슬리는 성서와 더불어서 경험을 강조하였다. 웨슬리안 전통은 성서를 단지 교리를 증명하기 위한 책으로서가 아니라 우리의 삶에서 체험되어야 하는 가이드라인으로 보고 있다. 따라서 성서를 연구하는 것도 중요하지만, 더욱 중요한 것은 그 성서를 우리의 삶 가운데서 구체적으로 체험하는 것이다. 간증은 바로 성서의 가르침을 우리의 삶 가운데서 체험한 것을 기록한 것이다. 따라서 성서의 내용이 간증으로 우리의 삶 가운데서 나타날 때에 웨슬리안의 정신은 완성되는 것이다. 이명직 목사는 이런 정신을 계승하고자 노력하였다. 그래서 그는 성결론을 단지 가르치는 것이 아니라 성결을 간증할 수 있게 해달라고 기도하였다.

이 같은 간증의 중요성은 웨슬리안 전통에서 많은 새로운 역사를 만들어 냈다. 무엇보다 간증은 기독교문학의 새로운 장르를 만들어 냈다. 웨슬리는 성결을 전파하기 위해서 성서와 경건서적을 널리 보급했을 뿐 아니라 성결체험을 한 사람들의 이야기를 책으로 묶어서 보급하였다. 그 중의 하나가 바로 헤스터 로저스 부인의 이야기였다. 이 책은 20판을 거듭하면서 성결체험이 어떻게 이루어지는가를 많은 사람들에게 전해 주었다. 그 후 이런 내용들은 많은 성결부흥사들을 통해서 반복되었다.

간증의 등장은 기독교 사역에서 여성과 평신도들에게 새로운 장르를 열어주었다. 성례전과 설교는 전통적으로 성직자의 영역이었다. 안수를 받고, 전문적으로 신학을 공부한 성직자가 성례전과 설교를 담당하는 것은 당연한 것이다. 하지만 간증은 구체적인 경험이 있어야 할 수 있는 것이다. 그러므로 간증은 누구나 성령의 체험을 한 사람이면 할 수 있는 것이다.

이런 점에서 간증은 성직자의 전유물이 아니라 평신도까지 참여할 수 있는 범주에 들어가게 되었다. 특별히 여기에서 두각을 드러낸 것이 여성들이다. 감수성이 예민한 여성들은 남성들보다 더 풍부한 이야기를 갖고 있고, 이들의 간증은 남자들과는 전혀 다른 새로운 영성을 창조해 냈다. 그 대표적인 경우가 19세기의 위대한 성결운동가 푀베 팔머 부인이다. 팔머 부인은 여성만이 경험하는 특별한 신앙으로 19세기 성결운동을 이끌어 갔다.

한국성결교회의 헌법에 나타난 성결

한국성결교회는 수많은 성결간증을 들으면서 형성되었다. 웨슬리의 올더스게이트 및 페터레인 체험을 비롯하여 카우만과 나까다 주지의 체험, 그리고 한국성결교회의 사부라고 불리는 이명직 목사의 체험들이 그 대표적인 예들이다. 한국성결교회는 이 같은 성결의 복음을 전하기 위해서 세워진 교단이다.

그러면 한국성결교회가 강조하는 성결은 무엇인가? 기독교대한성결교회의 헌법은 성결을 이렇게 정의하고 있다. "성결이라 함은 그리스도로 말미암아 성신의 세례를 받음이니 곧 거듭난 후에 신앙으로 순간에 받을 경험이다. 이 은혜는 원죄에서 정결하게 씻음과 그 사람을 성별하여 하나님을 봉사하기 위하여 현저한 능력을 주심이라. 사람이 의롭다 함을 얻음에 신앙이 유일의 조건이 됨과 같이 성결도 신앙으로 얻는 은혜이다."(제2장, 교리 및 성례전, 제18조 성결).

이 내용을 요약하면 성결은 "첫째, 중생, 곧 구원 이후에 일어나는 것이며, 둘째, 원죄에서 정결케 되는 것, 곧 마음이 새롭게 되는 것이며, 셋째, 이 것은 인간의 노력이 아니라 성령의 세례로 가능하며, 넷째, 이것은 하나님의 선물이기 때문에 순간적으로 주어지는 것이며, 다섯째, 이 성결의 은혜를 받을 때 우리는 주님의 일을 감당할 수 있는 능력도 받게 된다."는 것이다.

한국성결교회는 이 성결의 복음을 신자들에게 가르쳐야 한다. 그래서 예수를 믿고 세례를 받을 때, 이 같은 성결의 은혜를 추구할 것인가를 묻고, 장로장립이나 목사안수를 받을 때 이런 성결의 은혜를 경험했는가를 묻는다. 그렇다고 하면 한국성결교회 목회의 성공과 실패는 이 같은 성결의 은혜를 얼마나 신자들에게 잘 전하고, 체험하게 했는가에 달려 있을 것이다.

그 순간 – 성결체험기에 나타난 성결교회의 신앙

그러면 이와 같은 성결론이 얼마나 성결교인들의 체험 가운데 나타나 있는가? 필자는 한편으로는 이 코너에 실린 간증을 보면서 성결교회의 성결론이 이론으로가 아니라 실제의 삶 가운데 나타나 있지만, 다른 한편으로는 변화하는 사회와 더불어서 성결의 체험도 달라진다는 것을 느끼게 된다. 먼저 성결론과 합치되는 부분을 살펴보도록 한다.

첫째, 많은 성결교회의 신자들은 이미 기독교 신앙을 받아들였음에도 불구하고 자신들에게 많은 문제가 있다는 것을 인정하고 더 높은 은혜를 추구한다는 점이다. 우리는 성결을 이차적인 은혜라고 부른다. 따라서 성결은 구

성결체험:성결교회 신앙의 보석

293

원받은 사람이 추구하는 제2의 축복이다. 이명직 목사의 경우 목사가 된 이후에도 자신이 남녀문제에 빠졌음을 인식하고 이것을 해결하는 과정에서 성결의 은혜를 받았다. 이성봉 목사의 경우에도 교역자로 일하는 과정 가운데서 자신의 내면의 문제로 고민하다가 불을 체험하게 되었다. 한국성결교회는 신자들에게 아직도 해결하지 못한 문제가 있다는 것을 분명하게 가르쳐야 한다. 그리고 제2의 은혜, 곧 성결의 은혜를 추구하도록 해야 한다.

둘째, 성결교회 신자들에게 성결체험은 마음의 쓴 뿌리를 해결하는 내면의 문제였다. 한국성결교회 신자들은 중생한 다음에도 마음속에서 무엇인가 자신을 옛 삶에 묶어 놓는 세력이 있음을 인식하고, 이것을 제거하고 정결케 되기를 간구하였다. 그리고 이런 세력에서 해방되는 경험을 하게 되었다. 김응조 목사의 경우에는 성령의 도우심으로 겉으로는 문제가 없으나 내면의 문제를 보게 되었고, 이것을 해결하기 위해서 애쓰는 과정 가운데서 심령이 깨끗해지는 것을 경험하게 되었다.

셋째, 성결교회 신자들에게 성결체험은 곧바로 성령체험이었다. 인간의 죄성은 거듭난 후에도 그대로 남아 있는데, 이것을 잔여죄라고 부른다. 이 잔여죄가 남아 있어서 우리로 하여금 자꾸만 과거의 삶으로 돌아가도록 만드는 것이다. 그러면 어떻게 이 죄성을 제거하고, 변화된 삶을 살 수 있을까? 여기에 대한 대답이 바로 성령충만을 받는 것이고, 그 출발점이 바로 성령세례를 받는 것이다. 우리는 "성결체험기"에 나타난 많은 간증을 보면서 성결한 사람은 바로 이 같은 성령체험을 할 때 가능해진다는 것을 발견하게 된다.

넷째, 성결교회 신자들에게 이 같은 성결체험은 순간적으로 이루어지는 것이다. 대부분의 성결교회 신자들은 성결한 삶을 위해서 오랜 기간 고민하고 씨름하지만 성결체험은 순간적으로 이루어진다. 그리고 많은 경우, 성령의 역사는 분명한 체험을 동반한다. 어떤 경우에는 불을 경험하기도 하고, 어떤 경우에는 물을 경험하기도 한다. 또 다른 사람은 평안을 맛보기도 하고, 또 다른 사람은 죄에서의 해방을 맛보기도 한다. 이와 같은 성령체험은 거의가 다 순간적으로 경험하는 것이다.

다섯째, 성결교회 신자들은 이런 성결체험을 한 다음에 능력을 받게 된다는 것이다. 많은 경우 성결체험을 하기 전에는 죄에 지는 삶을 살았지만 성결체험을 한 다음에는 죄를 이기는 것을 경험하게 된다. 뿐만 아니라 하나님의 일을 하는 데 있어서 능력을 경험하게 된다. 많은 경우 성령충만을 경험한 다음에 사역이 새로워지는 것을 보게 된다. 이만신 목사의 경우 금식기도 후 성령충만을 경험한 다음에 능력을 받아 신유의 능력이 나타나게 되었다. 또한 이대준 목사도 능력을 경험한 다음에 축귀의 역사를 나타냈다.

그 순간 – 성결체험기에 나타난 성결교회의 과제

필자가 "성결체험기"를 읽으면서 앞으로 성결교회의 성결론이 고민해야 할 점을 보게 된다. 첫째는 한국성결교회 신자들의 종교체험이 중생과 성결 두 단계로 분명하게 구분되지 않는다는 점이다. 이명직 목사의 경우에도 이미 일본 동경성서학원 시절에 중생의 경험과 성결의 경험이 있었지만, 다시금 신앙의 쇠퇴를 경험하고 다시금 새로운 은혜 체험을 간구하였다. 이성봉 목사의 경우에도 중생의 체험 이후에 여러 차례 극적인 종교체험을 하였다.

따라서 이것을 구체적으로 어떻게 카테고리화하는가는 매우 어려운 일일 것이다. 이런 것은 이강천 목사의 경우도 마찬가지이다. 그는 자신이 중생과 성결을 동시에 체험하지 않았나 생각하고 있다.

여기에서 우리는 신학의 유용성과 한계를 인정해야 한다. 우리가 신앙체험을 중생과 성결로 나누는 것은 매우 유용하다. 중생은 처음 예수를 경험할 때 일어나는 체험이요, 성결은 신앙생활 가운데 다시 한 번 하나님의 은혜를 경험하는 일이다. 하지만 모든 은혜 체험을 이 두 가지로 설명할 수 있다고 말할 수는 없다. 복음주의 신학은 성결체험은 하나님이 주시는 것이며, 이것은 두 단계로 주실 수도 있지만 일회로 완성될 수도 있고, 어떤 경우에는 여러 단계를 거칠 수도 있다고 생각된다. 우리는 신학적인 틀을 가지고 있어야 하지만, 여기에 얽매이지 말아야 한다.

둘째는 최근 들어, 성령세례를 경험할 때에 방언을 체험하는 사람이 많아졌다는 점이다. 원래 성결운동은 성령세례를 받을 때 우리의 죄성이 변화되고, 위로부터 새로운 능력을 받는 것이라고 정의했다. 그런데 19세기 말 미국 성결운동에서 새로운 현상이 생기게 되었다. 그것은 방언이다. 초기 성결운동은 방언에 대해서 매우 경계했다. 이것은 한국성결교회에도 그대로 적용되어 60년대까지 방언은 금기시되었다. 하지만 그 후 한국성결교회에서 방언은 매우 널리 경험되었고, 지금은 이것을 용인하는 분위기이다. 이제 한국성결교회는 방언에 대한 좀더 분명한 입장을 밝혀야 할 때가 되었다고 생각한다.

한국성결교회는 성령체험의 본질은 인간의 내면의 변화라고 주장하였다. 이것은 좋은 전통이다. 종교의 본질은 인간을 변화시키는 것이다. 하지만 성령의 역사에는 이런 내면의 변화와 더불어서 다양한 은사가 나타나는 것도 사실이다. 원래 오순절운동이 성결운동에서 나왔기 때문에 방언을 부정적으로 보았지만, 신앙생활에서 방언이 주는 유익도 많이 있다. 이런 점에서 성결교회는 성결교회의 신학적인 전통을 지키면서도 은사에 대해서 좀더 개방적인 태도를 취할 필요가 있다고 본다.

새로운 성결운동을 위하여

성결교회는 웨슬리의 정신을 이어받아 성결운동을 하기 위해서 만들어진 단체이다. 초기 한국성결교회는 이 본래적인 목적에 충실하였다. 하지만 최근에는 성결교회에서 성결을 설교하지 않고, 따라서 성결을 사모하지 않고, 자연히 성결체험이 나타나지 않고, 그 결과 성결교회는 세속화의 위험 가운데 빠지게 되었다.

그러면 어떻게 성결교회가 다시금 성결운동의 주역이 될 수 있을까?

첫째, 신학교에서 성결을 정확하게 가르쳐야 한다. 성경과 웨슬리안 전통이 강조하는 성결이 무엇인지를 알아야 그 다음에 그것을 추구할 수 있는 것이다. 따라서 성결운동은 신학교육에서부터 시작되어야 한다.

둘째, 성결을 설교해야 한다. 신학은 설교의 형태로 나타나야 한다. 그래서 살아움직이는 말씀이 되어야 한다. 지금 한국성결교회의 강단에서 과연 일 년에 몇 차례나 성결을 외치는가?

셋째, 성별회를 부활시켜야 한다. 초기 한국성결교회에서는 성별회를 만들어서 성결체험을 하도록 했다. 교회성장보다 더욱 중요한 것이 성결체험이다. 우리가 새로워지면 교회성장은 자동적으로 이루어질 수 있다.

넷째, 성결한 신자를 만드는 것이 성결교회 목회의 목적이 되어야 한다. 성결을 다른 말로 하면 온전한 기독교인이 되는 것이라고 말할 수 있다. 구원받는 것이 목적이 아니라 온전한 신자를 만드는 것이 목적이 되어야 한다. 그래서 초기 한국성결교회는 교세보고에서 중생자 몇 명, 성결자 몇 명이라고 보고하도록 되어 있었다.

하나님은 성결의 복음을 전하라고 성결교회를 세우셨다. 성결교회는 하나님이 주신 사명에 따라 성결의 복음을 전하여 성결의 은혜를 체험하도록 해야 한다. 그러면 우리는 성결의 경험을 간증할 수 있게 된다. 이명직 목사님은 단지 성결을 전하는 사람이 아니라 성결을 간증하는 사람이 되게 해 달라고 기도했다. 이것이 우리 모두의 기도제목이 되어야 한다.